從傳奇看唐代社會

劉瑛——著

自序

民國六十八年，筆者在馬拉瓜我駐尼加拉瓜共和國大使館任參事。時逢尼國內戰，處處危機，平常不敢外出；公餘之暇，將歷年來研究唐代傳奇的論文加以綜合、整理，編寫成一本有系統的專書。民國六十九年底，筆者轉任駐約旦王國代表處的簡任十四職等代表，趁返國述職之便，把全稿交由老友孫維寶兄代為接洽出版。幾經交涉，《唐代傳奇研究》一書終於在民國七十一年十一月由國內出版界甚具地位的正中書局印行。傳奇研究，本來就是冷書；出版之後，一千本書不久竟全部售出。

民國七十九年，筆者奉派任駐泰王國代表處大使代表。泰國地大物博，華僑眾多；公務既忙，宴會也不少。加以國內政要經常來訪、或過境曼谷，迎往送來，真是忙上加忙，雪上加霜。但當風晨雨夕，夜深人靜之際，依舊能偷閒寫點東西。在駐泰五年期間，筆者除了寫小說、散文、雜記在當地華文報上刊載，大約超過一百餘篇之外，仍然把《唐代傳奇研究》一書修改、增訂，由四百頁加到五百頁，於民國八十三年十月交由聯經出版公司出版。而在修訂之餘，又蒐集到相當多的資料，就唐代的士風、婦女、士族、元和文宗、傳奇著者等寫了好幾篇論文。民國八十三年二月，筆者奉派出任駐約旦王國代表處特任代表。館內同仁較少，案牘不多；公餘之暇，將在泰時所寫有關傳奇的論文予以整理、修改、增訂。八十六年三月，經筆者四度請辭之後，蒙長官「勉予同意」，乃於五月底返抵國門退職。退職之後，又將各文稿重新整理，並徵得聯經出版社首肯，予以印行。再版售完之後，經再行修訂，又徵得國內秀威出版公司同意，再予再印行。

筆者自小即好文史。讀國中一年級之時，第一篇小說由國文老師傅賓門先生的安排，在報紙副刊上刊出，使筆者得到很大的鼓勵。在臺大法學院唸書的四年中，著實寫了一些小說、散文和新詩。中年之後，興趣轉到文學史方面。四十年外交生涯，只寫了些不關痛癢的小說、散文和文學史論文，對於本行的外交、政治，卻寫得不多。小部分在雜誌中刊出，大部分未出版。

劉瑛

民國九十五年五月於淡水丹霞灣孺樂堂

再版序

民國四十年三月，我讀臺大法學院政治系二年級，經甄試入中華文藝協會舉辦的小說研究組為學員，每晚六時上課，全部上課時數二百五十小時，每週尚有兩小時分組指導。教授們都是當時名家。如梁實秋、李辰冬、趙友培、潘仲規、高明、謝冰瑩、葛賢寧、陳紀瀅、李曼瑰、何容、王夢鷗、王平陵等。我每日傍晚六時準時到女師附小課室聽課。既是聽課，也是一種享受。教授們都十分賣力，傾囊相授！

我特別愛上了唐代傳奇。唐代以前，中國只有神話和志怪。到了唐代，才有了小說。傳奇都是標準的小說。

當然，我也愛上了創作。實際上，我三十八年隻身來臺。考取臺大，舉目無親，全靠爬格上賺取生活費。

民國四十一年十二月，我的一篇中篇「亂世家人」竟拿到中華文藝獎金委員會一千四百五十元獎金。我四十二年最後畢業的學期繳學雜宿費全部才八十五元。一四五〇元，等於是發了一個小財！

其後大學畢業，考上了外交官領事官高考，服完預備軍官役——海軍少尉編譯官，於四十六年進入外交部工作。國內國外的跑，公餘仍不忘寫作、研究唐代傳奇。

初次外放北非茅利塔尼亞，原法屬國家，操法語，我曾試將〈崑崙奴〉、〈李娃傳〉等譯成法文，請洋員嗯島（N'dow）予以修改，再請我的法文老師美國時代雜誌特派員艾瑪夫人予以潤飾，我用複寫紙打了數份，分送當地友人，頗得好評，此舉更大大引起了我對傳奇的愛好。

民國六十八年，我在駐尼加拉瓜大使館任參事，其時，桑定民族解放陣線正發動內戰，我在炮火聲中，寫成了第一本《唐代傳奇研究》。七十一年回國時，交由正中書局出版。

民國七十九年，我調任駐泰王國代表，公餘寫成此書，原名《唐代傳奇研究續集》。首由正中初版，繼由聯經再版（非二刷）。退休後予以增訂修改，本年（一〇九年）交由秀威出版社三版出書。書名也改為《從傳奇看唐代社會》。

筆者今年都九十數歲，尚幸耳聰目明，還能翻讀典籍，從容著書。自忖智慧有限，疏漏定多，願方家讀者有以教我，則幸甚矣。

劉瑛

民國一〇九年七月寫於臺北市吟龍名廈孺樂堂

目次

自序 003
再版序 005
壹、從傳奇看唐代婦女 015
一、前言 015
二、后妃與公主 021
三、高門與貧女 036
四、女冠與女俠 041
五、宮女與侍婢 045

六、家姬與娼妓 052
七、結論 057

貳、從傳奇看唐代士族 062

一、門第觀念 062
二、世族政治的萌芽 065
三、世族政治的建立 070
四、世族政治的完成 078
五、唐初世族的新形勢 093
六、傳奇中有關士族之姓氏 106
七、〈枕中記〉和〈李娃傳〉 109
八、〈上清傳〉和〈柳氏傳〉 121
九、〈霍小玉傳〉和〈鶯鶯傳〉 123
十、〈定婚店〉和〈張老〉 125

十一、〈柳毅〉和〈南柯太守傳〉 126
十二、唐代世族與前代世族之比較 127
十三、結論 131

叁、從傳奇看元和文壇 136

一、前言 136
二、沈既濟和他的〈枕中記〉、〈任氏傳〉 138
三、李公佐和他的傳奇作品 143
四、蔣防和〈霍小玉傳〉 147
五、沈亞之和他的傳奇作品 150
六、白行簡和他的〈李娃傳〉 155
七、韓愈和貞、元小說 159
八、許堯佐和〈柳氏傳〉 166

九、元微之和白居易 169
十、李景亮和李朝威 173

肆、元和時代文章宗主 176
一、前言 176
二、唐人對文章的看法 180
三、成為文壇宗主的若干要件 182
四、文章普遍受到重視 188
五、文章的內容和數量 200
六、結論 203

伍、論唐代士風 209
一、前言 209
二、唐以前學者對文人的評斷 213

三、驕傲與佞媚 220
四、貪財與敗俗 227
五、豪侈 230
六、酗酒 234
七、科舉與士風 243
八、上書求官 247
九、士人與宦官 252
十、姬妾與妓女 261
十一、結論 268
十二、附錄 270

陸、從傳奇看唐代宦官 273
一、前言 273
二、漢代的宦官 276

三、宦官如何奪權 279
四、宦官的惡形招數 283
五、唐代宦官「劣」傳 292
六、結論 304
柒、從傳奇看唐代藩鎮 307
一、前言 307
二、節度使的由來 311
三、唐初的節度使制 315
四、玄宗時代其後的節度使 317
五、安史亂後的藩鎮概況 319
六、藩鎮與胡人 321
七、中央為何不能控制方鎮？ 325
八、結論 327

附錄

附錄 331
一、白居易年譜 331
二、韓愈年譜 335
參考書目 339

壹、從傳奇看唐代婦女

一、前言

《朱子語類》壹壹陸歷代類叁云：

唐源流出於夷狄，故閨門失禮之事不以為異。

朱子的話雖然很簡略，但從他這兩句簡略的話中，我們仍歸納出兩點。第一、唐源流既出於夷狄，他們的風習，當然和漢族人不同。第二，閨門失禮之事，不以為異，表示他們對婦女的看法，和前代不一樣。所以，在我們未談到唐代婦女性、行之前，我們必須先說明唐以前婦女在社會中的地位，和漢人禮法中婦女行為的規則。

《詩・小雅・斯干》中說：

乃生男子，載寢之床，載衣之裳，載弄之璋。其泣喤喤，朱芾斯皇，室家君王。
乃生女子，載寢之地，載衣之裼。載弄之瓦。無非無儀，唯酒食是議，無父母詒罹！

這兩章詩句的主題，一言以蔽之，乃是「重男輕女」！它的大意是說：「男孩子生了，便把他放在床上睡。給他穿衣裳，給他玩玉璋。他的啼聲宏亮，表示將來穿的朱色朝服將十分輝煌。成家立業，侍奉君王。」、「女孩子出生了，便把她放到地下睡，給她包在襁褓中，給她紡磚玩弄。『不可有違紀行動，不可自作主張，只可研究如何準備酒、菜，不要作壞事而讓父母受累！』」載寢之地？「明其卑弱，主下人也」；載弄之瓦，「明其習勞，主執勤也」（引班昭語。見《後漢書》卷八十四〈列女傳〉）。是以女子剛出生，便受到歧視，充分表現出厭惡卑棄之意。在這一章詩中已經說得很明白了。

曹丕的〈出婦賦〉說：

信無子而應出，自典禮之常度，悲谷風之不答，怨昔人之忽故！

悲歎婦人無子而被丈夫遺棄。曹植〈出婦賦〉說：

悦新婚而忘妾，哀愛惠之中零……恨無愆而見西，悼君施之不終！

惋惜女子年老而色衰愛弛。〈孔雀東南飛〉中說：

府吏默無聲，再拜還入戶。舉言謂新婦，哽咽不能語：「我自不驅卿，逼迫有阿母。卿但暫還家，吾今且報府。不久當歸還，還必相迎取。以此下心意，慎勿違我語。」新婦謂府吏：「勿復重紛紜！往昔初陽歲，謝家來貴門。奉事循公姥，進止敢自專？晝夜勤作息，伶俜縈苦辛。謂言無罪過，供養卒大恩。仍更被驅遣，何言復來還？……」

傷感婦人之被姑所驅遣。原來我國自三代以下，逮及西周之際，漢族社會，已漸漸的形成了宗法氏族制度的社會。在宗法社會中，婦女的地位實在可悲！什麼是宗法社會？陶希聖先生在他所著的《婚姻與家族》一書中有非常精闢的見解。他認為宗法社會具有五個持點：

（一）父系制：以父系計親。崔適《東壁遺書．五服異同考》中云：

由父之父遞推之，百世皆吾祖也。由母之母遞推之，三世之外不知有誰何者矣。

這個解釋簡單明瞭。唐武則天皇后之所以未把李唐的皇子殺盡，便是因為宗法社會父系計親的緣故。《新唐書．狄仁傑傳》載：天授年間，武氏改唐為周，封諸武為王。且有立武三思為太子之議。狄仁傑時為宰相。諫曰：「陛下立子，則千秋萬歲，配食太廟，承繼無窮。立姪，則未聞姪為天子而祔姑於廟者也。」則天才下了決定，始終沒有廢去相王李旦。

（二）父權制：父之身分傳於子，所謂父死子繼。若是母權制，則由外甥繼承舅父。

（三）父治制：一族之權力在於父（即一族之最尊長者）。子女受父親的支配，聽父親的命令。母治制下，子女受舅舅們的支配。

（四）族外婚姻：同姓不婚，因為「男女同姓，其生不蕃（《左傳・叔詹》）。」「內官不及同姓。美先盡矣，則相生疾（〈子產〉）。」是故「先王聘女子異姓，務和同也。聲一無聽，物一無文（〈史伯〉）。」

（五）長子繼承制：有別於歐洲的均分繼承。

在宗法制度之下，婚姻的目的有三：

一為合二姓之好。《禮・昏義》中說：

昏禮者，將合二姓之好。

換句話說，是以兩個家族為前提。個人只是家族中的一分子。另外的意義，乃是和親二族。女子出嫁之後，便是夫族的一員。勞動生產、侍奉翁姑、主持中饋、管理家務，都是她的職責。

一為續祧祀。也就是說：生兒育女。《禮・昏義》中說：

上以事宗廟，而下以繼後世也。

一為防淫行，也就是說：婚姻雖然是兩個家族之間的事，同時也規劃定男女當事人之間的關係，防止婚外的性行為。《禮・坊記》云：

夫禮，坊民所淫，章民之別。使民無嫌，以為民紀者也。故男女無媒不交，無幣不相見，恐男女之無別也。以此坊民，民猶有自獻其身。

至於婦女在宗法社會中之地位究竟若何？《大戴禮記》有云：

女者，如也。子者，孳也。女子者，言如男女之教而長其理義者也。故謂之婦人。

《白虎通・嫁娶篇》云：

陰卑不得自專，就陽而成之。

婦人非子，不過伏於他人。「夫人」者，扶助他人之人。本身無獨立性，必因男子而成事。故婦人無名，繫男子之姓以名。婦人無謚，因夫之爵以為謚。所謂附於人者，未嫁從父，既嫁從夫，夫死從子。宗法社會以此三從為出發點，作成種種風俗、道德、法律等教條，予婦女以壓抑，使女子的能力越發薄弱，地位越發低下，結婚後的婦人，她的命運受到宗統、翁姑和丈夫的支配。《大戴禮・本命》云：

婦人七出（七個被逐出家門的條件）：不順父母，為其逆德也。無子，為其絕世也。淫，為其亂族也。妒，為其亂家也。有惡疾，為其不可與共粢盛也。口多言，為其離親也。竊盜，為其反義也。

如何順父母（舅姑）？依《禮・內則》：

有命之，應唯敬對。進退周旋慎齊，升降出入揖遊，不敢噦、噫、嚏、咳、欠伸、跛倚、睇視、不敢唾洟。

又說：

凡婦，不命適私室，不敢退。婦將有事，大小必請於舅姑。子婦無私貨、無私蓄、無私品、不敢私假，不敢私與。

此外，又宜：

下氣怡聲，問衣襖寒，疾痛苛癢而敬抑搔之，出入則或先或後，敬抑扶持之。進盥，少者奉槃，長者奉水，請沃盥，盥卒，授巾，問所欲而敬進之，柔色以溫之（〈內則〉）。

至於丈夫，他可以「不孝有三，無後為大」的大理由而出妻，或廣置妾媵。妻則不可「因妒而亂家」。丈夫可以出入秦樓楚館，妻卻不能「因淫而亂族」。丈夫可因婦死而再娶，妻卻要「夫死從子」而守節。有唐以前，三代而下，重男輕女的思想已根深蒂固，深入民心。故怨女棄婦的種種慘狀而見諸詩賦的，真可說不勝枚舉。唐閨門如何失禮？是否「不以為異」？我們試從唐代的傳奇小說中來尋找證據，予以說明。[1]

二、后妃與公主

〈周秦行紀〉著者牛僧孺，自述舉進士落第，回歸宛葉之間，在鳴皋山下迷失了道路，就宿薄太后廟中。太后對牛僧孺說：「君唐朝名士，不相君臣，幸希簡敬，便上殿來見。」

於是開筵歡敘。參加宴席的有：漢高祖的戚夫人，漢元帝的王嬙妃子。太真妃子（楊貴妃）、宋潘淑妃，還有晉代石崇的寵妾綠珠。笑談之頃，薄太后詢及「今天子為誰？」然後說：「沈婆兒作天子也？大奇！」席終，太后問：「牛秀才遠來，今夕誰為伴？」終令昭君（王嬙）侍寢。她說：「昭君始

1 本節所引《禮記》中語，係根據正中書局王夢鷗先生著《禮記選註》標點符號悉依王氏原著。

嫁呼韓邪單于（父），後為殊累若單于（子）婦，固自用。且苦寒地胡鬼何能為？昭君幸無辭。」〈周秦行紀〉一文，原是當牛、李兩黨傾軋之際，李黨人所偽造來陷害牛黨領袖牛僧孺的。文中竟以后妃侍寢，呼當今天子為沈婆兒。而且說王昭君既先事父，復為子婦，則與牛秀才侍寢，「胡兒何能為？」不特十分無禮，而且十分荒誕不經。但就唐朝的史實來對照，卻有相當的理由。這一傳奇至少說明了兩件事：（一）唐后妃的失禮。（二）胡兒何能為？諷刺唐王室的源出夷狄。

關於李唐的系族源流，劉盼遂、王桐齡、陳寅恪、朱希祖、傅樂成諸先生都有考證的文字。[2]究竟李氏為胡化漢人；還是漢化胡人？都可不論。高祖李淵的母親獨孤氏是胡人，所以高祖至少已有一半胡人血統。高祖竇皇后也是胡人（紇豆陵氏），太宗的皇后長孫氏又是胡人，高宗乃是長孫氏所生，他所具漢人血統，已經是微乎其微了。

然而，我們從史書中來看唐代諸后妃，像高祖的皇后竇氏，「事姑怡謹盡孝，為篇章規誡，文有雅體。又善書」。太宗的皇后長孫氏，「性約素，服御取給則止，益觀書，雖容櫛不少廢。……後病甚，與帝訣時曰：『妾家以恩澤進，無德而祿，易以取禍。無屬權柄，以外戚奉朝請足矣。妾生無益於時，死不可以厚葬。』」請帝「納忠容諫，勿受讒。省遊畋作役，死無恨。」又嘗采古婦人事著《女則》十篇。還有睿宗的皇后竇氏，亦婉淑循禮。事均見《新唐書・后妃列傳》。三氏皆胡人，都頗足母儀天

2 劉盼遂：〈李唐為蕃姓考〉（民十九年十二月《女師大學術季刊》一卷四期）又：〈李唐為蕃姓三考〉（廿三年六月《燕京學報》十五期）。王桐齡：〈楊隋李唐先世系統考〉（二十年四月《女師大學術季刊》二卷五期）。陳寅恪：〈李唐氏族之推測〉、〈李唐氏族之推測後記〉，及〈三論李唐氏族問題〉（二十六年五月《東方雜誌》卅四卷九期）；傅樂成：〈唐代夷夏觀念之演變〉（五十一年十月《大陸雜誌》廿五卷八期）。

下。至於「穢亂春宮，陷吾君於聚麀」的武后，與「乘夫淫烝於朝」的韋后，卻是漢人。

李唐既源於夷狄，或至少為胡化並娶胡女的漢人，是以皇室對后妃的貞操並不十分看重。〈周秦行紀〉中所說到的太真和沈婆，她們是怎麼樣的人呢？據《新唐書・后妃列傳》玄宗貴妃楊氏條載：

> 始為壽王（玄宗之子，名瑁，武惠妃所生）妃。開元二十四年，武惠妃薨，後廷無當帝意者。或言妃資質天挺，宜充掖廷。遂召內禁中，異之，即為自出妃意者，丐籍女官，號太真。更為壽王聘武昭訓女。

代宗睿真皇后沈氏又是如何一位皇后呢？據《新唐書・后妃列傳》載：

> 代宗睿真皇后，吳興人。開元末以良家子沒入宮。太子以賜廣平王。實生德宗。天寶亂，賊囚后東都掖庭。王入洛後，復留宮中。時方北伐，未及歸長安而河南為史思明所沒，遂失后所在。

沈氏既為沒入宮掖者，則按《唐六典》「凡反逆相坐，沒其家為官奴婢」的規定，不過一奴婢。所以太子能把她當成一件禮物，送給廣平王。而後生了德宗皇帝。天寶之亂，沈氏為賊所囚。而廣平王入洛後，仍將她留在宮中，不因其失身於賊人而把她拋棄。不久，東都又復淪陷。代宗倉卒出奔。廣平王也不重視沈氏，「遂失所在」。沈氏為官奴婢，依唐律乃是賤民。薄太后稱她為沈婆，也沒有什麼不合適。

又如肅宗章敬吳皇后，也係沒入宮庭者。據《唐語林》卷一：

肅宗在東宮，為李林甫所構，勢幾危者數矣，鬢髮班白入朝。上（玄宗）見之，惻然曰：「汝歸院，吾當幸。」及上到宮中，庭宇不洒掃，樂器摒棄，塵埃積其上。左右使令亦無妓女，上為之動色。顧謂力士曰：「太子居處如此，將軍盍使我知乎！」力士奏曰：「臣嘗欲言，太子不許。云：『無勤上念。』」乃詔力士令京兆尹亟選人間女子頎長潔白者五人，以賜太子。力士趨庭下，復奏曰：「臣宣旨京兆尹閱女子，人間囂然。而朝廷好言者得以口實。臣伏見掖庭中故衣冠以事沒入其家者，宜可備選。」上大悅，使力士詔掖庭，令食按籍閱視，得五人以賜太子。而章敬吳皇后在選中。後生代宗皇帝。

復據《顏真卿集・和政公主神道碑》載：

公主姓李氏，隴西成紀人。皇唐玄宗大聖大明孝皇帝之孫，肅宗文明武德大聖大明孝皇帝之第二女。帝女之崇，於斯為盛。今天子之同母曰章敬皇太后。后之在襁褓也，后父贈太尉吳君曰令珪，嘗遊宦蜀中，使道士句規占之。規驚起曰：「此女貴不可言。是生二子，男為人君，女為公主。」嫁於柳氏。其後竟配肅宗。生今上及公主。神所命也。

是則吳皇后不僅為沒入掖庭之女子，且曾經作過柳家的媳婦。顏魯公在神道碑中明明白白的寫出來，也不以為怪！由這點也可看出唐皇室對貞操的不重視。又有憲宗的鄭皇后。據《新唐書・后妃列傳》中說：

……鄭氏，丹陽人。或言本爾朱氏。元和初，李錡反。有相者言后當生天子。錡聞，納為侍人。錡誅，沒入掖庭。侍懿安后。憲宗幸之，生宣宗。

鄭皇后不但是「嫁」過人的，而且身分還是侍妾。入宮為奴，竟蒙恩幸，生了個皇帝兒子。這些都確確切切的顯現唐室的胡人作風。茲將《新唐書・后妃列傳》中各后妃簡明列表於後：

后妃	氏族	簡敘
高祖皇后竇氏	鮮卑拓拔部	事親怡謹盡孝。
太宗皇后長孫氏	拓拔氏後	性約素，服御取給則止。益觀書，雖容櫛不少廢。
太宗賢妃徐惠	湖洲長城人	帝崩哀慕成疾，不肯進藥，卒，年二十四。
高宗廢后王氏	外戚	初與蕭良娣爭寵，後引武氏入後宮為才人。
高宗皇后武氏	幷州文水人	原為太宗才人，穢亂春宮，幾移唐祚。
中宗皇后趙氏	京兆長安人	母得罪，坐廢，幽死內侍宮中。
中宗庶人韋氏	京兆萬年人	乘夫淫烝於朝。與三思升御床博戲，帝從旁典籌，不為忤。卒弒帝。
上官昭容	上官儀之孫	通武三思，又與崔湜亂，遂引知政事。
睿宗皇后劉氏	徐州彭城人	為武后所殺。
睿宗皇后竇氏	紇豆陵氏	婉淑尤循禮則。

后妃	氏族	簡敘
玄宗皇后王氏	同州下邽人	廢為庶人，追復后號。
玄宗皇后武氏	武攸止女	死贈皇后。
玄宗貴妃楊氏	永樂人	始為壽王妃，縊死馬嵬。
肅宗庶人張氏	鄧州向城人	與內官謀廢立，代宗立，廢為庶人。
肅宗皇后吳氏	父坐事死，幼入掖廷。	實生宣宗。
代宗皇后獨孤氏	失其何所人	頗驕。
代宗皇后沈氏	吳興人	二度陷賊，實生德宗。
德宗皇后王氏	失其譜族	方冊立而崩，生順宗。
德宗賢妃韋氏	戚里內族	性敏淑，言動皆有繩矩。
順宗皇后王氏	瑯琊人	代宗才人，以年幼，賜順宗，實生憲宗。深抑外家，訓厲內職，有古后妃風。
憲宗皇后郭氏	汾陽王孫	務華衍侈。
憲宗皇后鄭氏	丹陽人	本李錡侍人，錡誅沒入掖廷，實生宣宗。
穆宗皇后王氏	越州人	生敬宗。
穆宗皇后蕭氏	閩人	生文宗。
穆宗皇后韋氏	失其先世	實生武宗。
敬宗貴妃郭氏	邯鄲人	帝崩，自縊殿下。
宣宗皇后鼂氏	不詳其世	懿宗之母。
懿宗淑妃郭氏	不詳其世	女同昌公主降韋保衡，妃出入韋宅，譁言與保衡亂。黃巢亂，流落閭里，不知所終。
懿宗皇后王氏	其出至微	生壽王。王立為昭宗，追號皇太后。
昭宗皇后何氏	氏族不顯	

由上面這個表所列各后妃的情形，我們歸納出下列幾點：

（一）唐后妃中有好幾個是胡人，她們多能守貞盡禮。

（二）列傳所載后妃三十二人中，大都出身微賤。當時郡望最高的清河、博陵二崔，范陽盧、滎陽鄭和太原王等五族四姓，一個也沒有。

（三）唐主重色，不重處女。如肅宗皇后原來嫁給柳氏。代宗沈皇后曾兩次陷身賊庭。憲宗皇后鄭氏曾是李錡的侍妾。是以白居易的長恨歌開頭便說：「漢皇重色思傾國。」重色，卻不重德。

（四）唐主不但不重德、不重處女，甚且不重倫常，例如高宗的皇后武則天，原是太宗的才人。曹王的母親，是齊王元吉的配偶，也就是太宗的弟婦；元吉被殺，太宗居然把她納入後宮，寵幸無比，甚至要封她作皇后。魏徵曾為此事力諫，說：「如此一來，千年萬歲之後，可能損及聖德。」太宗才作罷。又如楊貴妃原是唐明皇的媳婦、壽王的妃子，唐明皇竟千方百計把她要過來作自己的貴妃。

（五）親政親制的后妃，大都不安於室，私有寵幸。如武則天的面首多多；韋后也是私寵不少，甚至酖殺親夫；上官婉兒援引姦夫知政事！

趙翼《廿二史箚記》卷十九唐女禍條說：高祖起義之前，任晉陽宮留守；任晉陽宮監的裴寂偷偷摸摸的把晉陽宮人供高祖侍寢，來威脅高祖起兵。因此認為「高祖之舉義旗以女色起也」。於是太宗殺元吉，即以元吉之妻為妃；盧江王李瑗謀反被誅，太宗又把他的寵姬入侍左右。武則天稱皇帝，把李氏子孫殺了很多；中冓之醜，千載傳為笑談。韋后的淫亂後宮傳遍閭里，她的姘夫武三思甚至把她的醜行榜貼於天津橋以傾陷張柬之等；韋氏最後和安樂公主合謀，毒死中宗。宮闈女禍，至此而極。李隆基靖內難，接位為玄宗皇帝；開元之治，家給戶足；結果又出了一個楊貴妃，引發安史之亂，其後河北三鎮便形成了割據局面。以女色起者，終以女色敗。因之趙氏結論說：「得不謂天道好還之昭然可見者哉！」子曰：「吾未見好德如好色者也！」唐室重色而不重德，這才是真正致亂之由。

至於唐代的公主，像太平公主、安樂公主，干涉政治，賣官鬻爵，廣置面首，不堪之極。一般公主，有父兄的壞榜樣，也好不到那兒去；她們根本不理會漢族禮法，再嫁、三嫁，貽笑士族。沈亞之的〈秦夢記〉，自敘晝夢入秦。秦穆公的女婿蕭史去世，穆公要把弄玉再嫁給亞之；亞之推辭不得，終於成婚。後弄玉又物故，穆公才打發亞之回家。「情極幽渺，事特頑豔。」

李朝威的〈柳毅〉中，述說柳毅下第還鄉，繞道涇陽探友，遇見洞庭龍女。龍女告訴他說：「夫婿樂逸，為僕婢所惑。訴於舅姑，舅姑愛子，反而得罪！」因而託柳毅傳書給她的父母。女叔錢塘君聽到消息，一怒而赴涇陽，殺死「無情郎」，把龍女救了回來。洞庭君全家歡聚飲宴之時，錢塘君借酒迫脅柳毅和龍女成親。他說：「如可，則俱在雲霄。如不可，則皆夷糞壤。足下以為何如哉？」

柳毅聽了，居然不顧生死，悍然拒絕。他說：

誠不知錢塘君孱困如是！……若遇公于洪波之中，玄山之間，鼓以鱗鬚，被以雲雨，將迫毅以死，毅則以禽獸視之，亦何恨哉。今體被衣冠，坐談禮義，盡五常之志性，負百行之微旨，雖人世賢傑，有不如者，況江河靈類乎？而欲以蠢然之軀，悍然之性，乘酒假氣，將迫於人，豈直哉！且毅之質，不足以藏王一甲之間。然而敢以不伏之心，勝王不道之氣。惟王籌之！

柳毅後來結了兩次婚，兩位妻子都是婚後不久即亡故。鰥曠多感！有媒人告訴他說：「有盧氏女，范陽人也。父名曰浩，嘗為清流宰。晚歲好道，獨遊雲泉。今則不知所在矣。母曰鄭氏。（女）前年適清河張氏，不幸而張夫早亡。母憐其少，惜其慧美，欲擇德以配焉。不識何如？」

雖然盧女也是寡婦再嫁，柳毅卻一口同意，卜日就禮。

我們研究唐代傳奇，發現每一提及婚姻，像〈霍小玉傳〉中的李益，「未至家日，太夫人已與商量表妹盧氏」。〈枕中記〉裡的盧生，進入夢境，考中進士，「數月，娶清河崔氏」。或以父母所命，或於夢寐所求，士人婚娶對象，大都不出五姓高門。也就是清河、博陵二崔，范陽盧，滎陽鄭，趙郡、隴西二李，太原王。五姓七家。但都不喜歡尚主。柳毅即為一例。當時風氣實然。《新唐書》列傳九十七載：

開成初，文宗欲以真源、臨真二公主降士族，謂宰相曰：「民間脩婚姻不計官品而尚閥閱，我家二百年天子，顧不及崔、盧耶？」

又如《唐語林》卷七所載：

萬壽公主，宣宗之女。對嫁，命擇良婿。鄭顥，宰相子，狀元及第。有聲名，待婚盧氏。宰相白敏中奏選尚。顥深銜之。大中五年，敏中免相為邠寧行營都統。將行，奏曰：「頃者，公主下嫁，責臣選婿。時鄭顥赴婚楚州，臣堂帖追回，上副聖念。顥不樂為國婚，銜臣入骨髓。臣在中書，顥無臣何。自此必媒孽臣短，死無種矣！」上曰：「卿何言之晚耶？」因命左右殿中取一柽木小函，扃鑰甚固。謂敏中曰：「此是顥說卿文字，以贈卿。若聽其言，不任卿久矣。」

可見當時人是如何的厭惡尚主！為什麼如此？讓我們來作一番分析：

（一）唐室的血統不純，已如前述。士族多以婚姻士族為原則，當然不願與「異族」通婚。

（二）依據〈秦夢記〉和〈柳毅〉兩篇傳奇，弄玉和龍女都是再嫁公主。再嫁之婦，在唐以前的宗法社會裡是不受歡迎的。我們翻開《新唐書》來看，唐代宗以前，再嫁的公主可真不少；還有三嫁的。我們現在根據《唐會要》卷六公主條列表於後：

	早薨	入道	再嫁者	三嫁者
高祖十九女			四：高密、長廣、房陵、安定。	
太宗二十一女	四		六：襄城、南平、晉安、遂安、城陽、新城。	
高宗三女				一：太平。
中宗八女		二	二：長寧、安樂。	一：定安。
睿宗十一女	一	二	三：涼國、蔡國、鄎國。	

	早薨	入道	再嫁者	三嫁者
玄宗三十女	六	一	八：常山、建平、咸直、真陽、平昌、廣陵、新平、萬春。	一：興信。
肅宗七女			一：延光。	一：寧國。
代宗十八女	七	一	一：新都。	

（本表參閱《新唐書・公主列傳》與《唐會要》卷六）

上表所列出嫁的公主九十三人中，再嫁與三嫁者共二十八人之多！約為百分之三十強。在嚴守士族規範的士大夫階級中，這個現象自然是難以接受的。她們有的是丈夫去世而再嫁的，也有是丈夫仍在而改嫁的。為了要抑止公主這種再嫁三嫁的風氣，宣宗曾有下敕云：

夫婦之際，教化之端，人倫所先，王猷為大。況枝連帝戚，事繫國風，苟失常儀，即紊彝典。其有節義乖常，須資立志。如或情有可愍，即務從權。俾協通規，必惟中道。起自今以後，先降嫁公主、縣主如有兒女者，並不得再請從人。如無兒女者，即任陳奏，宜委宗正等準此處分。如有兒女妄稱無有，輒請再從人者，仍委所司察獲奏聞，別議處分。

（三）〈柳毅〉中述錢塘一怒而「殺六十萬，毀稼八百里」。天子，俗以為龍，士人尚主若夫妻不和，公主倚仗老子的勢力，天子一怒，結果可能和錢塘君的怒一樣，不但「負心郎」要被處死，他的三族都可能發生問題。唐趙璘《因話錄》載：

> 郭曖與昇平公主琴瑟不調。曖罵公主：「倚乃父為天子耶？我父（郭子儀）嫌天子不作。」公主恚啼車奏之。上（代宗）曰：「汝不知，他父實嫌天子不作。使不嫌，社稷豈汝家有也？」因泣下。但命公主還。尚父拘曖自詣朝堂待罪。上召而慰之曰：「諺云：不癡不聾，不作阿姑阿翁。小兒女子閨幃之言，大臣安用聽？」賜賚以遺之。尚父杖曖數十而已。

若當時代宗因公主的告狀而大發雷霆，則郭氏一家便可能要遭受到滅族的災禍了。

（四）有志氣的人，都好清高自立，不願吃軟飯。尤其世族子弟，自視甚高，更不願夫以妻貴。如《秦夢記》中，亞之即以「少自立，雅不欲遇幸臣蓄之」。固拒和弄玉成婚。又如《唐國史補》卷上載：

> 張垍、張均兄弟俱在翰林。垍以尚主，獨賜珍玩以誇於均。均笑曰：「此乃婦翁與女婿，固非天子賜學士也。」（此段另見於《舊唐書・張說傳》中）

（五）唐代許多公主，不守禮法，嬌縱恣欲者甚多。如張固《幽閒鼓吹》中所載：

> 駙馬鄭尚書顥之弟顗嘗得危疾，上（宣宗）使訊之。使回，上問：「（萬壽）公主見疾否？」曰：「無。」「何在？」曰：「在慈恩寺看戲場。」上大怒，且歎曰：「我怪士大夫不肯與我為親，良有以也。」命召公主。公主走輦至……上責曰：「豈有小郎病不往視乃觀戲乎？」立遣歸宅。

古叔嫂不通問。「貞觀改服制：嫂叔、夫之兄、弟之妻，皆相為服（王夫之《讀通鑑論》卷二十）。」小郎有重病而嫂嫂居然去看戲玩樂，依情、依理，都不太妥當；所以宣宗發怒。這還是小事，更有不堪的。據《新唐書卷八十三・公主列傳》所載：

> （太宗女）合浦公主[3]……初浮屠廬主之封地。會主與遺愛（房玄齡之子）獵，見而悅之，具帳其廬與之亂。更以二女子從遺愛……又浮屠智勗迎占禍福，惠弘能視鬼、道士李晃、高醫皆私待主……。

又如：

> （中宗女）安樂公主……下嫁武崇訓……崇訓死，主素與武延秀亂，即嫁之……。

3 房遺愛尚合浦公主。

> （肅宗女）郜國公主始封延光，下嫁裴徽，又嫁蕭升。升卒，主與彭州司馬李萬亂，而蜀州別駕蕭鼎、澧陽令韋惲、太子詹事李昪皆侍主家，久之姦聞……。
>
> （順宗女）襄陽公主……下嫁張孝忠子克禮。主縱恣，常微行市里。有薛樞、薛渾、李元本，皆得私侍；而渾尤愛，至謁渾母如姑……克禮以聞，穆宗幽主禁中。

公主有私侍的男人已甚不堪，至於微行市里，人盡可夫，把姦夫的母親當姑一般謁拜，實在是荒唐忒甚！

又有奇妬的，如張鷟《耳目記》（見《唐人說薈》卷五）載：

> 唐宜城公主駙馬裴巽，有外寵一人，公主遣人執之，截其耳鼻，割其陰皮附駙馬面上，並截其髮，令廳上判事，集僚吏共觀之。

宜城公主如此奇妬殘忍，所得到的懲罰，只不過是她父親中宗「怒斥為縣主」而已。有妻如此，情何以堪？

（六）公主降嫁，不依士禮，也是士族堅拒尚主的原因之一。據《唐會要》卷六〈雜錄〉云：

> 建中（德宗年號）元年九月……舊例皇姬下嫁，舅姑反拜而婦不答，至是乃刊去慝禮，率由典訓。

使舅姑拜婦，大違宗法社會的禮則；同書又載：

> 開成（文宗年號）二年十二月，敕駙馬嘗為公主行服三年，頗乖典法。自此準禮，夫妻服齊衰、杖、周。

駙馬要為公主服喪三年，如喪考、妣，實在荒唐！宣宗接位之後，降嫁公主，便看重士族的禮法。依同書：

> 大中（宣宗年號）四年二月，以起居郎駙馬都尉鄭顥尚萬壽公主。其年詔曰：「女人之德，雅合慎修，嚴奉舅姑，夙夜勤事。此婦之節也。先王制禮，貴賤同遵。既以下嫁臣寮，儀則須依古典。萬壽公主婦禮宜依士庶。」

考諸傳奇，只有〈南柯太守傳〉淳于棼尚大槐安國王次女瑤芳，出將入相，事稱美滿。著者李公佐，自稱貞元十八年時詢訪遺跡，編錄成傳。當時德宗皇帝已登極二十餘年，德宗的女兒沒有一個再嫁的。當係皇室鑑於士族的拒婚公主，力圖振作，因而尚主的風氣漸漸的有了。所以李公佐的〈南柯太守傳〉是寫實情，而非巧合。

三、高門與貧女

綜觀傳奇各篇中，〈補江總白猿傳〉裡歐陽紇的妻子被白猿姦污而生一子，「厥狀肖焉」；〈離魂記〉中倩娘私奔和表兄寅合；〈李章武〉中王氏子婦和章武私；〈鶯鶯傳〉中崔氏既和張生亂，仍「委身於人」，張也另結婚姻；〈馮燕傳〉中，滑將張嬰的妻子和馮燕姦好，嬰醉歸家，其妻竟拔刀授燕，意在謀殺親夫。事皆誖謬。但已足說明唐代婦女不如前代婦女的重視貞操。宋孫光憲《北夢瑣言》載：

唐廣明中，黃巢犯闕，大駕幸蜀。衣冠蕩折，寇盜縱橫。有西班李將軍女，奔波隨人，迤邐達興元。骨肉分散，無所依託。適值鳳翔奏軍董司馬者，乃晦其門閥，以身托之。而性甚明敏，善於承奉。得至於蜀，尋訪親眷。知在行朝，始謂董生曰：「喪亂之中，女弱不能自濟，幸蒙提挈，以至於此。失身之事，非不幸也。人各有偶，難為偕老。請從此辭。」董生驚愕，遂去。

名門之女，竟不以失身之事為「不幸」！又如《唐語林》卷五載：

唐貞觀元年，長安有買妾者。居之數年，嘗忽不知所之。一夜提人首而告夫曰：「我有父冤，故至此。今報矣，請歸。」涕泣而訣，出門如風。俄頃卻至，斷所生子喉而去。

迹近豪俠，而不重貞操，卻又把親生的兒子殺死，實在太殘忍絕情。

中國自兩漢的時候，貞節觀念已經形成。陳東原氏在他所著《中國婦女生活史》（商務）一書中論說得甚為詳盡。魏晉南北朝之時，遂成風尚。《晉書・列女傳跋》云：

夫繁霜降節，彰勁心於後凋。橫流在辰，表貞期於上德。匪伊君子，抑亦婦人焉。

又如《北史・列女傳序》云：

蓋女人之德，雖在於溫柔；立節垂名，咸資於貞烈。

北齊羊烈家傳載：一門女子，不許再醮。太和中，營尼寺於黨州。女之寡居，都入寺出家為尼。羊氏閨門的聲譽，因而大大的提高了。迨至隋、唐，胡風轉熾；公主改嫁還可說是因為她們的勢位使然，不足多怪；而冠纓世族，也有效法的。唐李肇《國史補》載：

獨孤郁、權相（德輿）子婿，歷掌內職綸奏，有美名。憲宗嘗歎曰：「我女婿不如德輿女婿。」

而權女也是再嫁的寡婦。文起八代之衰的韓文公，有女先適李氏，後嫁樊宗懿。可見風氣之開，人也不諱再醮婦。大家爭取的，只是高門大族。

門第觀念盛於六朝。當時以望族為士，平民為庶。士庶之別，深植人心。南朝望族，自以瑯琊臨沂王氏、陳郡陽夏謝氏、陳郡陽夏袁氏、南蘭陵蕭氏等為尊。北朝望族，則有范陽盧氏，清河、博陵二崔氏，隴西、趙郡二李氏，滎陽鄭氏和太原王氏。王、謝多與皇室聯姻。而盧、崔等五姓，苟非大族，雖帝王也不通婚。劉知幾《史通》云：

山東士人嫁娶，必多取資，人謂之賣婚。

〈霍小玉傳〉載：李生「未至家日，太夫人已與商量表妹盧氏。言約已定……盧亦甲族也。嫁女子他門，聘財必以百萬為約。不滿此數，義在不行」。和劉知幾所說完全吻合。甲門望族之女，奇貨可居；要想得到，非重金禮聘不得。雖或再醮的寡婦，甚至犯罪的人家，求婚的人還絡繹於途。常人女子，卻不易嫁出。貧家女子沒有妝奩，當然更難找到對象。白居易的〈貧家女〉詩云：

天下無正聲，悅耳即為娛。人間無正色，悅目即為姝。顏色非相遠，貧富則有殊。
貧為時所棄，富為時所趨。紅樓富家女，金縷繡羅襦。見人不斂手，嬌癡二八初。
母兄未開口，言嫁不須臾。綠窗貧家女，寂寞二十餘。荊釵不值錢，衣上無珍珠。
幾回人欲聘，臨日又踟躕。主人會良媒，置酒滿玉壺。四座且勿飲，聽我歌兩途。
富家女易嫁，嫁早輕其夫。貧家女難嫁，嫁晚孝於姑。聞君欲聚婦，娶婦意何如？

貧家女子，如此難嫁出去。即使有才能的女子，也不例外。秦韜玉〈貧女〉詩云：

蓬門未識綺羅香，擬託良媒亦自傷。誰愛風流高格調？共憐時勢儉梳粧。敢將十指誇鍼巧，不把雙眉鬥畫長。苦恨年年壓針線，為他人作嫁衣裳。

秦氏雖借此自歎身世，也實在是當時貧女難嫁的痛苦情形。陳東原氏在其所著《中國婦女生活史》第五章中有說：

婚姻以財幣為轉移，始於魏、晉，盛於唐代。從此以後，也就有增無減。與門第觀念，成為議婚者兩大條件，直至今日。實是痛心的事，也是宗法社會中的必然現象。

寡婦守節，在《新唐書‧列女傳》中，像「王琳妻韋者，士族也」；「鄭義宗妻范陽盧」；「崔繪妻盧」；「楚王靈龜妻上官氏、士族」；「李德武妻裴淑英」等，約為〈列女傳〉所列名的總人數四分之一強，她們都是士族。可見唐代認為守節是非常難能可貴的，也表示寡婦改嫁的非常普遍。而在所有守節的寡婦中，又以士族之之女為多。

寡婦再嫁，在唐代甚為普遍。還有些女子嫌丈夫太窮，沒有出息，因而要求離異的。據唐范攄所著《雲溪友議》魯公明條載：

顏魯公為臨川內史，澆風莫競，文教大行。康樂以來用為嘉譽也。邑有楊志堅者，嗜學而家貧。……山妻厭其饘藿不足，索書求離。志堅以詩送之曰：「平生志業在琴詩，頭上而今有二絲。漁父尚知溪谷暗，山妻不信出身遲。荊釵任意撩新鬢，鸞鏡從他畫別眉。今日便同行路客，相逢即是下山時。」其妻持詩詣州，請公牒以求別適。魯公按其妻曰：「……污辱鄉閭，敗傷風俗。若無褒貶，僥倖者多。阿王決三十下任改嫁。楊志堅秀才贈布、絹各二十疋，米二十石，便署隨軍。仍遠近知悉。」江左數十年來莫敢有棄其夫者。

離棄丈夫的，畢竟不多；拋棄妻子的卻非常多。張生的愛上鶯鶯，李益的喜歡小玉，都是因為她們長得漂亮。若果張生便是元微之，那麼「微之小人」，自當選上「韋門正全盛的」韋氏。李益就婚盧氏，置小玉於不顧，情形是相同的。魚玄機被李億所棄，則是以色衰愛弛。《唐會要》卷三皇后：

……上遂有廢立之意……許敬宗又言於朝曰：「田舍翁積得十斛麥，尚欲換卻舊老婦。況天子富有四海，立一皇后，有何不可。」

充分表示唐人拋棄妻子的歪風。唐詩中，如元微之的織婦詞，悲貧女之難嫁；白居易的議婚、婦人苦、太行路等，一方面悲歎貧女謀婚的困難，一方面同情貧女嫁後受到丈夫欺凌和遺棄之苦。〈盧江馮媼傳〉中所說：梁女已死，還因為丈夫續弦別娶而悲啼。生為丈夫所棄，那種痛苦，應該要苦上好多倍吧！

當然也有從容死節的。《唐國史補》卷上李華賦節婦條載：

江左之亂，江陰尉鄒待徵妻薄氏為盜所掠，密以其夫棺告託於村媼，而後死之。李華為〈哀節婦賦〉，行於當代。

又〈玉泉子〉載：

鄭路昆仲有為江外官者。維舟江渚，群盜奄至；即以所有金銀羅列岸上，而任賊自運取。賊一不犯，曰：「但得侍御小娘子來足矣。」其女有姿色，賊潛知之矣。骨肉相顧，不知所以答。女欣然請行，其賊即取小舟載之而去。女謂賊曰：「君雖為偷，得無所居與親屬乎？然吾家衣冠族也，既為汝妻，豈以無禮見逼？若達汝所，止一會親友以托好逑，足矣。」賊曰：「諾。」又指所偕來二婢曰：「公既以偷為名，此婢不當。為公計，不若歸吾家。」賊以貌美，辭且順，顧已無不可者，即自鼓棹載二女而去。女於是赴江而死。

此女臨危不亂，潔身自愛，又救出兩侍婢，然後赴江而死。不但貞節可風，她的鎮定和機智也是值得欽佩的。

四、女冠與女俠

傳奇成長背景，雖然也有若干佛教輪迴等色彩，但大抵還是以道教思想為主流。早期的傳奇，像

〈古鏡記〉，充滿了道家五行思想、陰陽八卦和鬼怪之說。〈枕中記〉也不過是借道士呂翁的枕頭來發揚莊子的蝴蝶夢說法，而影響之大，卻遠過於《莊子》、《列子》等著作。唐室既託源李耳，像唐太宗所說：「朕系出老聃，東周隱德。末葉承嗣，起自隴西。（見唐釋彥宗所著：《唐護法沙門法琳別傳》）」故自高祖以降，多為老子立廟，數數追封，尊為太上玄玄皇帝。唐朝的公主，自睿宗的女兒開始，許多代都有公主入道成為女冠的。睿宗之女入道者，有西寧公主（金仙），昌隆公主（玉真）。玄宗之女入道者有萬安公主。代宗之女華陽公主，德宗之女文安公主，順宗之女潯陽公主，憲宗之女永嘉、永安兩公主，穆宗之女義陽、安康兩公主，都入道觀為女道士。敬宗以後，資料不全，想必也有入道的。唐室既崇奉道教（其實老子的哲學和道教無關），且有道舉。官員表請入道，奉勅賜名，乃是一種榮耀之事。如《唐國史補》卷中所載：

> 閻寀為吉州刺史，表請入道，賜名遺榮，隸桃源觀，朝端盛賦詩以贈之。戎昱詩云：「廬陵太守近隳官，月帔初朝五帝壇。」

而女子入道，在當時也是一種清高榮譽之舉；所以入道的公主，不在少數。而一些名女人，像蜀校書薛濤晚年居浣花溪畔，著女冠服。〈上清傳〉中的上清，沒入宮庭，因為善於茶道，才能接近德宗皇帝，為她的主人竇參雪冤；事後，上清特敕丹書，度為女道士。可見女冠的她位十分清高。我們讀全唐詩，發現其中有許多女冠的作品。

又有假女冠之名而作妓女勾當的。如《三水小牘・綠翹篇》載：魚玄機，字幼微，長安里家中人，後作西京咸宜觀女道士。「色既傾國，思乃入神。」她曾作過補闕李億的小妾。後來色衰愛弛，才淪落到作女道士。「既欲求三清長生之道，又未能忘解珮薦枕之歡。」因為懷疑她的女僮綠翹和她的男朋友有不清不白的行為，妒火大發，一頓鞭子把綠翹給打死了。案發之後，京兆溫璋予以決殺。《全唐詩》有錄存魚玄機的詩一卷。胡雲翼氏《唐詩研究》一書中認為「她的詩僅一卷，但沒有一首不可讀的」。她的〈臨江樹〉云：

草色連荒岸，煙姿入遠樓。葉鋪秋水面，花落釣人頭。根老藏魚窟，枝低拂客舟。蕭蕭風雨夜，驚夢復添愁。（《唐詩紀事》卷七十八魚玄機條）

她最有名的詩是在獄中寫成：

羞日遮羅袖，愁春懶起粧。易求無價寶，難得有情郎。枕上潛垂淚，花間暗斷腸。自能窺宋玉，何必恨王昌！

末後兩句，真是大膽之極，率直之極！女道士應該高出塵表，恬淡無為。魚玄機不能忘解佩窺玉之歡，若以詩鳴，也可以不朽了。

《唐語林》卷一載：

宣宗微行至德觀，有女道士盛服濃妝者，赫怒歸宮。立召左街功德使宋叔康，令盡逐去。別選男子二人，住持其觀。

這也是魚玄機一流的女冠。可想見當時借道觀樹豔幟的還不少呢。

唐代婦女，又染有胡風。劉伯驥所著《唐代政教史・導言》中說：

貴族婦女，染有胡風。或騎或射，或著男裝。

既習騎射，當然便會有若干出類拔萃的。像聶隱娘，「身輕如風。一年後，刺猿狖百無一失。後刺虎豹，皆決其首而歸。三年後能飛，使刺鷹隼無不中」。又像〈紅線傳〉中的紅線，「夜漏三時，往返七百里，入危邦，經五城」。描繪得十分傳神，未必便是事實。但江湖上，定必也有女俠之輩。

又有李公佐寫的〈謝小娥傳〉。在唐人諸女俠傳奇中，差近事實。宋祁編寫《新唐書》，把此一故事改寫入〈列女傳〉中。謝小娥以一介弱女子，父、夫都死於強盜之手；「卒能誓志不捨，終於復父、夫之仇。節也。與傭保雜處，不知女人，貞也」。雖然她不像隱娘那樣敏捷，也不像紅線那樣神奇，而她的節列事跡，義俠襟懷，卻是隱、紅二女不能比的。

李肇《國史補》卷中載妾報父冤事：

長安客買妾。居之數年，忽不知所之。一夜提人頭至。告夫曰：「我有父冤，故至於此。今報矣，請歸。」泣涕而訣，出門如風。俄頃卻至，斷所生二子喉而去。

女報父冤，固可大書特書，跡近孝、俠；但斷所生二子之喉，棄夫於不顧，大悖人情，殘忍之至。清蒲松齡曾採摘其事，另撰故事，歸在他所寫的《聊齋誌異》一書中。可見這個故事還是很感人的。

五、宮女與侍婢

隋煬帝荒淫無道，自民間選宮女，開選女之先例。又創設迷樓，窮奢極慾。後宮陪宴侍寢者，百二十四人之多。宮女宮婢，若不是選自民間，便是因故沒入宮庭的大臣家婦女。數目之多，駭人聽聞。唐高祖武德九年八月十八日（其時，太宗已於八月九日接帝位）下詔出宮人。「前後所出，三千餘人（《唐會要》卷三）。」貞觀二年，中書舍人李百藥上封事說：

……往年雖出宮人，未為盡善。竊聞大安宮及掖庭內，無用宮人，動有數萬。衣食之費，固自倍多。幽閉之怨，足感和氣。亢陽為害，亦或由茲。（《唐會要》卷三出宮人條）

又《舊唐書》卷一八四〈宦官〉：

開元天寶中，長安大內、大明、興慶三宮，皇子十宅院，皇孫百孫院，東都大內、上陽兩宮，大率宮女四萬人。

唐高祖李淵是一個好色之徒。他在任東都留守之時，便曾拿晉陽宮的宮女來侍寢。立國之初，後宮自皇后以下，「有貴妃、淑妃、德妃、賢妃，是為夫人。昭儀、昭容、昭媛、脩儀、脩容、脩媛、充儀、充容、充媛，是為九嬪。婕妤、美人、才人各九人，是代世婦。寶林、御女、采女各二十七，共八十一，是代御妻（《新唐書》卷七十六）」。此外，當然還有數以千計的宮女。太宗接位之後，先出宮女三千，後來又出宮女三千。當時宮女之多，可說史無前例。有些宮女，一進宮門，直到老死，沒有見過皇帝面的，比比皆是，年輕時便死去的也很多。有一個稱為北原斜的地方，專門是埋葬宮女的。但是這邊宮女死了，那邊新宮女又補充進來。詩人王建的〈宮人斜〉絕句說：

未央牆西青草路，宮人斜里紅妝墓。一邊載出一邊來，更衣不減尋常數。

竇鞏的〈宮人斜〉詩云：

離宮路遠北原斜，生死深恩不到家。雲雨今歸何處去？黃鸝飛上野棠花。

而白樂天的〈上陽人〉，尤其能說明宮人的怨苦：

玄宗末歲初選入，入時十六今六十。同時採擇百餘人，零落年深殘此身……。

十六至六十，四十五年之間不見天日，真正可悲之極！陳鴻〈長恨歌傳〉載：

……明年，冊為貴妃，半后服用……驪山雪夜，上陽春朝，與上行同輦，止同室，宴專席，寢專房。雖有三夫人、九嬪、八十一御妻暨後宮才人、樂府妓女，使天子無顧盼意。自是六宮無復進幸者。

楊貴妃專寵，宮人、美人，都遷到別宮。而宮女之數並未稍減。薛調〈無雙傳〉說：

忽報有中使押領內家三十人往園陵，以備灑掃宿長樂驛……仙客謂塞鴻曰：「我聞宮嬪選在掖廷，多是衣冠子女。我恐無雙在焉。汝為我一窺可乎？」鴻曰：「宮嬪數千，豈便及無雙？」

足可為證。

宮女一入深宮，數十年見不到皇帝一面，別說蒙幸了。這種守活寡終身的痛苦，比太監要可憐得多。所以每逢皇帝要選美女，民間莫不大大的驚恐。像《唐語林》卷一所載：

（玄宗）……乃詔力士令京兆尹亟選人間女子頎長潔白五人，將以賜太子。力士趨出庭下復奏

> 曰：「臣宣旨京兆尹閱女子，民間囂然……。」

又如同書卷四所載：

> 文宗為莊恪太子選妃，朝臣家子女悉令進名。中外為之不安。上知之，謂宰臣曰：「朕欲為太子求汝鄭間衣冠子女，無何神堯打朕家事，羅訶去！」（此句文義難解，似是當時土語，或有脫誤。）遂罷其選。

除自民間選女外，後宮婦女另一來源為因故沒入之衣冠家婦女。如傳奇〈上清傳〉中所載：

> 竇公曰：「……吾身死家破，汝定為宮婢。聖君若顧問，善為我辭焉。」……上清果隸名掖庭。

〈無雙傳〉載：

> 至昏黑，乃聞報曰：「尚書，受偽命官，與夫人皆處極刑。無雙已（沒）入掖庭矣。」

前面已經說過：齊王妃沒入掖庭，太宗喜歡她。肅宗皇后吳氏，沒入掖庭，玄宗挑選幾個衣冠子女給肅宗，包括吳氏在內；肅宗幸之，而生下太子。李錡造反被殺，他的侍人鄭氏，沒入掖庭，為憲宗所幸，而生了宣宗皇帝。這幾位女士可說是極為幸運的，不知是幾千人中才有一個。而一般被沒入掖庭的衣冠家婦女，莫不處於極度羞辱和寂寞的生活之中。《唐國史補》卷上載：

嚴武少以強俊知名……然與韋彝素善。談笑殺之。及卒，母喜曰：「而今而後，吾知免宮婢矣。」

可見宮婢之苦，比喪子之痛還要慘。韋絢劉賓客《嘉話錄》載：

元載敗，妻王氏曰：「某四道節度使女，十八年宰相妻。今日相公犯罪，死即甘心，使妾為春婢，不如死也。」主司上聞，俄而亦賜死。

又足證明作宮婢之苦，生不如死。蘇鶚《杜陽雜篇》卷中載：

……時有宮人沈阿翹，為上舞河滿子詞。調聲風態，悉皆宛轉。曲罷，上賜金臂環，即問其徑來。阿翹曰：「妾本吳元濟女。元濟敗，因入宮。」

又趙璘《因話錄》卷一宮部：

……天寶末，蕃將阿布思伏法，其妻配掖庭，善為優，因使隸樂工。

按樂工、舞伎，唐屬賤民。名門閨媛淪為賤隸，偷生苟活而已。而一般宮女，也無自由可言。

唐范攄《雲谿友議》卷下〈題紅怨〉條載：

盧渥舍人應舉之歲，偶臨御溝，見一紅葉。命僕搴來，葉上乃有一絕句。……詩曰：「流水何太急，深宮盡日閒。慇勤謝紅葉，好去到人間。」

孟棨〈本事詩〉亦載：顧況在洛陽時，遊於苑中。於流水上得一大梧葉。上題詩云：

一入深宮裡，年年不見春。聊題一片葉，寄與有情人。

況明日上游題詩葉上，泛於波中。十數日之後，有人到苑中尋春踏青，又於一片葉上得到一詩，因拿給顧況。詩是樣的：

一葉題詩出禁城，誰人愁和獨含情。自嗟不及波中葉，蕩漾乘風取次行。

又朱慶餘有宮詞云：

寂寂花時閉院門，美人相並立瓊軒。含情欲說宮中事，鸚鵡前頭不敢言。

至於民間女婢，則視同牲畜，但備主人之驅策、使喚；為姬侍，為玩物，甚至當作禮物送人。經放為良者，也只能給人作小妾。長孫無忌等所著《唐律疏義‧戶婚》上說：

諸以妻為妾，以婢為妻者，徒二年。以婢為妾者，徒一年半。各還正。
疏義曰：妻者，齊也；秦晉為配。妾通買賣，等數相懸。婢乃賤流，本非儔類。

又說：

若婢有子，經放為良者，聽為妾。
疏議曰：婢為主所幸，因而有子，即雖無子、經放為良者，聽為妾。……妻者，傳家事、承祭祀，既具六禮，取則二儀。婢雖經放為良，豈堪承嫡之重？律既止聽為妾，即是不許為妻。

所以〈霍小玉傳〉說：

鮑具說曰：「故霍王小女，字小玉，王甚愛之。母曰淨持，淨持即王之寵婢也。王之初薨，諸弟兄以其出自賤庶，不甚收錄，因分與資財，遣居於外。」

既不是父親的妻妾，當然無法相處。又《唐詩紀事》卷三十五李翱條載：

李八座翱，潭州席上有舞拓枝者，匪疾而顏色憂悴。……明府詰其事，乃故蘇臺韋中丞愛姬所生之女也。曰：「妾以昆弟夭喪，無以從人，委身於樂部，恥辱先人。」

或是親王的寵婢，或是朝官的愛姬，只因為自己出身微賤，自己所生的女兒也不免淪為娼家、樂戶。這都是律令所定，除非遇赦，否則沒法更改。婢的命運生來便已註定，實在可悲。

六、家姬與娼妓

燕太子丹賓養勇士，不惜後宮美女。事類娼妓，書出班志，應為真實。而公娼制度，實由漢武帝營妓而來。南北朝的時候，家妓特盛。隋時煬帝由民間選美女，後宮佳麗無數；因之朝中大臣，也都養了一批姬侍。像〈虯髯客〉中的紅拂妓、崑崙奴中的紅綃妓，足以為證。馮贄《雲仙雜記》金鳳凰條載：

周光祿諸妓，掠髮用鬱金香油。傅面用龍消粉。染衣用沉香水。月終，人賞金鳳凰一隻。

沈既濟〈枕中記〉載：

盧生……两竄荒徼，再冀臺鉉，出入中外，徊翔臺閣五十餘年，崇盛赫奕，性頗奢蕩，甚好佚樂。後庭聲色，皆第一綺麗。

乃至於〈上清傳〉中的上清，〈柳氏〉中的柳氏，〈霍小玉傳〉中的鮑四娘等，也都是唐代私蓄家奴的明證。而官妓更是普遍。當時文武官員，騷人墨客，進士新貴，競以風流相尚。即使貴為天子者，也有微行作狹斜之遊的。長安、洛陽、揚州、湖州各處，妓女最多。唐翰林學士孫棨撰《北里志》，「記大中進士遊狹邪雜事」。序文中說：

京中飲妓，籍屬教坊。凡朝士宴聚，須假諸曹署行牒，然後能致於他處。惟新進士設宴顧吏，故便可行牒。追其所贈之資，則倍於常數。諸妓皆居平康里。舉子、新及第進士、三司幕府但未通朝籍未直館殿者，咸可就詣。如不恡所費，則下車水陸備矣。其中諸妓，多能談吐，頗有知書言語者，自公卿以降，皆以表德呼之；其分別品流、衡尺人物、應對非次，良不可及。信可輟叔孫之朝，致楊秉之惑。比常聞蜀妓薛濤之才辯，必謂人過言。及睹北里二三子之徒，則薛濤遠有慚德矣。

至於妓女的來源，《北里志》《海論三曲》中事云：

平康里……妓中有錚錚者，多在南曲、中曲。其循牆一曲，卑屑妓所居，頗為二曲輕斥之。……

諸女自幼丐育，或傭其下里貧家，常有不調之徒潛為漁獵。亦有良家子，為其家聘之，以轉求厚賂，誤陷其中，則無以自脫。

傳奇中所載，如霍小玉為長安妓：李娃，「長安之倡女也」。皆長安。蓋以皇都乃首善之區，人文薈萃，韻事斯傳。揚州為當時的商業中心，聲色之盛，不下長安。雖然現在已無法得知當時揚州的全部情形，但從若干詩、文、筆記之中，還是可看到揚州繁盛的梗概。像于鄴《揚州夢記》云：

揚州，勝地也。每重城向夕，娼樓之上，街中珠翠填咽，邈若仙境。

如詩中描述揚州情形的：「春風十里珠簾捲。」、「煙花三月下揚州。」、「天下三分明月夜，二分無賴是揚州。」、「十里長街市井連，月明橋上看神仙，人生只合揚州死，禪智山光好墓田。」、「夜色千燈照碧雲，高樓紅袖客紛紛。如今不似時平日，猶自笙歌徹曉聞。」當時盛況，由此可見。

他處妓女，如《雲仙雜記》迷仙洞條所載：

史鳳，宣城妓也；待客有等差。甚異者：有迷香洞、神雞枕、鎖蓮燈；次則交紅被、傳香枕、八分羊。下列不相見，以閉門羹待之。使人致語曰：「請公夢中來。」馮垂客於鳳，罄囊有錢三十萬盡納，得至迷香洞，題九迷詩於照春屏而歸。

《雲溪友議》豔陽詞條載：

……則聞西蜀樂籍海薛濤者，能篇詠，饒詞辯。

薛濤本良家子，淪落為歌妓，而為當道者所賞識。出入幕府，歷事十一鎮，和當代的名人文士互相倡和。她的詩像：

水國蒹葭夜有霜，月寒山色共蒼蒼。誰言千里自今夕？離夢杳如關塞長！（〈送友〉）

聞道邊城苦，而今到始知。卻將門下曲，唱與隴頭兒。（〈罰赴邊有懷上韋相公。〉）

清新圓熟，純為詩人口吻。

又有越州妓劉采春，善作囉嗊曲。其詞如次：

不喜秦淮水，生憎江上船。載兒夫婿去，經歲又經年。

莫作商人婦，金釵當卜錢。朝朝江口望，錯認幾人船。

也頗不俗。其他作品見於全唐詩的妓人，還有武昌妓、襄陽妓、太原妓、蓮花妓等多人。其他名妓尚有：蘇小小、盛小叢、元淳、趙鸞鸞、薛瑤英、翠華、阿軟、李端端、沈東東、錦雲、薛瓊瓊、楚蓮香、瓊華、賈愛卿、劉鳳仙、麗玉、曹文姬等。以詩出名的還有徐月英、常浩、王福娘、李治、張窈窕等，所留詩篇，傳唱至今。不能備載。

不論是家妓、官妓、營妓，她們或備後庭，或勞賓客，或迎張送李，暮楚朝秦，都是以色、肉事人，境況十分可憐。傳奇中寫妓女的，像〈霍小玉傳〉、〈李娃傳〉、〈楊倡傳〉、〈虬髯客傳〉、〈崑崙奴〉等，著者或傳其節烈之跡，或寫其零落之境，大都對當事人寄與同情與祝福。所以房千里說：

> 夫娼、以色事人者也。非其利則不合矣。而楊（娼）能報帥以死，義也；卻帥之賂，廉也。雖為娼，差足多矣。（〈楊娼傳〉）

白行簡說：

> 嗟呼，倡蕩之姬，節行如是。雖古先烈女，不能逾也。焉得不為之歎息哉！（〈李娃傳〉）

生為宗法社會制度下的女子已夠辛苦，而不幸淪為妓女，更是可悲。她們以色事人，難道是出於本心？都是在不得已的情況下而為之。其間還有才辯節烈之輩，像徐州妓關盼盼，便是一個例證；盼盼原為張建封的愛妾，建封死後，盼盼為他守節，住在燕子樓中十餘年，最後還是絕食殉情而死。她的〈燕子樓詩〉云：

北邙松栢鎖愁煙，燕子樓空思悄然，自埋劍履歌塵散，紅袖香銷已十年！

寫得多麼感人！她的詩才懿行，決不因為她是妓女而有所損。讓我們回過頭去看「陷吾君於聚塵」的武后、和武三思與崔湜亂的上官昭儀，跟盼盼比起來，只覺得她們醜陋惡劣之極。詩妓徐月英的詩說：

為失三從泣淚頻，此身何用處人倫？雖然日逐笙歌去，長羨荊釵與布裙。（〈敘懷〉）

這一首詩充分表露了妓女們身受壓迫、地位卑賤、為人所鄙棄的內心痛苦，也表露了她們嚮往正常生活的企盼。

七、結論

回溯到春秋戰國的時候，雜居在內地的戎、夷、蠻、狄等民族，經由通婚，為諸夏所同化，融合成一個新的民族，「開秦、漢之宏規」。漢武帝經營疆域，武功空前之盛；東漢鄭康成「述先聖之至意，整百家之不齊」，思想也漸趨統一。文事武功，至此都達到頂點。到了魏、晉的時候，歷年既久，血液漸陳，文化漸滯，由盛轉衰。這時，塞外的匈奴、羯、鮮卑、氐、羌等民族，紛紛進入中原。經過了大約兩百年的混亂、衝擊、溝通和同化，華、夷的界限復趨泯滅，血統相混，又融合成一個嶄新的民族，「肇隋、唐之隆盛」；沈剛伯先生在他所著〈論文化蛻變兼述我國歷史上的第一次文化大革新〉一文中，認為此一時期是中國文化史上「第一次巨大的革新運動」時期。而所參與各民族族系之繁、數量之巨、區域之廣、血液之贖，遠非前代所及。隋、唐皇室都是華、胡混合的結晶，以北朝統合南朝，領導於上；而領導階層品質的英拔和同化力之強，宛如磁之於鐵，海之於流。北方的突厥、鐵勒、回紇、奚、契丹；西方的西域，沙陀、黨項、吐蕃、乃至於更西的波斯、印度；東方的渤海、高麗、新羅、百濟、日本；南方的南海、南詔諸國；或慕義內附，或率部來降，或集體入徙，或被擄歸化，或派遣子弟留學，或往來各處經商。解辮髮為冠帶，化蕃性為夏心。於是貞觀四年三月，各蕃君主，來到長安，朝見太宗，共尊太宗為天可汗。真所謂臣服萬邦，君臨天下。揚大唐之聲威，弘華夏之文教。恢廓發皇，漪歟盛哉！文化既已革新，思想、行為便不能和古時完全相同。因為華夏文化受到胡風衝擊的原因，在家庭人倫方面，顯著的改變，約有兩事：一為弛男女之防，一為篤友于之愛。劉伯驥《唐代政教史》一書中的導言說：

> 民間之遊樂及貴族婦女之服飾，染有胡風。或騎或射，或著戎裝，或男女同郊遊、同博戲皆無禁妨。

是故中宗庶人韋氏「與武三思升御床博戲，帝從旁典籌，不以為忤」。結果中宗被韋庶人所弒，「弛男女之防」實有以致之。《新唐書》卷一百三十一〈外戚列傳〉載：

> 武延秀……宗兄崇訓尚安樂公主，數與宴昵，頗通突厥語，倣虜謳舞，姿度閒冶，主愛悅。會崇

訓死，遂私侍主。後因尚焉。

這又是一個「弛男女之防」所造成的例子。有唐以前，叔、嫂不通問，唐室既源於夷狄，特別重視友于之愛。如《唐語林》卷一所載：

玄宗諸王友愛特甚。常思作長大被，與同起臥。諸王或有疾，上輾轉終日，不能食。左右開喻進膳，上曰：「弟兄吾之手足。手足不理，吾身之疾，何暇更思寢食？」上益東都起五王宅，又於上都創花萼樓，益與諸王會聚。或講經義，賦詩飲酒，歡笑戲謔，未嘗猜忌。

又載：

宣宗天資友愛，敦睦兄弟。大中元年，作雍和殿於十六宅，數臨幸，諸王無少長悉預坐。樂陳百戲，抵暮而罷。諸王或有疾，斥去戲樂，即其臥內躬自撫之，憂形於色。

友愛的結果，或以姬侍相贈，像代宗睿真沈皇后原是「太子以賜（其兄弟）廣平王」的。或叔、嫂發生曖昧，如武延秀的私侍安樂公主（武崇訓妻）。王夫之《讀通鑑論》卷二十說：

貞觀改服制。嫂叔、夫之兄、弟之妻，皆相為服，變周制也。古之不相為服者，禮傳言之詳矣。

嫂不可以母道屬，弟之妻不可以婦道屬，所以定昭穆之分也。嫂、叔生不通問，死而不為服，所以厚男女之別也。唐推兄之敬而從兄以服嫂，推弟之愛而從弟以服其妻，所以廣兄弟之恩也。周謹於禮之微，唐察乎情之至，皆道也。而周之義精矣。

叔嫂生不通問，死不為服，乃是我國的古制，太宗卻把它給改了。華風受胡風的激盪，民間一時之間卻無法適應。閨房失禮之事，在所難免。然而，是非之心，人皆有之；善善惡惡，天性所然。是故馮燕斷然刺殺張嬰之妻子（〈馮燕傳〉）；沈既濟稱任氏的「遇暴不失節，徇人以死」（〈任氏傳〉）；由此便可見當時輿情，公道自在人心。

唐人好色，因而有武后的稱制，韋后的殺夫，張后的預廢立。開元之治，家給人足，又為一個楊貴妃而攪得天下大亂。這都是好色之過。元微之在〈鶯鶯傳〉中說：

大凡天之所命尤物也，不妖其身，必妖於人。使崔氏子遇合富貴，乘寵嬌，不為雲為雨，則為蛟、為螭，吾不知變化矣。昔殷之辛，周之幽，據百萬之國，其勢甚厚；然而一女子敗之。潰其眾，屠其身。至今為天下僇笑。

元氏說這段話可能是有感而發的吧？而娼妓的悲慘、姬侍的愁苦、宮人的青春被埋葬、婢女的自由被剝奪，都是男子好色所作成的。

著者贅言：本文原以文言文寫作，先刊登於《中華文化復興月刊》第九卷五期，後又歸入該月刊社所編撰之《中國古典小說研究》一書中。筆者於八十三年在約旦工作，將全文重新以白話文修正、增訂，謹此說明。

貳、從傳奇看唐代士族

一、門第觀念

中華民族的門第觀念，由來已久。《左傳》桓公六年：

齊侯欲以文姜妻鄭太子忽，太子忽辭。人問其故。太子曰：「人各有耦。齊大非吾偶也。」

這可能是最早見於史冊中，華人對門當戶對、所謂門第觀念的記載。到了漢朝，便有所謂「金、張世族，袁、楊鼎貴」之說。金是指金日磾，張指張湯；袁是袁安，自袁安至袁逢，四世居三公之職；楊是楊震，自楊震至楊彪，四世居太尉之職，「德業相繼，與袁氏俱為東京名族（《後漢書》卷五十四）」。

自此以後，史書有種種關於門第的記載，而且使用許多不同的名詞。以下是一些常見的字眼：

高門：自黃初以來，成立太學。二十餘年，而寡有其名。蓋由博士輕選，諸生避役。「高門」子弟，恥非其倫。（《三國志・魏書》卷十五〈劉馥傳〉）

世家：自魏晉以來，始以九品中正為取人之法。而九品所取，大概多以「世家」為主。所謂上品無「寒門」，下品無「勢族」。（《文獻通考》卷三十四〈任子〉）

寒門：見世家條。

勢族：見世家條。

門戶：王峻子琮為國子生，尚始興王女……峻曰「臣太祖是謝仁祖外孫，亦不藉殿下姻媾為『門戶』」。（《梁書》卷二十一〈王峻傳〉）

門地：楊佺期，弘農華陰人，漢太尉震之後也。自云門戶承襲，江左莫比。有以其「門地」比王珣者，猶恚恨。（《晉書》卷八十四〈楊佺期傳〉）

門第：中正所詮，但存「門第」。（《魏書》卷八〈世宗本紀〉）

世族：漢末喪禮，魏武始基。軍中倉卒，權立九品。蓋以論人才優劣，非為「世族」高卑。（《宋書》卷九十四〈恩倖傳〉）

膏腴：（王）國寶少無士操，不修廉隅。婦父謝安惡其傾側，每抑而不用，除尚書郎。國寶以中興以來，「膏腴」之族，惟作吏部，不為餘曹郎，甚為怨望，固辭不拜。（《晉書》卷七十五〈王國寶傳〉）

貴仕：「貴仕」素質，皆由門慶。平流進取，坐至公卿。（《南齊書》卷二十三〈褚淵、王儉合傳〉史臣曰）

膏粱：兄（王）志謂之（指其弟王寂）曰：「汝『膏粱』子弟，何患不達？不鎮之以靜，將恐貽譏。」（《南齊書》卷三十三〈王僧虔傳〉）
荀伯子常自矜籍蔭之美。謂（王）弘曰：「天下『膏粱』，惟使君與下官耳。宣明[1]之徒，不足數也。」（《宋書》卷六十本傳）
甲族：中間立格，「甲族」以二十登仕，「後門」以過立試吏。（《梁書》卷一〈武帝紀〉）
後門：和寒門差不多，見甲族條。
貴遊：梁朝全盛之時，「貴遊」子弟，多無學術……無不燻衣剃面，敷粉施朱。（《顏氏家訓》第八篇：勉學）
祕書郎與著作郎，江左以來，多為「貴遊」起家之選。（徐堅：《初學記》卷十三）
京城「貴遊」，尚牡丹三十餘年矣。每春暮，車馬若狂，以不躭玩為恥。（《唐國史補》卷中）
「膏腴」、「貴遊」，咸以文學相尚。（《梁書》卷四十一〈王承傳〉）
寒士：三年，尋敕曰：「江謐『寒士』，誠當不得競選『華僑』。然其有才幹，堪為委遇。可遷掌吏部。」（《南齊書》卷三十一〈江謐傳〉）
華僑：見前條。
貴勢：國子祭酒鄒湛以閻纘才堪著作，薦於國子監華嶠。嶠曰：「此職閒稟重，『貴勢』多爭之，不暇求其才。」遂不能用。（《晉書》卷四十八〈閻纘傳〉）

1 宣明，指其妻弟謝晦，晦字宣明。

世胄：魏氏立九品，置中正，尊「世胄」，卑「寒士」，權歸「右姓」。（《新唐書》卷一九九〈柳沖傳〉）

右姓：見世胄條。

著姓：其州大中正主簿、郡中正功曹，皆取「著姓」士族為之。以定門胄，品藻人物。（《新唐書》卷一九九〈柳沖傳〉）

門胄：意即「門第」，見著姓條。

門閥：唐以前，士大夫重「門閥」。（沈垚：《落飄樓文集》）

閥閱：郡姓者，以中國士人差第「閥閱」為之。（前引〈柳沖傳〉）

名族：劉頌，字雅，廣陵人，漢廣陵厲王胥之後也。世為「名族」。（《晉書》卷四十六〈劉頌傳〉）

高族：臣本中華「高族」。（《宋書》卷六十五〈杜驥傳〉）

高門：（宋）弁好言人陰短，「高門」「大族」意所不便者，弁因毀之。（《魏書》卷六十三〈宋弁傳〉）

大族：見「高門」條。

類似的辭彙尚多。為免冗贅，不再詳舉。

二、世族政治的萌芽

東漢末年，連年戰爭，乃使戶口耗減甚大。是以三國作戰之際，不但要保衛和擴張疆土，而且還要搶奪人民。如《魏書・武帝紀》，袁紹與曹操戰，紹將攻白馬，張遼、關羽解白馬之圍，乃徙其民，循河而西。又如馬謖街亭戰敗，諸葛亮拔西縣千餘家還於漢中。姜維出隴西、魏軍敗退，「維乘勝多所降下，拔河間、狄道、臨洮三縣民還」（俱見〈蜀書〉本傳）。

任何一個朝代，若要政治清明，百姓樂業，必須賢者在位，能者在職；選賢與能，實是政府最重要的工作。這項工作，又包括培養、甄別和考核三個部分。培養就是教育以造就人才；甄別乃是考選，以挑舉人才；考核乃是考課。有學識的人，不一定有高尚的品德，也不一定有敬業的精神；挑選出的人才經任用為官、吏，必須經過考核的辦法來加以進退。

漢末和三國之時，兵連禍結。不但「百姓凋盡，士之存者蓋亦無幾」（《魏書》卷二十一〈劉廙傳〉）。是以建安年間，曹操就曾學過漢武帝徵求人才的辦法，三次下令徵求跅弛之士。所謂「跅弛之士」，乃是實有才能，但跅放散漫，甚至品德有問題，如受金盜嫂之徒。其實，曹操「少機警，有權數。而任俠放蕩，不治產業」（《三國志・魏書》卷一〈武帝紀〉）。乃是一個標準的跅弛之士。

為何要求跅弛之士？固然，當時士流播遷，人才凋零，乃是事實。而曹操的論點是：「若必廉士而後可用，則齊桓其何以霸世？」（《三國志・魏書》卷一〈武帝紀〉）又說：「進取之士未必能有行也。陳平豈篤行、蘇秦豈守信耶？」（同前）又說：「昔伊摯、傅說出於賤人；管仲，桓公賊也，皆用之以興。韓信、陳平負污辱之名，有見笑之恥，卒能成就王業，聲著千載。吳起貪將，殺妻自信，散金求官，母死不服；然在魏，秦人不敢東向；在楚，則三晉不敢南謀。」（同前）

晉景帝用石苞，便是受曹操的影響。宣帝聽說石苞好色薄行，因而責怪景帝。景帝說：「苞雖細行不足，而有經國才略。夫負廉之士，未必能經濟世務。是以齊桓忘管仲之奢僭，而錄其匡合之大謀。

漢高捨陳平之污行，而取其六奇之妙算。苞雖未可以上儔二子，亦今日之選也。」（《晉書》卷三十三〈石苞傳〉）

魏文帝曹丕受禪之後，鑒於選賢任能的重要，於黃初元年接納陳群的建議，設立九品官人之法，也稱九品中正制，以吸收人才，為朝廷用。其法為：

> 州郡皆置中正，以定其選，擇州郡之賢有鑑識者，為之區別人物，等其高下（《通典》卷十四〈歷代選舉志〉）。
>
> 晉依魏九品之制，內官吏部尚書、司徒左長史；外官州有大中正，郡國有小中正，皆掌選。凡吏部選用，必下中正，徵其人居及父、祖官名。（同上）
>
> 州、郡、縣俱置大小中正，各取本處人在諸府公卿及臺省郎吏有德充才盛者為之。區別所管人物，定為九等。其有言行修著，則升進之。或以五升四，以六升五。倘若道義虧缺，則降下之。或五退六，自六退七矣。（《馬端臨文獻通考》卷二十八〈舉士〉）

此種品鑑，三年一清升降（見《晉書》卷一百六〈石季龍載記上〉）。但是有德行的人不一定有能力。因之，「官長則各以其屬能否，獻之臺閣。臺閣則據官長能否之第，參以鄉閭德行之次，擬其倫比，勿使偏頗」（《三國志・魏書》卷九〈夏侯尚傳〉）。果然依照這種方式選士，九品中正制未許不是好制度。但人都是自私的，中正既有品第人物之權，不免以私意裁定，以喜怒升降；黨同伐異，推舉族類。其結果如柳芳所說：

> 魏氏立九品，置中正，尊世冑，卑寒士，（結果）權歸右姓。（《新唐書》卷一九九〈柳沖傳〉）。

原來用以品評士人德行的辦法，開始行使之時，如晉武帝時司空衛瓘和太尉汝南王司馬亮聯合上書中所說：

> 其始造也，鄉邑清議，不拘爵位。褒貶所加，足為勸勵。猶有（漢時）鄉論遺風。（《晉書》卷三十六〈衛瓘傳〉）

換句話說：「九品中正」剛剛開始實行的時候，一個士人在本鄉本土的所作所為，受到人民的推崇和擁護與否，尚可以拿來作為中正品評這位士人的德、能的參考。這種以鄉論為根據來評斷士人優、劣的作法，和漢朝的舉孝廉差不多。但作為中正的還可以評敘朝中官員的品德和才能。例如：

> 吉茂字叔暢，馮翊池陽人也。世為著姓……後以茂為武陵太守，不之官，轉酇相。以國省，拜議郎。……國家始制九品，各使諸郡選置中正，差敘自公卿以下至於郎吏功德才行所任。……王琰……子嘉歷任諸縣……（王）嘉為中正。嘉敘茂雖上第，而狀甚下。云「德優能少」。茂曰：「痛乎！我效汝父子冠幘劫人邪！」（《三國志・魏書》卷二三〈常林傳〉註引《魏略》）

後來即在掌選人才。但任何一種制度，行之日久，不免會發生變化，鑽漏洞、賄賂、威迫利誘，層出不窮。九品中正制行到後來，便發生了侵權行為。散騎常侍夏侯玄即上書批評，建議改進辦法。他說：

> 夫官才用人，國之柄也，故詮敘專於臺閣，上之分也；孝行存乎閭巷，優劣任之鄉人，下之敘也。夫欲清教審選，在明其分使，不使相涉而已。何者？上過其分，則恐使由之不本，而干勢馳騖之路開；下踰其敘，則恐天爵之外通，而機敘之門多矣。夫天爵下通，是庶人議柄也。機權多門，是紛亂之源也。自州郡中正品度官才以來，有年載矣。緬緬紛紛，未聞整齊。豈非分敘參錯，各失其要之所由哉？……奚必使中正干銓衡之機於下，而執機柄者有所委仗於上，上下交侵以生紛錯哉。……若使各帥其分，官長則各以其屬能否，獻之臺閣；臺閣據官長能否之第，參以鄉里德行之次，擬其倫比，勿使偏頗。中正則准考其行迹，別其高下，審定輩類，勿使升降。臺閣總之。……斯則人心定而事理得。庶可以靜風俗而審官才矣。（《三國志》《魏書》卷九〈夏侯尚傳附夏侯玄傳〉）

夏侯玄這篇建議很有道理。但當時當政的司馬宣王卻批答道：「當待賢能然後了耳。」（同前）換句話說，把夏侯玄的一番建議歸入了「緩議」檔中了。

三、世族政治的建立

九品中正之實行，晉承魏制。州置大中正，郡置小中正，並掌選舉。與中央主管人事的吏部和司徒長史相配合。《通典》一四〈選舉二〉云：

晉依魏氏九品之制，內官吏部尚書、司徒左長史；外官州有大中正，郡國有小中正，皆掌選舉。若吏部選用，必下中正，徵其人居，及父、祖官名。

選才任官，要注意被選人之父、祖官名，則父、祖為高官的，被選中的機會必然很大。因此權歸右姓，乃成必然之勢。而領中正的，也大都是勢族。如：

（王）嶠（司徒王渾一族）……轉越騎校尉，頻遷吏部郎、御史中丞、祕書監。領本州大中正。（《晉書》七十五〈王湛傳附王嶠傳〉）

（遠）顗領本州大中正。大明元年，改太子中庶子，領翊軍校尉，轉祕書監。（《宋書》卷八十四〈袁顗傳〉）

王儉……瑯琊臨沂人也……又領太子少傅，本州中正。（《南齊書》卷三十三本傳）

柳世隆……河東解人……遷尚書右僕射，領太子右率。雍州大中正。不拜。改授散騎常侍、

尚書左僕射。中正如故。（《南齊書》卷二十四本傳）

王延之，字希季，瑯琊臨沂人也……（建元）四年遷中書令、右光祿大夫，本州大中正。（《南齊書》卷三十二本傳）

陸瓊……授散騎常侍，兼度支尚書，領揚州大中正。（《陳書》卷三十本傳）

這些大中正，都是屬於王、謝、袁、蕭和朱、張、顧、陸各世族的官員。至於北魏，原無中正之名，但立大師、小師，既辨宗黨，兼舉人才：

（太祖天賜元年）以八國姓族難分，故國立大師、小師，令辨其宗黨，品舉人才。自八國以外，郡各自立師，職分如八國，比今之中正也。（《魏書》卷一一三〈官氏志〉）

高祖孝文帝時，復置司州。

高祖曰：「司州始立，本有僚吏，須立中正，以定選舉。然中正之任，必須德望兼資者。世祖時，崔浩為冀州中正，長孫嵩為司州中正，可謂得人……。」（《魏書》卷二十七〈穆崇傳附穆亮傳〉）

可見北魏在世祖太武帝之時已有中正的設立。而崔浩為山東清河，長孫為虜姓之著，都係世族人物。中正固有公平正直的，像韋崇，「崇為河南邑中正，以平直見稱。」（《魏書》卷四十五本傳）又如李叔虎，「轉國子博士、本國中正，兼樂陵中正。性清直，甚有公平之稱」（《魏書》卷七十二本傳）。當然也有貪財枉法的。如李宣茂「兼定州大中正，坐受鄉人財貨，為御史所劾，除名為民。」（《魏書》卷四十九〈李靈傳〉）又如陽尼「坐為中正時受鄉人財貨免官。」（《魏書》卷七十二本傳）而陽尼和房堅，「各舉其子」甚為不公。所以司空諮議劉景說：

> 立中正，不考人才行業，空辨氏姓高下。（《魏書》卷六十六〈崔亮傳〉）

和南朝的情形差不多。於是世宗在正始二年下詔說：

> 任賢明治，自昔通規。宣風贊務，實惟多士。而中正所詮，但存門第。吏部彝倫，仍不才舉。遂使英德罕昇，司務多滯。不精厥選，將何考陟？八座可審議往代貢士之方，握賢之體，必令才學並申，資望兼致。（《魏書》卷八〈世宗紀〉）

而中正的品定人物，不但敘其德品，兼品別其門第。例如：

> 時燕國中正劉沈舉霍原為寒素，司徒不從。沈又抗請中書奏原。而中書復下司徒參論。司徒左長史荀組以為：「寒素者，當謂門寒身素，無世祚之資。原為列侯，顯佩金紫，先為人間流通之

事，晚乃務學，少長異業。年踰始立，草野之譽未洽，德禮無聞，不應寒素之目。」（《晉書》卷四十六〈李重傳〉）

霍原為列侯，猶被視為寒素。主因乃是他曾「為人間流通之事」。即是曾作過商人，當知世族的條件，不僅是個人的爵位而已。

九品中正的弊端甚多。李重在晉初即曾予以評擊。他說：「先王議制，以時因革。因革之理，唯變所適。九品始於喪亂。軍中之政，誠非經國不刊之法也。」（同前）

但政事之改革，常遭既得權益者的反對；是以司馬懿都不敢遽予變更。九品中正除使權歸右姓之外，而造成「下僚多英儁之才，勢位必高門之冑」（《晉書》卷九十〈良吏傳序〉）。因為勢族可以「平流進取，坐至公卿」，所以他們大都不拘世務，只為勢位：

> 今當官者，以理事為俗吏，奉法為苛刻，盡禮為諂諛，從容為高妙，放蕩為達士，驕蹇為簡雅。（《晉書》卷七十一〈熊遠傳〉）

晉武帝時，劉毅即曾上書，認為九品為權時之制，未見得人，而有八損，是以應予改革。其序文中說：

> 立政者以官才[2]為本。官才有三難，而興替之所由也。人物難知，一也；愛憎難防，二也；情偽難明，三也。今立中正，定九品，高下任意，榮辱在手，操人主之威福，奪天朝之權勢。愛憎決於心，情偽由於己。公無考校之負，私無告訐之忌。用心百態，求者萬端。廉讓之風滅，苟且之俗成。……陳平、韓信笑侮於邑里，而收功於帝王。屈原、伍胥不容於人主，而顯明於竹帛。是篤論之所明也。（《晉書》卷四十五本傳）

其後上書力陳九品中正之弊者，頗不乏人；而因循未能改革。想係既得利益者位高權大，使當政者不敢輕言改變之故。而九品中正雖然能為世族取得官職，取得官職者卻並不一定能成為世族。如上面所說，霍原有列候的爵位還被認為是寒素。世族之為世族，世代相替，實有其他因素：

（一）有廣漠的土地

中國自東漢以來，土地兼併的風氣很盛。世族「連棟數百，膏田滿野」。到了晉代，實行占田制度。其法依官品高下，分為九品。第一品五十頃；每降一品，減少五頃；九品官占田為十頃（《晉書》卷二十六〈食貨志〉）。世族作高官的多，所以占的田也多。年歲越長，他們的田也越來越多。

---

2 官在此為動詞；「官才」，「給有才能的人作官」的意思。

（二）可以蔭親戚

《晉書・食貨志》又載：

其品第一至第九，各以品之高低蔭其親屬。多者及九族，少者三世。宗室、國賓、先賢之後及士人子孫亦如之。而又得蔭人以為衣食客及佃客。

換句話說，世族不但有田地，而且有人民。儼然和歐洲封建世代的采邑主相似。

（三）有軍隊，也就是部曲

《三國志・魏書》三十八載：

（鄧）艾言景王曰：「孫權已沒，大臣來附。吳名宗大族，皆有部曲。阻兵仗勢，足以建命……」（〈鄧艾傳〉）

又如：

（孟）達以建康元年率部曲四千餘家歸魏。（《三國志・魏書明帝紀第三》引《魏略》）

楚王瑋將害汝南王亮等也。公孫宏說瑋曰：「昔宣帝廢曹爽，引太尉蔣濟參乘，以增威望……司徒王渾有威名，為三軍所信服。可請同乘……」瑋從之。渾辭疾，以家兵千餘人拒瑋。瑋不敢逼。（《晉書》卷四十二〈王渾傳〉）

按東漢末年，天下大亂，世族多據塢壁，組織軍隊以自衛，若干人民，或投靠塢堡以苟全性命，遂使各塢主能有人民為之種田服役。而又有人民，既非編戶民，又未依附塢堡；彼等逃避傜役租稅，東藏西躲。是以晉時查緝隱匿，乃為州郡施政之一大主要項目：

陳頵……仕為郡督郵，檢獲隱匿者三千人。為一州尤最。（《晉書》卷七十一本傳）

（四）有經學的傳授

漢代崇尚儒術，因而經學昌盛。若干大儒，各具獨家見解；習經者，各有師承。像孔子的後代孔氏，伏生之後伏氏，還有桓氏，都以累世經學享盛名。而政府正以經學取士。普通人應考，當然爭不過這些家學淵源的世族子弟。孔氏自漢昭、宣時的孔霸到他的七世孫孔昱，作卿、相、牧、守者五十三人。明帝時桓榮起家，一家三代，五為帝師。弘農楊氏，自稱關西夫子的楊震起，四世居太尉之官。和帝時汝南袁安，四世有五人居三公之職。根據史書，太原王慧龍撰《帝王制度》十八篇，號曰國典；其曾孫王遵業，「涉歷經史，有譽當時」（《魏書》卷三十八）。慧龍祖愉，尚書僕射；父緝，散騎侍郎；清河崔浩之弟崔括聞其美名，以女妻之。崔浩博覽經史，曾奉敕解《急就章》、《孝經次

《論語》、《詩》、《尚書》、《春秋》、《禮記》、《周易》，三年成訖（《魏書》卷三十五〈崔浩傳〉）；崔光為明帝講解孝經；光子崔鴻也博通經史（《魏書》卷六十七〈崔光傳〉）。這是清河崔氏。至於博陵崔氏，如崔綽，學行修明，曾以儒儁見徵；子崔鑒也頗有文學（《魏書》卷四十九〈崔鑒傳〉）；崔辯學涉經史（《魏書》卷五十六本傳）。范陽盧氏如盧玄，以儒雅稱，太武帝召天下儒儁，以玄為首；其子度世以學行為時流所重（《北史》卷三十〈盧玄傳〉）。趙郡李順，博涉經史，有才策，知名於世（《漢書》卷三十六〈李順傳〉）；順從父弟李孝伯，父曾，少治鄭氏禮、左氏春秋，以教授為業；至於孝伯，少傳父業，博綜群言（《魏書》卷五十三〈李孝伯傳〉）。滎陽鄭懿，字景伯，涉歷經史（《魏書》卷五十六本傳）。這些都是世族通經的明證。

自漢以經取士，魏晉沿之。如《三國志・魏書》卷二〈文帝紀〉：

> 三年春正月：庚午，行幸許昌宮。詔曰：「今之計、考，古之貢士也。十室之邑，必有忠信。若限年然後取士，是呂尚不顯於前世也。其令郡國所選，勿拘老幼，儒通經術，吏達文法，到皆試用。有司糾故不以實者。」

這又是通經即可授官的明證。

（五）世族必是世家

像袁安到袁逢，四世有五人居三公之官；楊震到楊彪，四世居太尉之職。所以他們的門生故吏，遍布全國。若單是一代作高官，封侯爵，只能算是「暴發戶」，而不能稱為世家。

（六）必須得到社會的公認

這一點很重要。因為是社會公認的，才能獲得大眾的尊敬。而這種世族的身分，連皇帝都不能改變。後面將道及。

四、世族政治的完成

世族政治萌芽於魏之九品中正，至晉而確實建立，到了南北朝才真正完成。南朝社會，據傅樂成先生所撰《中國通史》第十二章說：

> 南北朝的社會，有著嚴格的階級區劃。大體說來，可分四個階層。上者為士人，其次為部曲，最下為奴隸。士人階級中又有世族與寒門之分。世族是社會的最上層，也是政治權位的把持者。而世族本身，又分苦干等級；高下分明，不容混淆，他們的地位，是經社會的公認和政府的承認的；有時雖君主也不能加以更易。至於寒門出身的士人，雖然也有參與政治的機會，但他們的社會地位聲望遠較世族為低，宦達的機會也遠較世族為小，同時他們也永遠不能升為世族。平民也就是從事農、工、商業的大眾……部曲是大族豪門所豢養的家丁莊客，他們是豪族的寄生者。此外南朝有所謂「兵戶」，也就是被政府勒令當兵的人家，大半出身於奴隸和罪犯，他們的地位已

與奴隸相差無幾。……至於真正的奴隸，則更是絕無自由可言。

傅氏的說法，十分正確。我們現將南北朝世族的特權與特點敘述於次。

第一，世族兼併土地，甚至封固無主的山澤，乃能有廣大的土地供客戶耕種樵蘇。前已詳述，茲不復贅。

第二，自魏晉以來，小民憚役，尤憚兵役，有甚於憚稅；因而依附勢族，受其蔭蔽，成為客戶，甚或部曲。既可逃稅，又可避役。結果，世族越來越強大，損及國家的財力與兵源。像桓氏部曲，遍布荊楚。桓溫作逆，死了之後，他的兒子仍然能夠重振。這種情形演變到南北朝時代，世族的政治地位和社會地位益發穩定。

第三，他們初任官的年齡遠較寒門為低。如鍾繇之子鍾毓，十四歲即任散騎侍郎。梁祖為相國之時，曾上表說：

> 故前代選官，皆立選簿。……愚謂自今選曹宜精加隱括，依舊立簿，使冠履無爽，名實不違，庶人識涯涘，造請自息。且聞中間立格，甲族以二十登仕，後門以過立試吏，豈所以弘獎風流，希向後進？此實臣蠹，尤宜刊革。（《梁書》卷一〈武帝紀上〉）

但似乎未能實行，武帝受禪之後，於天監四年下詔曰：

今九流常選，年未三十，不通一經，不得解褐。若有才同甘、顏，勿限年次。（《梁書》卷二〈武帝紀〉中）

第四，世族子弟釋褐入仕，起家官位又較寒門子弟高：

（張）纘字伯緒，緬第三子也，……起家祕書郎，時年十七。（《梁書》卷三十四〈張緬傳〉）

十七歲即為祕書郎，較上說「二十登仕」還要早。祕書郎為六品清要之官。史書載：

祕書郎有四員，宋、齊以來，為甲族（子弟）起家之選。例數十百日便遷任。（《梁書》卷三十四〈張緬傳附張纘傳〉）

晉時名家若有國封者，起家多拜員外散騎侍郎（《宋書》卷五十八〈謝宏微傳〉），乃五品清要官。第五，初仕官之品位有高低，而又有清濁官之分。望族任清要之職，寒門任事務之職。茲將中正品第之品位與初任官之品級列表如次：

中正評品	1	2	3	4	5
起家官品	三四五	五六七	六七八	七八九	八九

第六，世族子弟任官，不但年歲輕，官位高，而且升官快。大抵「平流進取，坐至公卿」。尤以王、謝兩族為最：

於時王家門中，優者則龍鳳，劣者猶虎豹。（《南齊書》卷二十三〈王僧虔傳〉）

第七，世族之中，又有高低之別：

（侯景）又請娶於王、謝。帝曰：「王、謝門高非偶，可於朱、張以下訪之。」景恚曰：「會將吳兒女以配奴。」（《南史》卷八十〈賊臣傳侯景傳〉）

而同姓之中，亦有高低之別：

王僧虔為御史中丞……甲族由來多不居憲臺。王氏分枝居烏衣巷者，位官微減，僧虔為此官，乃曰：「此是烏衣諸郎坐處，我亦可試為耳。」（《南史》卷二十三〈王僧虔傳〉）

又如：荀伯子：

伯子常自矜蔭籍之美。謂（王）弘曰：「天下膏粱，惟使君與下官耳。宣明之徒，不足數也。」遷散騎常侍，本邑大中正。（《宋書》卷六十本傳）[3]

第八，世族子弟，初授官多有挑剔。如臺郎之職，在晉，除吏部郎外，不作其他郎官。如：

王國寶除尚書郎。國寶以中興膏腴之族，惟作吏部，不為餘曹郎。甚怨望，固辭不拜。（《晉書》卷七十五〈王國寶傳〉）

到了南朝，連普通士人也不屑為臺郎。

江智淵元嘉末除尚書庫部郎，時高流序官，不為臺郎。智淵門孤寡援，獨有此選。意甚不悅。固辭不拜。（《宋書》卷五十九〈江智淵傳〉）

又有員外散騎侍郎，晉時為甲族起家之選：

晉時名家身有國封者，起家多拜員外散騎侍郎。（《宋書》卷五十八〈謝弘微傳〉）

---

3 謝晦，字宣明，乃荀伯子的妻弟。

到了南朝，名家多不願就拜：

國常侍、員外散騎郎，此二職清華所不為。（《南史》卷二十五〈到撝傳〉）

這些不成文法，連皇帝也不能違背。如《陳書》卷三十四〈蔡凝傳〉載：

高祖嘗謂凝曰：「我欲用義與主婿錢肅為黃郎，卿意如何？」凝正色對曰：「帝鄉舊戚，恩由聖旨，則無所復問，若格以僉議，黃散之職，固須人地兼美。唯陛下裁之。」

第九，寒人作了皇帝，心理上也有所畏怯。如：

高祖（劉裕）因集，謂群公曰：「我布衣，始望不及。」……（王）弘率爾對曰：「此所謂天命。求之不可得，推之不可去。」（《宋書》卷四十二〈王弘傳〉）

又如：

（齊）高帝（蕭道成）詔司徒褚淵、左僕射王儉曰：「吾本布衣素族，因籍時來，遂隆大業。」（《南齊書》卷二〈高帝本紀〉建元四年）

寒人作了大官，當然更是常懷畏怯。如：

（陳）顯達謙厚有智計。自以人微位重，每遷官，常有愧懼之色。有子十數人，誡之曰：「我本志不及此。汝等勿以富貴凌人。」……顯達謂其子曰：「麈尾扇是王、謝家物，汝不須捉此自逐。」（《南齊書》卷二十六〈陳顯達傳〉）

第十，寒人雖和世族同僚，也不能同坐起。如《宋書》卷四十六〈張邵傳附張敷傳〉載：

中書舍人秋當、周赳並管要務。以張敷同省名家，欲詣之。赳曰：「彼恐不相容接，不如勿往。」敷先設二床，去壁三四尺。二客就席，敷呼左右曰：「移我遠客！」赳等失色而去。

當然也不能交友往來。如《南史》卷二十三〈王球〉傳載：

（王）球字蒨玉，司徒謐之子，惠之從父弟也。少與惠齊名。宋武帝受命，為太子中舍人，宜都王友，轉諮議參軍。文帝即位，王弘兄弟貴動朝廷，球終日端拱，未嘗相往來；弘亦雅敬之。歷位侍中、中書令、吏部尚書。時中書舍人徐爰有寵於上，上嘗命球及殷景仁與之相知，球辭曰：「士庶區別，國之章也。臣不敢奉詔。」上改容謝焉。

第十一，士庶區別，國之憲章，皇帝也不能改變，皇帝當然也不能把寒門升為世族。《南史》卷三十六〈江斅傳〉載，中書舍人紀僧真受到齊武帝的恩寵，請求皇帝把他升作士大夫：

帝曰：「由江斅、謝瀹，我不得措此意，可自詣之。」僧真承旨詣教，登榻坐定。斅便命左右曰：「移吾床以讓客。」僧真喪氣而退。告武帝曰：「士大夫固非天子所命。」

第十二，世族高官，尸位不理時務，皇帝也無處置，如《南史》卷二十四〈王裕之傳〉載：

敬弘[4]元嘉三年為尚書僕射，關署文案，初不省讀。嘗豫聽訟，上問疑獄，敬弘不對。上變色問左右：「何故不以訊牒副僕射？」敬弘曰：「臣乃得訊讀之，正自不解。」上甚不悅。雖加禮敬，亦不以時務及之。六年，遷尚書令；因讓，表求還東。上不能，改授侍中、特進、左光祿大夫，給親信三十人。及東歸，車駕幸治亭餞送。

當時南朝最有名的士族，首為瑯琊王氏、陳郡謝氏、陳郡袁氏、南蘭陵蕭氏，號稱過江僑姓。次為朱、張、顧、陸，號為東南吳姓。之外，尚有溫縣司馬氏、潁川荀氏、渤海刁氏、譙國桓氏、陳留蔡氏和北地傅氏等。

---

[4] 王裕之，字敬弘。因避劉裕諱，以字行，他是王導從弟王廙的曾孫。

在北朝，則有山東郡姓，包括太原晉陽王氏、清河東武與博陵安平二崔、范陽涿縣盧氏、趙郡平棘與隴西成紀的李氏及滎陽開封的鄭氏。其次又有關中郡姓，包括京兆杜陵的韋氏、河東聞喜的裴氏、河東解縣的柳氏、河東汾陰的薛氏、弘農華陰的楊氏、京兆杜陵的杜氏。又有代北虜姓，乃是後魏孝文帝遷洛，將各部落大姓改成漢人姓氏；遷居雒陽，並號河南雒陽人；包括元氏，出自後魏皇室；長孫氏，魏之宗族，本為拓拔氏；宇文氏，鮮卑種；於氏，本為忽忸于；陸氏，本為步六孤；源氏，鮮卑人禿髮烏孤之後；竇氏，漢大鴻臚竇章、子統，漢靈帝時為雁門太守，避竇武之難，亡奔匈奴，遂為部落大人，賜姓紇豆陵。

在南朝，士庶之分似乎是不成文法。在北朝，士庶之分多以法令來界定。

（一）士大夫之子可詣太學，百工伎巧、騶卒子息則否：

（世祖太武帝）太平真君五年春正月庚戌詔曰：「自頃以來，軍國多事，未宣文教，非所以整齊風俗，示軌則於天下也。今制自王公以下至於卿士，其子息皆詣太學。其百工伎巧、騶卒子息，當習其父兄所業。不聽私立學校，違者師身死，主人門誅。（《魏書》卷四下）

（二）各郡雖設學校，學生卻必須先盡高門，次及中第。顯祖時高允曾上書說：

「……請制大郡立博士二人、助教四人、學生一百人。次郡立博士二人、助教二人、學生八十人。中郡立博士一人、助教二人、學生六十人。下郡立博士一人、助教一人、學生四十人。其博士取博關經典、世履忠清、堪為人師者，年限四十以上。助教亦與博士同，年限三十以上。若道業夙成，才任教授，不拘年齡。學生取郡中清望、人行修整、堪循名教者。先盡高門，次及中第。」顯祖從之。（《魏書》卷四十八〈高允傳〉）

(三)不得通婚。魏高宗文成皇帝和平四年：

十有二月……壬寅，詔曰：「夫婚姻者，人道之始；是以夫婦之義，三綱之首。禮之重者莫過於斯。尊卑高下，宜令區別。然中代以來，貴族之門多不率法；或貪利財賄，或因緣私好，在於苟合，無所選擇。令貴賤不分，巨細同貫。塵穢清化，虧損人倫。將何以宣示典謨，垂之來裔？今制皇族、師傅、王、公、侯、伯及士民之家，不得與百工、技巧、卑姓為婚。犯者加罪。」（《魏書》卷五〈高宗紀〉）

魏孝文帝並於太和二年重申前詔：

太和二年……五月，詔曰：「婚聘過禮，則嫁娶有失時之弊。厚葬送終，則生者有糜費之苦。聖王知其如此，故申之以禮數，約之以法禁。迺者，民漸奢尚，婚葬越軌；致貧富相高，貴賤無別。又皇族、貴戚及士民之家，不惟氏族，下與非類婚偶；先帝親發明詔，為之科禁。而百姓習常，仍不肅改。朕今憲章舊典，祇案先制，著之律令，永為定準。犯者以違制論。」（《魏

書》卷七上）

太和十七年秋九月丁巳……「又詔斯養之戶不得與士民婚。」（《魏書》卷七下）

若寒士得到皇帝的寵幸，賜予望族之女，則引為殊榮：

孫搴，樂安人也。……高祖大悅……大見賞重。賜妻韋氏。既士人子女，又兼色貌，時人榮之。（《北齊書》卷二十四〈孫搴傳〉）

若蒙皇帝賜以沒入官家的五姓之女，不特引以為榮，甚至拋棄故婦來接納新人：

陳元康……魏尚書僕射范陽盧道虔女為右衛將軍郭瓊子婦，瓊以死罪沒官，高祖啟以賜元康為妻。元康乃棄婦李氏。（《北齊書》卷二十四〈陳元康傳〉）

(四)士、庶不得雜居。《魏書》卷六十〈韓麒麟傳附韓顯宗傳〉載：

顯宗又上言曰：「古之聖王必令四民異居者，欲其業定而志專。業定則不偽，志專則不淫。故耳目所習，不篤而就；父兄之教，不肅而成。仰惟太祖道武皇帝創基撥亂，日不暇給，然猶分別士庶，不令雜居，伎作屠沽，各有攸處……。」

（五）第宅車服，自百官至於庶人，皆有等別。《魏書》卷六十二〈李彪傳〉載：

彪又表曰……臣愚以為，第宅車服，自百官以至於庶人，宜為其等制，使貴不逼賤，卑不僭高。不可以稱其侈意，用違經典……。

高祖認為有理，不久便予以施行。

（六）世族與寒人任官不同。《魏書》卷六十〈韓麒麟傳附韓顯宗傳〉內，有高祖與群臣討論「高卑出身，恆有常分」一詔：

顯宗說：「陛下以物不可類，不應以貴承貴，以賤襲賤。」高祖說：「若有高明卓爾，朕亦不拘此例。」

按《資治通鑑》一百四十齊明帝建武三年，魏高祖孝文帝告訴劉昶說：「我今八族以上，士人品等有九，九品之外，小人之官復有七等。」

（七）寒素若任高官，皇帝詔書中要特別說明。如《魏書》卷六十二〈李彪傳〉載：

高祖詔曰：「歷觀古事，求能非一。或承籍微蔭，著德當世；或見拔幽陋，流名後葉。故毛遂起賤，奮抗楚之辯。苟有才能，何必拘族也？彪雖宿非清第，本闕華資；然識性嚴聰，學博墳籍。

剛辯之才，頗堪時用，兼憂吏若家，載宣朝美。若不賞庸敘績，將何以勸獎勤能？可特遷祕書令，以酬厥款。」

（八）同是一姓，也有高低之區別。

（高陽王）元妃盧氏薨後，更納博陵崔顯妹，甚有色寵，欲以為妃。世宗初以崔氏號「東崔」，地望寒劣，難之。久乃聽許。（《魏書》卷二十一〈高陽王雍傳〉）

（九）寒人若居稍高官位，其屬僚多排擠之。此實自然現象，例證太多，不勝枚舉。

世族政治發展到南北朝，已至極點。當然也就循日中則仄的原則，漸次沒落。茲列其原因如次：

第一，魏、晉之時，世族大都擁有部曲與賓客。在朝廷之中，又掌握兵權。像謝安、謝石，曾領兵大敗前秦符堅。又如王敦、桓溫之輩，手握重兵，幾乎謀奪了帝位。他們又多都督荊州軍事。荊州在建康上游，守將若非其人，對於揚州構成相當大的威脅。南朝世族，沒有賓客、部曲，他們只以文學相尚，風流自命，平流進取，坐至公卿。既不帶兵，便不能威脅朝廷。影響力當然也就日趨衰滅。

第二，南北朝的世族，因以文學相尚，故對於經術，不甚看重，如《梁書》卷四十一〈王承傳〉載：

時膏腴貴遊，咸以文學相尚，罕以經術為業。惟承獨好之。發言吐論，造次儒者。

吟詩、作賦，如何能治理國家？所以，

第三，如晉「王衍之徒，聲譽太盛。不以物務自嬰，遂相仿效，風教陵遲」。（《晉書》卷三十五〈裴秀傳附裴頠傳〉）

又如裴楷之子裴憲：

憲歷官（曾任尚書、司徒、太傅之職）無幹績之稱，然在朝玄默，未嘗以物務為懷。（《晉書》卷三十五〈裴楷傳〉）

這種玄默誤國的風氣，正是南朝世族的通病。他們不理俗務，但居高位。對世務越不關心，越被認為雅量高致。實際工作都由胥吏辦理，故號「胥吏政治」。而世族也由此日趨沒落。

第四，因為作官不做事，物務都由胥吏經手；於是高位由高門把持，皇帝起用寒人，擔當實務工作。權力漸漸落入寒人之手。如《南史》卷七十七〈茹法亮傳〉：

茹法亮，出身為小吏，便僻解事，善於承奉。（齊）武帝即位，仍為中書通事舍人，除員外郎……與會稽李文度、臨海呂文顯並以姦佞事武帝。文度為外監，專制兵權。領軍將軍守虛位而已。……法亮、文度並勢傾天下。太尉王儉常謂人曰：「我雖有大位，權寄豈及茹公？」

所以，世族又開始注意外表。如：

（王）茂性寬厚，居官雖無譽，亦為吏民所安。居處方正。在一室，衣冠儼然。雖僕妾莫見其厭容。姿表瓌麗，鬚眉如畫。出入朝會，每為眾所瞻望。（《梁書》卷九〈王茂傳〉）

又如：

（褚）淵美儀貌，善容止。俯仰進退，咸有風則。每朝會，百僚遠國使莫不延首目送之。宋明帝嘗歎曰：「褚淵能遲行緩步，便持此得宰相矣。」（《南齊書》卷二十三〈褚淵傳〉）

（何）戢美容儀，動止與褚淵相慕。時人呼為小褚公。家業富盛，性又華侈。衣被服飾，極為奢麗。（《南齊書》卷三十二本傳）

不但如此，而且有施脂粉的惡習：

梁朝全盛之時，貴游子弟多無學術。至於諺云：「上車不落則著作，體中如何則祕書。無不熏衣剃面，傅粉施朱，駕長簷車，跟高齒屐，坐棊子方褥，憑斑絲隱囊，列器玩於左右。從容出入，望若神仙。」（《顏氏家訓》第八篇〈勉學〉）

儼然今日的人妖。如此等人物，如何可治國？又如何可興家？

第五，侯景之亂，對世族打擊甚大。侯景在壽陽之時，曾請婚於王、謝。梁武帝說：「王、謝門高非偶，可于朱、張以下訪之。」侯景大怒，說將來有機會要把「吳兒女」配奴隸。當他起兵作亂打天下之時，建康城破，立即對世族大加殺戮。又解放奴隸，把士庶之分的習俗完全打亂。而若干世族子弟，養尊處優慣了，「膚脆骨柔，不堪行步」。一旦遭逢戰亂，「體羸氣弱，不耐寒暑，坐死食卒者，往往而然」。

五、唐初世族的新形勢

南北朝末年，世族已漸次沒落。而隋文帝以北統南，統一中國之後，又採取了三種辦法，更進一步削弱世族。

首先，為針對世族的兼併土地，實行均田之制。一方面可以限制世族所能持有的土地，一方面又能增加政府的稅收。

其次，針對世族的蔭蔽人口，採本末兼行的辦法。治本，大量減輕人民的賦、役，使人民樂於為編戶民。治末，創立保甲連坐之制。

> 高祖受禪，頒新令，制人五家為保，保有長。保五為閭，閭四為族，皆有正。畿外置里正，比閭正。黨長比族正。以相檢察焉。……是時山東尚承齊俗，機巧姦偽避役惰游者十六七，四方疲，人或詐老詐小，規免租賦。高祖令州縣大索貌閱，戶口不實者，正長遠配，而又開相糾之科。大功以下，兼令析籍，各為戶頭，以防容隱。於是計帳進四十四萬三千丁，新附一百六十四萬一千

五百口。（《隋書》卷二十四〈食貨志〉）

煬帝即位，又依裴蘊所奏，校閱戶口一次，全國再增加了丁二十四萬三千，口六十四萬一千二百（參閱《隋書》卷六十七〈裴蘊傳〉）。文帝受禪之初，北朝有戶三百六十萬。平陳之後，再增五十萬。二十年後，戶達八百九十萬七千五百四十六，增加一倍有餘。其中有不小的一部分原是由各世族所蔭蔽挾帶者，數目實在驚人。

第三是廢除世族獵官工具之九品中正制，而代之以科舉。於是無論寒素或世族，一律參加考試取官，人人平等。

雖然如此，而所謂世族，經歷數百年的成長，實非一蹴即可完全摧毀。唐初的世族形勢，大抵南朝的世族已漸漸沒落，北方世族卻依然很強。原來北周的宇文泰，對漢人世族銳意聯絡。他創立陳寅恪氏所謂的關中本位政策，對付北方相峙的北齊和南方漢族的梁，利用世族出身的漢人蘇綽、盧辯等為他草創官制。又解駢為散，軍國詞令，悉準尚書。山東郡姓，一時抬頭。包括：

> 四姓唯鄭氏不離滎陽。有岡頭盧，澤底李，士門崔，家為鼎甲。太原王氏，四姓得之為美，故呼為鈒鏤王家，喻銀質而金飾也。（《唐國史補》卷上）

原來東晉之世，世族南遷。因而使仍留在北方的清河、博陵二崔、范陽涿郡盧、滎陽鄭、太原王、隴西與趙郡李等在北朝居首位。

北魏孝文帝遷都洛陽，根據當時的實際情況，重訂士族門第。他一方面提升鮮卑等胡人貴族，共八氏、十姓（帝宗）、三十六族，九十二姓（世號部落大人），改籍河南洛陽。同時打破魏、晉士族壁壘，把地方上的強宗豪族都編入士族：呼作郡姓。並按照祖先官位的高低，劃為四等（甲、乙、丙、丁）。凡三世有三公者為膏粱；有令、僕者為華腴；有尚書領護而上者為甲姓；有九卿方伯者為乙姓；有散騎常侍、太中大夫者為丙姓；有吏部正員郎者為丁姓。凡得入者，謂之四姓。[5]（參閱《新唐書》卷一九九〈柳沖傳〉）

後魏所建立的姓號為國姓。後來唐人稱之為代北虜姓。包括元氏，出自後魏皇室；長孫氏，魏之宗族，原名拓拔氏，魏書有傳者，如長孫富、長孫道生（卷二十五）、長孫成（卷二十六）。宇文氏，鮮卑族。按鮮卑稱天為宇，君為文；宇文，天子之意；魏書有傳者，如宇文福（卷四十四）、宇文忠（卷八十七）。于氏，魏書有傳者，如于栗磾、于忠（卷三十一）。陸氏，魏書有傳者，如陸真（卷三十）。

竇氏，如唐高祖竇后乃竇毅之女。

武德元年九月，李密被王世充所敗，率領人馬入關降唐。高祖派往山東的安撫大使是淮安王神通、副使黃門侍郎崔民幹。據胡三省註云：「崔民幹，山東望族，故使副神通以招撫諸郡縣。」見《資治通鑑》卷一八六武德元年十月庚辰條。又：武德四年五月竇建德被俘後，高祖立即以太子左庶子鄭善果為山東道撫慰大使，招撫各郡縣。按善果九歲即襲其父大將軍、開封縣公官爵；他出身滎陽鄭氏，和他的

---

[5] 真正世族的形成，並非但靠官位；也不是皇帝所能左右。前已詳述，此處不贅。

母親崔氏，都是山東第一等高門（參閱《舊唐書》卷六十四〈鄭善果傳〉）。

這類情事，類似晉元帝到了江東，王、謝諸人惟恐東吳士族未附，因而於出巡時請出當地世族顧榮、賀循等隨行。由此可見唐高祖相當重視門第。他對於自己的家世也十分自豪：

> 竇威……武德元年拜內史令。威奏議從容，多引古為諭，高祖甚親重之。或引入臥內，常為膝席。又嘗謂曰：「昔周朝有八柱國之貴。吾與公家，咸登此職。今我已為天子，公為內史令，本同末異，乃不平矣。」威謝曰：「臣家昔在漢朝，再為外戚。至於後魏，三處外家。陛下龍興，復出皇后。臣又階緣戚里，位忝鳳池。自惟叨濫，曉夕競懼。」高祖笑曰：「比見關東人與崔、盧為婚，猶自矜伐。公代為帝戚，不亦貴乎。」（《舊唐書》卷六十一〈竇威傳〉）

貞觀初，太宗也覺得山東郡姓各族，雖沒作大官，依然自視甚高，曾有修《氏族志》之舉，予以平抑：

> 貞觀十二年正月十五日，修《氏族志》一百卷成，上之。先是山東人好自矜誇，以婚姻相尚，太宗惡之，以為甚傷教義。乃詔禮部尚書高士廉、御史大夫韋挺、中書侍郎岑文本、禮部侍郎令狐德棻及四方士大夫諳練族姓者，普索天下譜諜，約諸史傳，考其真偽，以為《氏族志》。以崔幹為第一等。書成，太宗謂曰：「我與山東崔、盧家，豈有舊嫌也？為其世代衰微，全無官宦人物；販鬻婚姻，是無禮也；依託富貴，是無恥也。我不解人間何為重之！我今定氏族者，欲崇我

唐朝人物冠冕，垂之不朽。何因崔幹為一等？」列為第三等，合二百九十三姓，千六百五十一家，分為九等，頒於天下。（《唐會要》卷三十六〈氏族〉條）

修撰結果，居然將崔幹列為第一等。重修之後，仍列為第三等。可見山東郡姓在官、民之間久受尊重。至於崔幹，史無可稽。我們懷疑他很可能便是武德元年高祖派往山東副淮安王神通為副招撫大使的黃門侍郎崔民幹；因為避李世民的諱，而改名崔幹。

唐初大臣，也好與山東郡姓結姻親。如：「山東士族因與名臣房玄齡等聯姻，故望不滅。」高宗朝宰相李敬玄：

前後三娶，皆山東士族。又與趙郡李氏合譜。故臺省要職，多是其同族婚媾之家。（《舊唐書》卷八十一〈李敬玄傳〉）

武后大足年間，宰相李懷遠，其孫彭年：

慕山東著姓為婚姻，引就清列，以大其門。（《舊唐書》卷九十〈李懷遠傳附彭年傳〉）

玄宗之時：

（中書令）張燕公（張說）好求山東婚姻。當時皆惡之。及後，與張氏為親者，乃為甲門。（《因話錄》）

又：

（肅宗時，吏部侍郎崔倕）與姑臧李、范陽盧世為姻媾。入於姻黨，無第二流。言門閥者，許為世表。（《文苑英華》卷八九九）

唐太宗因看不慣山東士族以門第相高，故以當朝冠冕來制定門第；且以道德來進、退門第的等級，完全是人為的、強制的。殊不知世族的形成乃是漸進的，皇帝也無法變更。前面已經說明過了。霍原有侯爵勳位，中正還把他列入寒素，可見世族不是以冠冕來決定的。至於用道德標準來進、退門第，更是不當。例如：堯的兒子是丹朱，舜的父親是瞽叟，他們的門第要如何個進退法？

唐太宗因為不太了解門第觀念，所以他也常出錯，例如：

（貞觀）十四年……太宗嘗對朝問張玄素歷官所由。玄素既出自刑部令史，甚以慚恥。諫議大夫褚遂良上疏曰：「陛下昨見問張玄素云『隋任何官？』奏云：『縣尉。』又問：『未為縣尉以前？』奏云：『流外。』又問：『在何曹司？』玄素將出閣門，殆不能移步；精爽頓盡，色類死灰。朝臣見之，多所驚怪。……陛下重玄素，頻年任使，擢升三品，翼贊皇儲。自不可更對群

臣，窮其門戶，窮昔日之殊恩，成一朝之愧恥。」（《舊唐書》卷七十五〈張玄素傳〉）

太宗對此，甚覺尷尬；當即向褚遂良表示自己的不對。現在太宗要拿《氏族志》來強行次序與進退門第，能否行得通呢？當然不易。即使皇室本身於分封王子之時，還顧到外家門戶的高低：

開元之後，朝恩睦親。以寧府最長，封至五千五百戶。岐、薛愛弟著勳，五千戶。申府以外家微，至四千戶。（《舊唐書》卷一百七〈玄宗諸子〉）

而五姓之女，既然仍列入《氏族志》中的高等次中，因而於出嫁時大收聘金。尋常人家若欲婚五姓之女，勢必化一大筆錢。如〈霍小玉傳〉中所述：

李益，未至家日，太夫人已與商量表妹盧氏，言約已定。太夫人素嚴毅，生逡巡不敢辭讓。遂就禮謝，便有近期。盧亦甲族也，嫁女子他門，聘財必以百萬為約。不滿此數，義在不行。

開元年間，一品月俸全部約三萬一千錢。百萬聘金，等於一品官三年多的薪俸。其數目之大，實在驚人。九品官月俸才一千九百七十七錢。百萬聘財，對於他們來說，簡直是天文數字。所以太宗於貞觀十六年又頒布了禁賣婚的詔書：

……詔曰：「氏族之盛，實繫於冠冕。婚姻之道，莫先於仁義。自有魏失御，齊氏云亡，市朝既遷，風俗陵替。燕趙右姓，多失衣冠之緒；齊韓舊族，或乖德義之風，名雖著於州閭，身未免於貧賤。自號高粱之胄，不敦匹敵之儀。問名惟在於竊貲，結褵必歸于富室。乃有新官之輩，豐財之家，慕其祖宗，競結婚媾。多納貨賄，有如販鬻。或貶其家門，受屈辱於姻婭；或矜其舊族，行無禮於舅姑。積習成俗，迄今未已。既紊人倫，實虧名教。朕夙夜兢惕，憂勤政道。往代蠹害，咸已懲革。惟此敝風，未能盡變。自今已後，明加告示。使識嫁娶之序，各合典禮。知朕意焉。其自今年六月禁賣婚。（《唐會要》卷八十三）

今人鄧文寬研究敦煌圖書北圖位七九號（膠卷號八四一八）唐貞觀八年五月十日高士廉等條舉氏族奏抄，茲移錄一節如後：

以前太史因堯置九州，今為八十五郡，合三百九十八姓。今貞觀八年五月十日庚辰，自今以後，明加禁約：前件郡姓出發，許其通婚媾。結婚之始，非舊委悉。必須精加研究，知其裏譜。相承不虛，然後可為匹。其三百九十八姓之外，又二千一百雜姓，非史籍所載，雖預三百九十八姓之限，而或媾官混雜，或從賤入良，營門雜戶，幕客商賈之類，雖有譜，亦不通。如有犯者，則除籍。左光祿大夫兼吏部尚書許國公高士廉等奉敕，令臣等定天下氏族。若不別條舉，恐無可憑，准合詳事訖。件錄而前。敕旨：依奏。（《唐史學會論文集》一九八六年九月初版）

鄧氏乃據此評稱：

> 一、貞觀八年前，唐太宗已令高士廉等定天下氏族。而吳兢記為時在貞觀六年。二、這次工作只限於「刊正姓氏」。即「遍責天下譜牒，質諸史籍，考其真偽」。將「從賤入良，營門雜戶，幕客商賈」等各色假冒牌從士族隊伍剔除出去，尚未有修定「氏族志」。更無重新劃分等級的明確意圖。三、其主旨在解決士族之間的婚媾問題。四、這種文書門閥觀念十分濃重。除考三百九十六姓，其他「非史籍所載，雖預三百九十八姓之限。……雖有譜，亦不通。如有犯者，則除籍。五、由「敕旨：依奏」可知，這種門閥觀念濃厚的文件，唐太宗同意過。

我們認為，唐太宗的本意是要貶低那些「多失衣冠之緒的燕趙右姓」，而高士廉之輩卻沒有懂太宗的本意，因而有重新整理譜牒之舉。其結果，反而對於山東五大郡姓有好處。因為，冒牌的士族被剔除，真正的崔、盧、李、鄭、王也就少了許多對手。當然也就更為名貴了。

高宗之時，五姓仍然恥與非士族人士通婚姻，乃有禁婚的詔書：

> 高宗朝，太原王、范陽盧、滎陽鄭、清河、博陵崔、隴西、趙郡李等七姓，持有族望，恥與諸姓為婚。乃禁其自婚娶。於是不敢復行婚禮。密裝飾其女，以送夫家。

其結果是：七姓實際為五姓七族中之若干破落戶，乃能藉「禁婚家」之名，多邀錢財，將女兒嫁與他姓。於是高宗顯慶四年，再下詔制定聘財標準：

顯慶四年四月十五日詔：後魏隴西李寶、太原王瓊、滎陽鄭溫、范陽盧子選、盧渾、盧輔、清河崔宗伯元孫，凡七姓十一家，不得自為婚姻。自今已後，天下嫁女受財，三品以上之家，不得過絹三百匹。四品五品，不得過二百匹。六品七品，不得過一百匹。八品以下，不得過五十匹。皆充所嫁女貲妝等用。其夫家不得受陪門之財。（《唐會要》卷八十三）

為什麼其他姓氏的士人都要找名門大族的女兒結婚呢？

看《舊唐書》卷一六五〈柳公綽傳〉，尤其所附柳玭的戒子書全文，深覺所謂士族，家法森嚴；柳氏家法尤為當代所稱。他們的子女，無論在言談、舉止、應對、禮儀、常識各方面，都高出庶人。最可貴的是他們的氣質，那種雍容不迫；像褚淵之「俯仰進退，咸有風則」，皇帝都說憑這一點便可作宰相，實在為人所敬佩。任何人娶得賢妻，也就是出自五姓之女，則家道昌和、子孫上進。像元微之，他很早就失去了父親，母親出自滎陽鄭氏，教導他讀書；所以元微之十五歲便明經及第。這才是士人娶妻以得五姓之女為榮的最大原因。至於像小說《櫻桃青衣》中所述，五姓之姻親，多居顯要，稍予提拔，即能騰達，雖則也是附帶因素之一；然而唐朝士人連公主都不願娶，難道公主的關係還小於朝中官員？可見裙帶關係尚列為次要，其理甚明。

唐人繼承南北朝的思想，看重世族。而若干奸雄、倖臣，因為他們不是出身士族，乃有上書修改氏族志的行動。其實，單是把自己的家族列入《氏族志》，並不見得便能成為世族。世族是要得到大眾所認同的。高宗顯慶初，許敬宗等小人以《氏族志》未敘明武后的族望，姦臣李義府也恥其家族未列入志中，因此奏請重修。

顯慶四年九月五日，詔改《氏族志》為《姓氏錄》。上親製序，仍自裁其體例。凡二百四十五姓，二百八十七家。以皇后四家、酅公、介公、贈臺司、太子三師、開府儀同三司、僕射，為第一等。文武二品及處政事者三品為第二等。各以品位為等第，凡為九等。並取其身及後裔。若親兄弟，量計相從。其餘枝屬，一不得同譜。（《唐會要》卷三十二）

又據《唐會要》卷三十載：「姓氏錄之立格，以皇朝得五品者，盡入族譜。入譜者，縉紳士大夫，咸以為恥，議者號其書為勳格。」這次修氏族志實在是一次既不道德、也不合理的行動。我們綜閱《新、舊唐書》中關於武后、許敬宗和李義府的記載，便能了解。武后先為太宗才人，再為高宗妃嬪，以激烈而又無恥的手段，爭得后位。對縉紳而言，是既不清，也不貴。如駱賓王在討武曌檄中說她：「性非和順，地實寒微。昔充太宗下陳，曾以更衣入侍。」而又「陷吾君於聚麀！」所以她贊同修《氏族志》，以提高她家族的地位。

李義府也是出身寒族，因得武后的寵倖，官居宰相之職；為了假冒世族，曾與趙郡諸李敘昭穆，若干趨炎附勢之徒，便和他聯了譜。其後李義府外放為普州刺史，真正出身趙郡的李崇德，時任給事中，便將李義府的名字自眾族譜中削除。誰知李義府不久又回到朝廷作宰相，因此，他公報私仇，藉故誣陷，致李崇德下獄而死。這才有修《氏族志》的奏議。

今人鄧文寬氏研究唐朝三次修氏族譜的前因後果，認為《氏族志》和《姓氏錄》不同之處有三：

（一）《氏族志》崇重李唐皇室和今朝冠冕，對於舊士族只是「一切降之」。而《姓氏錄》則將當朝無官職的舊士族全部排除在外。在貶抑舊士族方面來得更加堅決、澈底。

（二）兩書雖然都貫徹「各以品位為第等」的原則，但《氏族志》限於三品以上，而《姓氏錄》的標準是：「皇朝得五品官者，皆升士流。」姓數減少，家數增加；姓減四十八，家增六百三十六。品級卻由三品放寬到五品。即是說：姓氏更加突出了當朝冠冕的地位。

（三）《氏族志》將外戚列居第二等，而《姓氏錄》則將皇后四家升為第一等，斷然提高了外戚亦即武后家族的地位。（《唐史學會論文集》一九八六年九月初版）

這些修氏族譜的行動，確切說明了當時人士對士族的仰慕。武后的時代過去了，中宗終於作了皇帝。中宗神龍元年，柳沖深明《姓氏錄》的不合理和當時真正士族的不滿，重新奏請修《氏族志》：

神龍元年五月十八日，左散騎常侍柳沖上表曰：「臣聞姓氏之初，世本著其義。昭穆之序，周譜列其風。漢、晉之年，應摯明宗系之說。齊、梁之際，王賈述衣冠之源。使夫士庶區分，懲勸悠寄，昭之後世，實為盛典。臣今願敘唐朝之宗，修氏族之譜。使九圍仰止，百代承風，豈不大哉？」上從之。遂令尚書左僕射魏玄忠、工部尚書張錫、禮部侍郎蕭至忠、岑義、兵部侍郎崔湜、刑部侍郎徐堅、工部侍郎劉憲、左補闕吳兢等重修。至先天二年三月，柳沖奏：「所備《姓族錄》成。」上之，凡一百卷。又於今判定至開元二年七月二十一日畢，上之。

這次修《姓族錄》，根據《冊府元龜》卷五六〈國史部譜牒門〉所收柳沖請修譜牒表的全文；我們大約知道修撰的動機。柳沖說：

> 自魏太和以降，作者彌繁。咸以八族品人倫，或以九等量地胄。爰洎至今，年祀以淹。冠冕之家，興衰不一。胥、源、欒、郤，有降夷品；許、史、素、楊、一時各盛。豈可以曩時之褒貶，為當今之軌模？……臣願得敘大唐之隆，修氏族之譜。

從《氏族志》到《姓族錄》，已歷七十餘年，自有重修的必要。根據《新唐書·柳沖傳》：

> 初，太宗命諸儒撰《氏族志》，甄差群姓。其後門胄興替不常。沖請改修其書。

根本沒提武后所攬和的《姓氏錄》。由此可見《姓氏錄》之不為譜諜家所尊重。

六、傳奇中有關士族之姓氏

唐代留下來的傳奇雖然不多，但數目仍然可觀。筆者所著由聯經出版社發行的《唐代傳奇研究》下篇，敘述了主要的傳奇作品。現依該書下篇所列順序，我們把各傳奇所舉有關士族的記載、人名列表於後：

傳奇名	有關士族人、事	備註
古鏡記	河東王度	太原王氏
湘中怨解	進士鄭生	滎陽鄭氏
異夢錄	隴西公、范陽盧簡辭、渤海高光中、京兆韋諒	作者自敘從隴西公（成紀李）軍。又舉盧、高、韋諸人為證
柳毅	柳毅	河東柳氏
張逢	張逢、鄭糾	清河張氏、滎陽鄭氏
薛偉	薛偉	河東薛氏
杜子	杜子春	杜陵杜氏
裴航	裴航	河東裴氏
崔煒	崔煒	清河、博陵崔氏
孫恪	張閒雲	清河張氏
枕中記	盧生、娶清河崔氏、姻媾皆天下望族	范陽盧氏、清河崔氏
李娃傳	滎陽公之子、李娃、崔尚書完、隴西公佐	滎陽公為鄭姓，李娃則為隴西或趙郡李氏

傳奇名	有關士族人、事	備註
楊娼傳	楊娼	弘農楊氏
任氏傳	韋崟、鄭六	韋屬京兆、鄭屬滎陽
張老	張老、韋恕	清河張、京兆韋
王維	王維	太原王氏
虬髯客傳	李靖、李郎、張氏	隴西李、清河張
柳氏傳	柳氏、李益	河東柳氏、隴西李益
無雙傳	劉震、王仙客	太原王氏
上清傳	竇參	竇為代北虜姓士族
崑崙奴	崔生	清河？博陵？
離魂記	清河張鎰、太原王家	
李章武	李章武、清河崔信、王氏子婦	
霍小玉傳	霍小玉，隴西李益	霍小玉冒霍王李元軌之女。元軌，隴西成紀
鶯鶯傳	張生、崔鶯鶯、鄭氏	清河張、博陵崔、滎陽鄭

從上表所列：我們可歸納下列幾點：

（一）真人實事，如〈謝小娥傳〉、〈吳保安傳〉、〈馮燕傳〉，當然要使用真姓名，是故未予列入。

（二）一般傳奇的主角，著者總愛用盧生、清河崔信、博陵崔護、太原王宙等世族中人士，顯示當時士人對於世族的重視。好像今日的報紙報導，張先生和李太太離婚，或無名小卒鬧婚外情，報導得怎麼動人，看的人也沒多大興趣。若是英國王室鬧桃色糾紛，那便自然成了頭條新聞。道理是相同的。

（三）作娼妓的總愛冒世族大姓，如〈李娃傳〉、〈霍小玉傳〉、〈楊娼傳〉、〈柳氏傳〉等。寫〈楊娼傳〉的作者房千里，和許渾（字用晦）是同時代的人，也是貞元、元和之際的人。唐范攄所著《雲谿友議》中有一條關於房千里的記載稱：

房千里博士初上第，《遊嶺徼詩序》云：「有進士韋滂者，自南海趙氏而來，十九歲，為余妾。余以鬢蒼黃，倦于遊從。將為天水之別，止素秋之期。縱京洛風塵，亦其志也。趙屢對余潸然恨恨者，未得偕行。即泛輕舟，暫為南北之夢。歌陳所契，詩以寄情：曰：『鸞鳳分飛海樹秋，忍聽鐘鼓越王樓，只應霜月明君意，緩舞瑤琴送我愁，山遠莫教雙淚盡，雁來空寄八行幽，相如若返臨邛市，畫舸朱軒萬里遊。』房君至襄州，逢許渾侍御赴弘農公番禺之命，千里以情意相託。許具諾焉。才到府邸，遣人訪之，擬持薪粟給之。曰：『趙氏即從韋秀才矣！』許與房、韋俱有布衣之分；欲陳之，慮傷韋義；不述之，似負房言。素款難名，為詩代報。房君聞之，幾有歐陽四門詹太原之喪。渾寄房秀才詩曰：『春風白馬紫絲韁，正值蠶眠未採桑。五夜有心隨暮雨，百年無節待秋霜。重尋繡帶朱藤合，卻認羅裙碧草長。為報西遊解離恨，阮郎才去嫁劉郎。』」

所以房千里之寫〈楊娼傳〉，可能是有感而發。弘農楊氏，在唐代也甚有名氣，上引房千里一條之中所述「弘農公番禺之命」一節，弘農，即係指弘農華陰楊氏。《舊唐書》卷六十二〈楊恭仁傳〉載：

始恭仁父雄在隋，以同姓寵貴。自武德之後，恭仁兄名位尤盛。則天時，又以外戚崇寵。一家之內，駙馬三人、王妃五人、贈皇后一人、三品以上官二十餘人。遂為盛族。

又如〈柳氏傳〉之柳氏，本李生侍姬，後贈送給韓翃。按河東柳氏在唐代也頗具聲譽：

元宗柳婕妤有才學，上甚重之。婕妤妹適趙氏，性巧慧，因使工鏤板為雜花象之，而為夾結。因婕妤生日，獻王皇后一匹。上見而賞之，因敕宮中依樣製之。當時甚祕，後漸出，遍於天下，乃為至賤所服。婕妤生延王，肅宗每見王，則語左右曰：「我與王兄弟中更相親，外家皆關中貴族。」蓋柳氏奕葉貴盛，人物盡高。方輿公、康城公，皆北史有傳矣。（《唐語林》卷四〈賢媛篇〉）

為說明方便，我們現將若干主要傳奇分節求證。

七、〈枕中記〉和〈李娃傳〉[6]

從〈枕中記〉中所述，我們現在來求證唐代傳奇和門第的關係。

6 〈枕中記〉和〈李娃傳〉全文均可參考坊間傳奇集。

（一）「盧生」自稱：「吾家山東，有良田五頃。」

按盧氏是山東五大郡姓之一，隋唐之際，甚具威望。盧氏出自范陽涿郡。在魏有司空盧毓（《三國志・魏書》卷二十二）。盧毓之子盧欽在晉為尚書左僕射（《晉書》卷四十四）。後魏有盧玄、盧同（《魏書》四十七與七十六）。「子孫繼迹，為世盛門。」北周有盧辯（《周書》卷二十四）。終唐之世，范陽盧氏居宰相位者有八人（薩孟武：《中國政治社會史》三冊九章二節）。而五大郡姓之中，又以崔、盧為大。如北齊崔㥄：

……每以籍地自矜。謂盧元明曰：「天下盛門，惟我與爾。博（陵）崔、趙（郡）李，何事者哉？」（《北齊書》卷二十三〈崔㥄傳〉）

〈枕中記〉把盧生拿來作主角，當然是由於盧氏的世族背景。今人吳宗國在其〈唐代士族及其衰弱〉一文中（見中國唐史學會編：《唐史學會論文集》），認為唐代士族問題，主要是山東士族和關隴貴族問題。頗為恰當。晉代的王、謝，到了南朝末年已經沒落。其他像朱、張、顧、陸等，也不太顯赫。而在北朝的世族，仍頗具社會地位。其所以如此，乃是由於魏孝文帝的提倡「國姓」，也就是後來唐人所稱的代北虜姓，因而把關東郡姓也保全了下來。連帶較低的士族，如《通典》卷三引宋孝王〈關東風俗傳〉說：

至若瀛冀諸劉、清河張、宋，井州王氏，濮陽侯族，諸如此類，一宗將近萬室。煙火連結，比屋而居。

也沾了光。〈柳毅〉中媒婆告訴柳毅說：「有盧氏女，范陽人也……前適清河張氏。」由上所舉，可知清河張氏也是士族。否則，盧氏女也不可能嫁過去。從這些細微末節來看，便知寫傳奇的文人對當世的門第觀念有很深的了解。

（二）「數月，娶清河崔氏女。」

唐初，太宗嘗以山東士人尚閥閱，後雖衰，子孫猶負世望；嫁娶必多取資，故人謂之賣婚。由是詔高士廉與韋挺、岑文本、令狐德棻等撰《氏族志》（《新唐書》卷九十五〈高儉傳〉），而崔幹竟居第一。太宗看了很不高興；最後依照皇室、后家等重行編排，崔幹仍被列為第三等。可見崔氏郡望之強，連皇帝也沒法把它給抹煞。

為何要娶清河崔氏呢？

原來崔氏，清河又貴於博陵。所以崔倰以籍地甚美，而謂「博崔、趙李，何事者哉！」而五姓之女，但婚士族，不願和皇室連姻。當然宰相的兒子也不在考慮之列。《唐語林》卷四〈企羨〉載：

瑯琊王氏與太原，皆同出於周。瑯琊之族世貴，號鎗頭王氏。太原子弟爭之，稱是己族。然實非也。太原自號鈒鏤王氏。崔氏，博陵與清河亦上下。其望族博陵三房。第二房雖長，今其子弟即皆拜第三房子弟為伯叔者，蓋第三房婚娶晚遲，世數因而少故也。姑臧李氏亦然。其第三房皆受大房、二房之禮。清河崔氏亦小房最著。崔程出清河小房也，世居楚州寶應縣，號八寶崔氏。寶應本安宜縣，崔氏夢奉八寶以獻，敕改名焉。程之姨，北門李相蔚之夫人。蔚乃姑臧小房也。判鹽鐵。程為揚州院官，舉吳堯卿。蔚以為得人，竟亂筦擢之任。程累郡無政績。小杜相聞程諸女有容德，致書為其子讓能娶焉。程初辭之。謂人曰：「崔氏之門若有一杜郎，其何堪矣！」而杜相堅請不已。程不能免，乃於寶應諸院取一娣姪嫁之。其後讓能貴[7]，為國夫人。而程之女不顯！

崔氏之女，若非士族，雖宰相之子不嫁！其實，五姓士族，在唐初也沒有什麼顯要的仕宦可誇；不像袁氏的四世三公，也不像楊氏的四世居太尉之職。他們儘可能保持血統，自高身價。當然，他們的地位也是得到社會公認的，而家法、德行經學各方面，也還保持了相當的水準。像崔氏一門，終唐二百九十年之間，有宰相三十二人。其中清河、博陵二崔即有十七人之多。真是不可小看他們。

（三）舉進士登第

《唐語林》卷四〈企羨門〉載：

7 任宰相。

> 范陽盧自興元元年癸亥德宗幸梁汴，二年甲子，鮑防侍郎知貢舉，至乾符二年乙未崔沆侍郎知舉，計九十二年。而二年停舉。九十年中，登進士第者一百一十六人。諸科在外。

在唐朝的諸科考試中以進士一科為最難考，也最名貴。是以薛元超作了宰相，還以未能以策第進士晉身為平生三大憾事之一。前已引過。〈枕中記〉著者以盧生為故事主角，實在高明。盧氏九十年之間考取了一百一十六位進士，換而言之，每年都有人及第。而其族之盛，皇帝都懷恐懼。如《唐語林》卷三載：

> 元宗善八分書。將命相。皆先以御札書其名於案上。會太子入侍，上以金甌覆其名以告之。曰：「此宰相名也。汝庸知其誰？即射中，賜若巵酒。」肅宗拜而稱曰：「非崔琳，盧從愿乎？」上曰：「然。」因舉甌以示。乃賜巵酒。是時琳與從愿皆有宰相望。上倚為相者數矣。竟以宗族蕃盛，附託者眾，不能用之。

又如崔祐甫：

> 崔祐甫，字貽孫……尋轉中書侍郎修國史，仍平章事……薦延推舉，無復疑滯。日除十數人。作相未逾年，凡除吏幾八百員。多稱允當。（《舊唐書》卷一百一十九〈崔祐甫傳〉）

由此可見崔、盧兩族的勢力。按崔琳，開元之時，兄弟數人皆任要職。琳為中書舍人；弟珪，太子詹事；瑤，光祿卿。當時稱為三戟崔家。子弟數十人，都有官職。《新唐書・崔義玄傳附崔琳傳》載：

自興寧里謁大明宮，冠蓋騶哄相望。每歲時宴於家，以一榻置笏，猶重積其上。

為什麼要舉進士呢？《唐書》卷四十四〈選舉志〉云：

大概眾科之目，進士尤為貴。其得人亦最為盛焉。

唐的各種考試，進士最難。像《唐摭言》卷一所說：

三十老明經，五十少進士。

三十歲考取明經，已嫌太老了。五十歲能考上進士，還算年輕。張柬之六十歲進士及第，七十多歲作宰相，實是明例。《新唐書》卷一八二〈李珏傳〉載：

李珏……甫冠，舉明經。李絳為華州刺史，見之，曰：「日角珠廷，非庸人相。明經碌碌，非子所宜。」乃更舉進士高第。

唐代明經試，每百人約取十一二人。進士歲貢常不減八九百人（《唐摭言》卷一）。甚至乎當「明皇之時，士子殷盛，每年進士到省者，常不減千餘人。」（《唐語林》卷八〈補遺〉）。而能及第的，「天寶十八年五月敕……進士自今以後，每年考試所拔人……不得過二十人。如無其人，不必要補此數」（《唐會要》卷七十六）。一千餘人取二十人，錄取率不到百分之二！實在太難。若要考中甲科，那是難上加難。據楊樹藩先生《中國文官制度史》所載，他只從兩唐史中找到五人，他們是許孟容、王質、王正雅、白居易和鄭朗。俱見《舊書》各人本傳。

元微之明經及第，持刺拜訪李賀。李賀很傲慢，拒絕接見，不收元稹的名片。並說：「明經及第，何事看李賀？」足見明經之為人輕視。唯有進士名貴。

但唐代世族，已不能像南北朝時代的士族，可以「平流進取，坐至公卿」。他們要靠自己努力，考上進士。我們以崔氏一族的宰相為例。自中宗以後，他們大都靠進士起家。茲列表於後：

姓名	任相時代	出身	備註
崔湜	中宗	進士	
崔日用	睿宗	進士	
崔渙	玄宗	制科	見《冊府元龜》，渙於太和二年智謀將帥科及第
崔圓	玄宗	詔舉遺逸	對策甲第
崔損	德宗	進士	

姓名	任相時代	出身	備註
崔佑甫	德宗	進士	
崔造	德宗	辟除	
崔群	憲宗	進士	
崔植	憲宗	門蔭	弘文生，佑甫之子
崔珙	文宗	拔萃異等	
崔鉉	武宗	進士	
崔鄲	宣宗	進士	兄弟四人俱為進士
崔龜從	宣宗	進士	
崔慎由	宣宗	進士	
崔元式	宣宗	進士	兄弟四人俱為進士
崔沆	僖宗	進士	崔鉉之子
崔遠	昭宗	進士	
崔昭緯	昭宗	進士	崔珙姪孫
崔胤	昭宗	進士	慎由之子

上列崔氏宰相十九人中，進士達十四人之多。靠門蔭的只有宰相崔祐甫之子、崔植一人。到了唐代末年，如崔沆，宰相崔鉉之子；崔胤，宰相崔慎由之子，還都是靠中進士起家。

（四）釋褐祕校

按唐代任官有五種型式。首為冊授，三品官以上行之。五品以上為制授。六品以上敕授。凡制授、敕受及策拜，皆由宰司進擬。旨授則由尚書銓選。但員外郎、御史及供奉官，若起居、補闕、拾遺之類，雖是六品以下官，皆敕授（見楊樹藩著《中國文官制度史》三篇三章）。祕書舍人之類，其品雖低，而仍經敕授，是以名貴。

又政府官員有所謂清濁之分。南北朝世族政治到達最高峰的時代，名家子弟，起家只作清流官。而祕校正是清流官。〈枕中記〉作者沈既濟是史學大師，曾任史館修撰；所著《建中實錄》十卷，在當時便很有名氣。對於魏、晉、南北朝史書，當然瞭如指掌，所以他安排盧生從清流官起家。

唐初重中央而輕外任。因為內官像中書侍郎、黃門侍郎等、官品雖低，但只要得到皇帝的賞識，便可能參知政事、甚至平章政事而成為宰相。外官像都督、刺史，官品雖高，卻不容易入朝參政。

在皇帝左古任清流官，正是南北朝世族起家的正途。

（五）應制

一般士人若能考上如明經或其他考試，先弄個一官半職，而後便可再應制科，加強出身。好似今日的大學畢業，不管什麼野雞大學，有了學士學位，再去國外鍍個金，或者唸一個碩士甚或博士學位，那他的任用資格好，起家官等高，升遷機會也較好。如元微之，十五歲明經及第後，又應制科，策名第一，後來終於作到了宰相。

（六）「盧生除御史中丞，河西節度使，大破戎虜，斬首七千級。」

這一點也說明了南朝士族不樂帶兵、而關隴軍事貴族集團卻好武。柳芳說：「關中之人雄，故尚冠冕。其達可與也。代北之人武，故尚貴戚，其泰可與也。」這便是當時的風氣。我們看《舊唐書》卷六十一〈竇威傳〉載：

竇威字文蔚，扶風平陵人，太穆皇后從父弟；父熾，隋太傅。威家世勳貴，諸昆弟並尚武藝，而威耽玩文史，介然自守。諸兄哂之，謂為「書癡」。

隋、唐世族，承繼了北魏、北周的尚武風氣。由此可見，盧生生當開元之世，自然也要帶兵打仗，才能符合當時士族的風氣。

（七）盧生的服官順序

釋褐任祕校，從九品上。雖然較南北朝時士族初任官階為低，卻也是清流之職。應制後轉渭南尉，從八品下。俄遷監察御史，正八品上。轉起居舍人，知制誥，從六品上，典同州。徵為京兆尹，從三品；御史中丞，正四品下。但又節度河西道。按《舊唐書．職官志三》，節度使，天寶中置八節度使，未見品秩。而註云：「外任之重無比焉。」轉吏部侍郎，正四品上。遷戶部尚書，正三品。兼御史大夫，從三品。貶為端州刺史（三至四品）。徵為常侍，正三品。同中書門下平章事，宰相。

關於服官的順序，《唐語林》卷二載有吏部郎中李建的一段話，他說：

「方今秀茂皆在進士。使吾得志，當令登第之歲集于吏部，使尉緊縣。既罷復集，使尉望縣。既罷又集，使尉畿縣。而升于朝。大凡中人三十成名，四十乃至清列。遲速為宜。既登第，遂食祿。既食祿，必登朝。誰不欲也？無淹滯以守常限，無紛競以求再捷；下曹得其修舉，上位得其更歷。就而言之，其利甚溥。」議者是之。

這是說中人之資，故「議者是之」。若有出人頭地的進士，像白居易，釋褐便為祕校，應制後即遷拾遺。雖然也要經外任才能升朝，但一入仕便居清要，如同魏、晉、南北朝時的士族子弟，那才是「適志」呢。

（八）「與蕭中令嵩、裴侍中光庭，同執大政十餘年。」

蕭嵩乃是貞觀初左僕射宋國公蕭瑀的曾姪孫，玄宗時為相，甚得恩寵。子華，肅宗上元二年為宰相。華子恆、悟。恆子俛，太和中任相。悟子倣，咸通中任相。蕭嵩另一子衡，尚新昌公主。衡子復，德宗朝任相。一門四代五宰相，名貴無比。嵩出自南蘭陵蕭氏，世為望族。（俱見《舊唐書》卷九十九〈蕭嵩傳〉）

裴光庭，絳州聞喜人。父行儉，文武兼資，聞喜縣公。光庭於開元十七年拜相。

至於〈枕中記〉所說：「會吐蕃悉林邏及龍莽布支攻陷瓜沙，而節度使王君㚟新被殺，河湟震動，帝思將帥之才，遂除生御史中丞，河西道節度使……。」《舊唐書》卷九十九〈蕭嵩傳〉云：

（開元）十五年，涼州刺史、河西道節度使王君㚟持眾每歲攻吐蕃。吐蕃大悉諾邏恭祿及燭龍莽布支攻陷瓜州城……無何，君㚟又為迴紇諸部殺之於鞏筆驛，河隴震駭。玄宗：乃以嵩為兵部尚書，河西節度使，判涼州事……。

故〈枕中記〉中所載，跡近事實。唯文之開首用「開元七年，道士有呂翁者……」起敘，似是前知。是故我們認為《太平廣記》的以「開元十九年……」起首似較允當。

（九）「其姻媾皆天下望族。」

〈李娃傳〉中結尾也有：「兄弟姻媾皆甲門。」我們讀〈李娃傳〉，覺得其中有許多情節和〈枕中記〉相似之處。鄭生因宿妓，經過曲折，這且不說。一上登甲科，應制策名第一，與盧生出身相近。累遷清顯之任，又相近。而後至數郡，類盧生之出典同州，遷陝牧，移節汴州，領河南道採訪使，徵為京兆尹。盧生五子，皆有才器，各居要職；鄭生之子四人，皆為大官，其卑者猶為太原尹。這些正是南朝世族子弟的一生經歷過程。二者並非巧合，都是作者胸中早有成竹，按前朝的先例寫來，不覺相同。而世族之所以能繼續成為世族，全賴婚、宦。婚媾甲門，保持優良的血統與姻親關係，出任要職以增加門第的光彩。也就是盧生所說的「使族益昌而家益肥」。

八、〈上清傳〉和〈柳氏傳〉

〈上清傳〉述說相國竇參為陸贄所構，下獄賜死。他所寵愛的青衣上清，沒入宮廷為婢，得見皇帝，為竇參雪冤。〈柳氏傳〉說昌黎韓翊與李生之侍姬柳氏相愛，後經離亂而復合。竇參和韓翊，兩唐書均有傳。

我們先說竇氏。《新唐書》卷一九九〈柳沖傳〉載柳芳著論氏族的話說：「……代北則為虜姓，元、長孫、宇文、于、陸、源、竇首之。虜姓者，魏孝文帝遷洛，有八氏、十姓、三十六族，九十二姓。八氏十姓出於帝宗屬或諸國從魏者。三十六族九十二姓世為部落大人。並號河南洛陽人。」

按竇氏原為扶平陵人，北周有竇熾及其兄之子竇毅。竇熾乃是漢大鴻臚竇章的第十一世孫，章子統，後漢靈帝時為雁門太字，避竇武之難，亡奔匈奴，遂為部落大人。後魏南徙，子孫因家於代，賜姓紇豆陵氏。唐高祖的竇后乃是竇毅的女兒。（參閱《周書》卷三十三〈竇熾傳〉）

柳芳之所謂「首之」，也就是說，這「三十六族九十二姓之中，以這幾姓——即元、長孫、宇文、于、陸、源、竇七姓——為首，為最貴盛」。我們現在便來看看竇氏在唐朝是如何之盛：

> 竇氏自武德至今（依原文義，所謂今，乃是開元年間），再為外戚。一品三人，三品以上三十餘人。尚主者八人，女為王妃六人。唐世貴盛，莫與為比。（《舊唐書》卷六十二〈竇威傳〉）

竇參是竇威從兄子抗第三子竇誕的玄孫，乃是正牌竇氏。按《舊唐書》卷一百三十六〈竇參傳〉載：

> （參）明年，拜中書侍郎、同平章事，領度支、鹽鐵轉運使。每宰相間日於延英召對，諸相皆出，參必居後久之。以度支為辭，實專大政。參無學術，但多引用親黨，使居要職，以為耳目。四方藩帥，皆畏懼之。李納既憚參，饋遺畢至，外示敬參，實陰間之。上所親信，多非毀參。竇申又與吳通玄通犯事覺，參任情好惡，恃權貪利，不知紀極，終以此敗。貶參郴州別駕，貞元八年四月也。
>
> 參至郴州，汴州節度使劉士寧遺參絹五千匹。湖南觀察使李巽與參有隙，遂具以聞；又中使逢士寧使於路，亦奏其事。德宗大怒，欲殺參。宰相陸贄曰：「竇參與臣無分，因事報怨，人之常情。然臣參宰衡，合存公體，以參罪犯，置之於死，恐用刑太過。」於是且止。

同書卷一百九十下〈文苑下・吳通玄傳〉載：

> 陸贄與宰相竇參相惡。參從子給事中申，參尤寵之。每預中書擬議，所至人呼申為「喜鵲」。中，嗣虢王則之從父甥也。申與則之親善。則之為金吾將軍，好學有文。申與則之潛結吳通玄兄弟，為參共傾陸贄。則之令人造謗書，言贄考試舉人不實，招納賄賂。時通玄取宗室女為婦，德宗知之。既聞申、則之譖陸贄，綱紀聞之，果與通玄結構其謀。帝大怒，罷竇參知政事，尋貶郴州司馬，竇申錦州司戶，李則之昭州司馬，通玄泉州司馬。帝召見之，親自臨問，責以污辱近

屬。行至華州長城驛，賜死。尋以陸贄為中書侍郎，平章事，代竇參。

我們再讀唐權德輿所撰〈陸宣公翰苑集敘〉一文中所說：

……及竇參納陸士寧之賂，為李巽所發，得罪左遷。橫議者以公與參素不協，歸罪相之議于公。（見《陸宣公文集》卷之首）

德輿去陸公不遠，也是一代名相，新書稱其文「雅正贍縟」；又說他「醞藉風流，自然可慕。貞元、元和間，為搢紳羽儀」。他的話，應該是可以信得過的。

以史書來看，參非君子，甚明。而陸贄有大臣風度。誰對誰錯，不難明白。司馬光認陸贄是賢相，決不肯為此。本文著者柳埕，河東人，柳芳之姪孫。很可能此文乃不喜歡陸贄之人所為，而假柳家的人來發表，用以攻訐陸贄。有如李黨的人寫〈周秦行紀〉，陷害牛黨首領牛僧儒。

九、〈霍小玉傳〉和〈鶯鶯傳〉

霍小玉冒名霍王元軌之女。元軌是唐高祖李淵的兒子，太宗的兄弟，郡望是隴西成紀。元軌在武后垂拱四年（六八八）坐與越王貞謀反被誅。到大曆中，七七二年左右，他已去世八十年之久，那能還有一個十幾歲的女兒？小玉因又託名鄭氏。滎陽鄭氏也是五大郡姓之一。所以霍小玉和楊娼一樣，都託姓甲族。鶯鶯姓崔，其母滎陽鄭氏，又都是高門。李益卻是正牌的隴西姑臧，當時甚有名氣。如《因話錄》載：

> 李尚書益，有宗人庶子同名，俱出於姑臧公。時人謂尚書為文章李益，庶子為門戶李益。而尚書亦兼門地焉。嘗姻族間有禮會。尚書歸笑謂家人曰：「大堪笑，今日局席兩個坐頭，總是李益。」

世族若有官位不足誇讚，署名竟不銜，但標郡望。同書載：

> 李稹，酒泉公義琰姪孫。門戶第一，而有清名。常以爵位不如族望，官至司封郎中、懷州刺史，與人書札，唯稱隴西李稹而不銜。

至於〈鶯鶯傳〉中的男主角張生，經宋王性之辯正，已確定是著者元微之本人。按元微之出自後魏宗室，乃代北虜姓之首，也是高門。《舊唐書》卷一百六十〈元稹傳〉云：

> 元稹，字微之，後魏昭成皇帝，稹十代祖也。兵部尚書、昌平公巖，六代祖也。曾祖延景，岐州參軍。祖悱，南頓丞。父寬，比部郎中、舒王府長史。以稹貴，贈左僕射。

李益由於太夫人為他聘了盧姓甲族女子，要張羅百萬聘財，因而始亂終棄，拋卻了霍小玉，遂致霍女含恨而死。張生也找藉口，拋棄鶯鶯，和「韋門正全盛」的韋叢結了婚。狎妓之風，乃唐代士族的常事，無足為怪。而這兩篇傳奇，文筆流麗，描寫入微，實是傳奇中的極品。而〈鶯鶯傳〉流傳之廣，歷久不衰，更足證明它的情節突出，感人至深。

十、〈定婚店〉和〈張老〉

定婚店的男主角杜陵韋固，「多岐求婚」，必無成而罷。元和二年某日清晨，他赴約等候媒人，媒人未到。其時天猶未曙，斜月尚明。見一老人向月檢書。相詢之下，老人自稱掌管世人婚姻，所檢視的乃是姻緣簿。並告訴韋固，他的妻子才三歲，乃是菜市場賣菜「眇嫗之陋女」。韋固大為不高興，打心底咒罵老人胡說，自認為士大夫之家，世族之後，「娶婦必敵。苟不能娶，即聲伎之美者，或援立之。奈何婚眇嫗之陋女」。因此令他的家童去市場刺殺這位小女孩。結果沒殺死。十四年之後，他娶到的，正是當年賣菜陳婆的陋女。原來她是韋固長官刺史王泰的姪女，王泰認為己女，配與韋固。

〈張老〉的女主角也姓韋，她是楊州曹掾韋恕的女兒。張老是韋家鄰居的灌園老人。韋女及笄之時，張老死纏活賴的要求媒婆向韋家求婚。媒婆罵他：「豈有衣冠子女，肯嫁園叟？」最後媒婆被張老纏得沒有轍，又貪圖他的重禮，姑妄向韋恕進言。韋恕果然大怒，氣嘟嘟地說：「若是張老即日能拿出五百緡錢，便把女兒嫁給他！」誰知張老立刻便用車子推了五百緡錢來，韋恕不能食言，而女兒也未反對，只好把女兒嫁給了張老。誰知張老卻是神仙中人。

這兩個故事都認為婚姻前定。雖然男女主角都是關中郡姓的杜陵韋氏，卻都未能娶、嫁到世族人士。

按京兆杜陵韋氏乃前漢丞相韋賢的後代。韋賢的兒子韋玄成也官至丞相，後漢有行司徒事的韋彪，後魏有武都太守韋閬。世為三輔著姓。唐代有韋思謙和他的兩個兒子韋承慶與韋嗣立，一門三宰相，「世罕其比」。韋安石、韋巨源、韋待價，俱相武后。韋安石的兩個兒子韋斌、韋陟，并早知名。陟門地豪華，早踐清列；侍兒閹閽，列侍左右者十數。衣、書、藥、食，咸有典掌；而輿、馬、僮、奴，勢侔於王家、主第。自以才地人物，坐取三公……其同列朝要，視之蔑如也（《舊唐書》卷九十二〈韋安石傳〉）。史又稱：韋氏之顯者，孝友、詞學則承慶、嗣立，邃音樂有萬石，達禮儀則叔夏，史才、博識有述（《新唐書》一三二）。

像這樣的世族人家兒女，只應婚取高門子女！而著者卻讓他們「婚眇嫗之陋女」、「配灌園之老翁」。或許是韋陟看不起同列朝要，而引來的譏刺故事。但也說明了京兆杜陵韋氏在唐代的受到重視。

十一、〈柳毅〉和〈南柯太守傳〉

柳毅因為替龍女傳書，受到洞庭龍王一家人的款待。龍女的叔父借酒強迫柳毅和龍女結婚，柳毅居然不畏威脅，斷然拒絕。但後來鰥居，媒婆告訴他：「有盧氏女，范陽人也。父名曰浩，嘗為清流宰……母曰鄭氏。（盧女）前年適清河張氏，不幸而張夫早亡。母憐其少，惜其慧美，欲擇德以配焉？不識如何？」柳毅一聽是范陽盧氏之女，雖然也是寡婦，「乃卜日就禮」。

柳氏出自河東，在唐書中有傳者甚多。最著者，如宰相有柳奭、柳渾、柳璨，官位至高。柳芳、柳登、柳冕、柳璟，「文史兼該，長於譜學」。柳公綽之家法，子仲郢、孫玭繼世。柳玭的〈戒子書〉，著於史冊。柳公權的書法，盛行到今天。其他像柳渙、柳澤，均有名於當世。士族子弟不願尚主，前已說過，不贅。而盧氏雖為寡婦，名列五大郡姓世族之中，柳毅乃卜日就禮。

至于〈南柯太守傳〉的主角淳于棼，「嗜酒使氣，不守細行」。有一點近乎跅弛之士。既非望族，也不是文人，是以願尚主。〈柳毅傳〉誌高宗儀鳳年間事，尚主風氣未開。當時十宅諸王，嫁女選婿，皆由宦官厚為財謝，乃得遣（參閱《舊唐書》卷一百四十六〈李吉甫傳〉）。〈南柯太守傳〉的寫作當在貞元、元和之世，時代已經不同了。

十二、唐代世族與前代世族之比較

世族到了唐代，由於時代變遷，屢經喪亂。如侯景之亂，打擊甚大。而九品中正之制度又於隋時廢除。獵官的工具沒有了，田地、部曲也沒有了；不能不努力自強，以維郡望。唐之世族與前代世族之同異，我們予以分析於後。

先說相似之處：

（一）世族輕皇室而重郡望。南北朝時：

王峻子琮為國子生，尚始興王女繁昌縣主，不惠，為學生所嗤。遂離婚。峻謝（責怪之意）王。王曰：「此自上意，僕極不願如此。」峻曰：「臣太祖是謝仁祖外孫，亦不藉殿下姻媾為門

戶。」（《梁書》卷二十一〈王峻傳〉）

唐時：

> 岐陽公主為憲宗愛女，詔宰相李吉甫擇大臣為婚，皆辭疾。（《新唐書》卷一六六〈杜佑傳附杜悰傳〉）
>
> 開成初，文宗欲以真源、臨真二公主降士族。謂宰相曰：「民間修婚姻不計官品而上閥閱。我家二百年天子，顧不及崔盧耶？」（《新唐書》九十七）

士族之子，原待婚甲族之女，一旦為宰臣奏選尚主而不得不辭退高門，竟對宰相深銜終身：

> 萬壽公主，宣宗之女。將嫁，命擇良婿。鄭顥[8]，宰相子，狀元及第，有聲名，待婚盧氏。宰臣白敏中奏選尚，顥深銜之。大中五年，敏中免相，為邠寧行營都統。將行，奏曰：「頃者，公主下嫁，責臣選婿，時鄭顥赴婚楚州，行次鄭州，臣堂帖追回，上副聖念。顥不樂為國婚，銜臣入骨髓。臣在中書，顥無如臣何，自此必媒孽臣短，死無種矣！」上曰：「卿何言之晚耶？」因命左右殿中，取一樫木小函，扃鑰甚固，謂敏中曰：「此是顥說卿文字，便以賜卿。若聽其言，不

8 顥為宰相鄭絪之孫，祗德之子。

任卿久矣！」大中十二年，敏中任荊南節度使，暇日與前進士在銷憂閣，追感上恩，泣話此事，盡以此函中文字示之。（《唐語林》卷七）

（二）士族通常都看不起寒人。南朝時：

中書舍人王弘為（宋）太祖所愛遇。上謂曰：「卿欲作士人，得就王球坐，乃當判耳。殷、劉並雜，無所知也。若往諸球，可稱旨就席。」球舉扇曰：「若不得爾。」弘還，依事啟聞。帝曰：「我便無如此何。」（《宋書》卷五十七〈蔡興宗傳〉）

宋孝武帝母路太后弟子瓊之，宅與太常王僧達並門。嘗盛車服衛從造僧達。僧達不為之禮。瓊之以訴太后。太后大怒，欲罪僧達。上曰：「瓊之年少，不宜輕造諸。王僧達貴公子，豈可以此事加罪。」（《宋書》卷十一〈路淑媛傳〉）

在唐代：

初，（韋）挺為大夫時，馬周為監察御史。挺以周寒士，殊不禮之。至是，周為中書令，太宗嘗復欲用挺在門下。周密陳挺傲狠非宰相器，遂寢。（《舊唐書》卷七十七〈韋挺傳〉）

初，（李）揆秉政，侍中苗晉卿累薦元載為東宮。揆自持門望，以載地寒，意甚輕易。不納。而謂晉卿曰：「龍章鳳姿之士不見用，獐頭鼠目之子乃求官！」（《舊唐書》卷一百二十六

〈李揆傳〉。後來元載任宰相，李揆便受到了他的排擠。）

韋挺為京兆萬年人，李揆屬隴西成紀。都是代為冠族之家。

再說相異之處：

（一）南北朝的世族大都擁有田地、門客和部曲。唐朝則否。像李揆：

揆美風儀，善奏對。每有敷陳，皆符獻替。肅宗賞歎。嘗謂曰：「卿門地、人物、文章，皆當代所推。」故時人稱三絕……江淮養疾，既無祿俸，家復貧乏，孀孤百口，丐食取給。（《舊唐書》卷一百二十六〈李揆傳〉）

這是五大郡姓之族。虜姓之族，如元稹，後魏昭成皇帝的十代孫。他的處境也不好：

稹八歲喪父。其母鄭夫人，賢明婦人也。家貧，為元稹自授書，教之書學。

元稹上皇帝表中自敘說：

臣八歲喪父，家貧無業。母、兄乞丐，以供資養。衣不布體，食不充腸……。

俱見《舊唐書》卷一百六十六本傳。

因為窮，才知道努力。南北朝的士族被富裕所腐化，唐士族卻因貧窮而奮發。

（二）南朝士族，不好兵事，而且不理世務。唐代士族，常以能出將入相為榮。如河東裴氏之裴度，平淮西吳元濟，為一代名臣。至於親世務者如崔佑甫：

常袞當國……雖賄賂稍絕，然無所甄異。故賢愚同滯。及（崔）祐甫代袞，薦延推舉，無復疑滯。日除十數人。作相未逾年，凡除吏幾八百員。多稱允當。（《舊唐書》卷一百一十九本傳）

是以我們認為，南朝的世族子弟為富、貴所腐化，多成紈絝子。而唐代的士族子弟，卻得憑仗自己的智慧、經學、文章、武謀，才能獲得高官。像〈枕中記〉的盧生，高科擢第，歷職清要，除節度使，平吐蕃之亂，立功異域，揚名當朝；出將入相，為一代之名臣。這正是唐朝士族的寫照。

十三、結論

張澤成在他所著〈唐代的衣冠戶和形勢戶〉（見《中華文史論叢》一九八〇年第三期）一文中，認為「六朝時期聲勢顯赫的門閥士族，至此已是氣息奄奄，快要完全退出歷史舞臺了」。但我們從上面所陳說各節來看，張氏的看法並不十分正確。

首先，我們從《新唐書》卷一九九〈柳沖傳〉中柳芳所提到的士族，如西晉時由北南遷的僑姓王、謝、袁、蕭，江南土著吳姓的朱、張、顧、陸，山東郡姓的崔、盧、李、鄭、王，代北虜姓的元、長孫、宇文、于、陸、源、竇，關中郡姓韋、裴、柳、薛、楊、杜、共二十六姓，或稱之為「大」，或曰「首之」，顯然仍是士族高門。其他常見於史書中的士族，還有渤海高氏、彭城劉氏、清河房氏、太原令氏和滎陽縣張氏等。今人田達柱發表於唐史學會論文集中〈關於唐代門閥士族勢力消長問題的考察〉；一文中，統計出源於上列三十一士族姓氏的唐代宰相，共一九四人之多。就《新唐書・宰相世系表》所列三二八人來計算，上列士族所占比例竟高達百分之六十強。怎麼能說他們已奄奄一息，全部退出歷史舞臺了呢？

按〈宰相世系表〉列三二八人，加上漏列的李義府、崔敦禮、李敬湛、王立本、王孝杰、王及善、杜景儉、孫元亨、韋安石、韋承慶、任知古、武什方、于維兼、劉幽求、崔湊、元載、崔造、李訓、李讓夷、鄭肅、韋琮、豆盧瑑、李蔚、崔沆、朱朴、鄭棨等二十六人，再加上宗室宰相秦王李世民、齊王李元吉、安國相王、雍王适等十一人，共三六五人，較《新唐書》所說三六九人仍差四人。而宗室系出隴西，也屬山東郡姓之一。

宋代學者方勺曾在其所著《泊宅篇》卷一中說：

> 自古繼世宰相，前漢稱韋、平而已。後漢袁、楊二族最盛。亦不過三四人。唯李唐一門十相者良多。至聞喜裴氏、趙郡李氏，一家皆十七人秉鈞軸，何其盛也！

宋代另一學者王明清所著《揮麈錄・前錄》卷二云：

唐朝崔、盧、李、鄭及城南韋、杜二家，蟬聯珪組，世為顯著。

清學者顧炎武先生特別到河東裴氏裴村憑弔。他在所著《亭林集》卷五中也說：

讀唐時碑載其譜諜世系，登隴而望，十里之內，邱墓相連。其名字官爵可考者尚百數十人……蓋近古氏族之盛，莫過於唐。而河東為唐近畿地，其地重而族厚，若解（縣）之柳（氏），聞喜之裴（氏），皆歷仕數百年，冠裳不絕。

我們參考《新、舊唐書》等，終唐之世，崔、盧、李、鄭、王五姓共有宰相六十七人之多。崔氏定著十房便占了二十七人！關中郡姓之韋、裴、柳、薛、楊、杜六姓、共出宰相六十一人，占總宰相數百分之十六強。其中裴氏十七人、韋氏十六人、杜氏十一人，故世稱「城南韋、杜，去天尺五」。

唐初竇氏最盛。武德時，竇抗為左武侯大將軍，後從平王世充，冊勳太廟者九人。從弟竇軌，俱為朝庭。竇朮為左武衛大將軍，次子靜為民部尚書。到開元之時，玄宗早失太后，尤重外家。竇瑝兄弟三人，皆國公，食實封。竇氏自武德再為外戚，一品三人，三品以上三十餘人，尚主者八人，女為王妃者六人。唐世貴盛，莫以為比。（參閱《冊府元龜》八六六）

開元天寶之際，崔氏最盛。崔義玄為御史大夫，終浦州刺史。其子崔神基歷司賓卿至鳳閣鸞臺平章事（宰相）。神慶歷刑部侍郎、司刑卿。神慶子崔琳也經歷高位。群從數十人，冠蓋騶哄相望。晚唐之時，崔慎由大中十年任宰相，其父崔從穆宗時任吏部侍郎，其兄崔能穆宗時任御史大夫。祖孫三代，並居公卿。博陵崔珙兄弟八人，皆至達官；時人比之漢之荀氏，號稱八龍。崔珙於武宗會昌年間遷戶部侍郎入相，兄崔珪為京兆尹，弟崔璪為刑部尚書，崔璵任禮部侍郎，崔嶼之子崔澹位終吏部侍郎，崔璵之孫崔遠乾寧中以兵部侍郎同中書門下平章事。〈崔珙傳〉稱：「崔氏咸通、乾符間，昆仲子弟紆組拖紳，歷臺閣、踐藩岳者二十餘人，大中以來盛族，時推甲等。」

再看趙郡李氏，自元和到開成三十餘年中，居宰相位者六人。《因話錄》卷二載：

> 趙郡李氏，三祖之後。元和初，同時各一人為相。蕃南祖，吉甫西祖，絳東祖。而皆第三。至太和開成間，又各一人前後在相位。德裕，吉甫之子。固言，蕃再從弟，皆第九。珏亦絳之近從。

貴盛異常，還有滎陽鄭氏。同書卷二載：

> 司徒鄭真公……公與其宗叔太子太傅絪，俱住招國。太傅第在南，出自南祖。司第在北，出自北祖。時人謂之南鄭相、北鄭相。司徒堂兄文憲公，前後相德宗。亦謂之大鄭相、小鄭相焉。

第二，我們又注意到，唐的士族和前朝不同。他們多經過公平的進士試入仕，其間大放光明的宰相、靜臣，實在不少。如裴度，「治自書生，以辭策中科選。數年之間翔泳清切。逢時艱否，而能奮命決策，橫身討賊，為中興宗臣。……時威望德業，侔於郭子儀。出入中外，以身繫國之安危、時之輕重者，二十年」（《舊唐書》卷一百七十本傳）。又如李石之器度鎮靜，不畏宦官，「以身徇國，不顧患難。振舉朝綱，國威再復」（《舊書》一七二本傳）。蕭俛之「趣尚簡潔，不以聲利自污。……家行尤孝……雖為宰相，侍母左右，不異褐衣時」（同書一七三本傳）。鄭覃「漬苦貞退，……位至相國，所居未嘗增飾，才庇風雨。家無媵妾，人皆仰其素風」（同書一七三本傳）。李德裕「禁掖彌綸，巖廊啟奏，料敵制勝，襟靈獨斷，如由基命中，罔有虛發，實奇才也。語文章，則嚴、馬扶輪；論政事，則蕭、曹避席……」（《舊唐書》卷一百七十四本傳）。常衮當國，賢愚同滯；崔祐甫「代衮，薦延推舉，無復疑滯，日除十數人。作相未逾年，凡除吏幾八百員，多稱允當。……謀猷啟沃，多所弘益。……謇謇有大臣節」（《舊唐書》卷一百一十九本傳）。李趙公絳，「頡頏禁林，訏謨相府，嘉言啟沃，不以身為。縻軀將壇，沒有餘裕」（《舊書》卷一百六十四〈史臣曰〉）。諸君子立功當朝，垂名後世。而諸士族中類似之大臣賢臣仍多，不勝列舉。甚至「朱溫篡唐之前，裴樞六七人（包括崔遠、陸扆等），猶為朱全忠所忌。必待殺之白馬驛，而後篡唐。」（參閱《亭林集》卷五）和南朝那些「陵闕雖殊，顧眄如一」的世族相比，唐之崔、盧、李、鄭、韋、裴、杜、陸等，真可說俯仰無愧。

民國八十四年除夕夜脫稿於約旦安曼

民國八十五年六月三度修訂

叁、從傳奇看元和文壇

一、前言

有唐一代，詩和小說最盛，傳奇固為小說，而韓文公的〈毛穎傳〉也是小說。周樹人作《中國小說史略》中說：

小說亦如詩，至唐代而一變。雖尚不離于搜奇記逸，然敘述宛轉，文辭華豔，與六朝之粗陳梗概者較，演進之跡甚明。而尤顯者，乃在是時則始有意為小說。（第八篇）

而終唐之世，小說在貞元前並不多見。到了元和年代，傳奇小說才大量出籠，爭奇鬥豔，精彩萬分。這和當時的古文運動有關，而和當時進士的投卷風氣也有關。韓愈的〈圬者王承福傳〉、〈毛穎傳〉，柳宗元的〈捕蛇者說〉、〈種樹郭橐駝傳〉；雖世稱「韓、柳高文」，而其性質和傳奇實在很接近，都是小說之故。李肇《唐國史補》卷下有云：

沈既濟撰〈枕中記〉，莊生寓言之類。韓愈撰〈毛穎傳〉，其文尤高，不下史遷。二篇真良史才也。

〈枕中記〉是具史才的沈既濟所著、很有名氣的傳奇，李肇把韓愈的〈毛穎傳〉與之相提並論，當然也是因為二者性質相近之故。

趙璘《因話錄》卷三〈商部下〉載：

……又元和以來，詞翰兼奇者，有柳柳州中元、劉尚書禹錫及楊公。劉、楊二人，詞翰之外，別精篇什。又張司業籍善歌行，李賀能為新樂府；當時言歌篇者，宗此二人。李相國程、王僕射起、白少傅居易兄弟、張舍人仲素為場中詞賦之最；言程式者，宗此五人。

《舊唐書》卷一百九十上〈文苑傳〉序文中說：

……如燕（燕國公張說）許（許國公蘇頲）之潤色王言，吳、陸之鋪揚鴻業，元稹、劉蕡之對策，王維、杜甫之雕蟲，並非肄業使然，自是天機秀絕。若隋珠色澤，無瑕淬磨；孔璣翠羽，自成華彩。置之文苑，實煥緗圖。

元和時文人，僅提及元微之。

《唐語林》卷二云：

元和以後，文筆學奇於韓愈，學澀於樊宗師。歌行則學流蕩於張籍，詩章則學矯激於孟郊，學淺切於白居易，學淫靡於元稹。俱名元和體。大抵天寶之風尚黨，大曆之風尚浮，貞元之風尚蕩，元和之風尚怪也。

由上面這些記載和評論來看，元和文壇可說是有唐一代最熱鬧的時候。而一些具代表性的傳奇，也都在這個時候產生。前面所列舉的著者，像韓愈、柳宗元、沈既濟、劉禹錫、張籍、李賀、白居易、元微之，甚至孟浩然、樊宗師，都是當時文壇的風雲人物。筆者自知淺薄，不能把他們的全部著作細加研究、評論。但本文的目的只擬就若干傳奇作者的身世、仕歷和對元和文壇的貢獻，作一個試探性的檢討，並就正於方家。

二、沈既濟和他的〈枕中記〉、〈任氏傳〉

根據《新唐書》卷一百三十二〈沈既濟傳〉、《舊唐書》卷一百四十九〈沈傳師傳〉，我們得知沈既濟是吳人，「經學該明」、「博通經籍，史筆尤工」。再參考徐松《登科記考》卷三七沈既濟條引

《元和姓纂》稱：

婺州武義主簿沈朝宗生既濟。進士、翰林學士。

至於他的生卒年月、何時中進士、何時入翰林，都無可考。我們再從杜牧之所撰〈沈尚書行狀〉[1]、《資治通鑑》卷二二八大曆十四年協律郎沈既濟撰〈選舉議〉、《唐會要》卷二十六〈論新設待制官並給薪膳事〉，與卷六十三〈論吳競所撰國史中不應將則天事列為本紀〉，及其所作〈枕中記〉、〈任氏傳〉，《全唐文》卷四七六〈沈氏遺文〉七篇等資料，加以統合，約略為他列出一簡單的年譜如後：

天寶末年（七五三前後）左右出生。吳人。父朝宗，世居長安。

按既濟之子沈傳師大曆十一年（七七六）出生。我們假設既濟二十餘歲得子，所以設定其生年約為七五一到七五六年之間，也就是天寶末年到至德初年。

大曆中進士及第，釋褐入仕。

我們假定他三十左右進士及第，約當大曆七、八年（七七三至七七四年之間）。參閱《登科記考》卷二十七附考進士科。釋褐入仕則是想當然耳。

大曆十一年（七七六），子傳師出生。

---

1 既濟之子傳師，獲贈吏部尚書。

參閱王夢鷗先生：《唐人小說研究》第二集，第四十一頁。

大曆十四年（七七九）十一、二月，時任左拾遺，史館修撰。左拾遺為從八品上，當非最初授官的品級。所以我們假定既濟在此之前已通過吏部試，釋褐入仕。至於初任何官，則因資料不全，無法考證出來，代宗大曆十四年五月駕崩，德宗即皇帝位。八月，任楊炎為門下侍郎平章事，即宰相。炎以既濟有史才，薦為右拾遺、史館修撰。見兩唐書本傳。

建中元年（七八〇）七月，以左拾遺職位上奏議，駁吳兢所撰國史以則天事列入本紀。見《唐會要》卷六十三修國史條。事雖不行，而「史家稱之」。全文確有見地。茲節錄數段，以供參閱：

> 夫則天體自坤順，位居乾極。以柔勝剛，天紀倒張……今史臣追書，當稱之太后，不宜曰「上」。孝和雖迫母后之命，降居藩邸，而體元繼代，本吾君也，史臣追書宜稱曰「皇帝」，不宜曰「廬陵王」。……則天廢國家曆數，用周正朔，廢國家大廟，立周七廟。鼎命革矣，徽號易矣！旂裳服色，既已殊矣，今安得以周氏年曆而列為唐書帝紀。……。
>
> 或曰：「班馬良史也。編述漢事，立高后以續帝載，豈有非之者乎？」答曰：「昔高后稱制，因其曠嗣，獨有分王諸呂，負於漢約，無遷鼎革命之甚。況其時孝惠已歿，孝文在下。宮中之子，非劉氏種。不紀呂后，將紀誰焉？……」

寫得真好。

建中二年（七八一）五月，論中書、門下兩省增置待制官事：

《唐會要》卷二十六載：建中二年五月，敕令中書、門下兩省分置待制官三十員，各準品秩，給予俸錢、廩餼、幹力、雜器、館宇之設。以公錢為本，收息以贍用。沈既濟上書論之。他說：「陛下躬行儉約，節用愛人，豈俾閒官，復為冗食？藉舊而置，猶可苟也。若之何加焉？……疏奏，從之。」既濟仍任左拾遺，史館修撰。

建中二年（七八一）十月，左貶處州司戶。

楊炎於建中二年七月改左僕射，十月才貶為崖州司馬。既濟為楊炎所薦，依例同貶。處州約當今浙江之麗水縣。司戶的官階，視州之上、中、下而定。由從七品下、正八品下至從八品下三級。

建中二年（七八一）尾，作〈任氏傳〉。

任氏傳中結尾自敘。

貞元末（八〇四左右），任禮部員外郎。

《陸宣公文集》卷之二〈薦袁高等狀〉載：

……陸淳、沈既濟已上曾任補闕述遺，……謹錄薦陳，庶備採擇……。

既濟可能是因陸宣公之薦而升官。

《登科記考》載：沈傳師貞元二十一年（八〇五）進士及第。王夢鷗先生《唐人小說研究》第二集頁四十一考定，其時既濟已謝世一、二年。沈傳師及第之年為二十九歲，王氏認其「並非早達」。既濟若二十左右得子，其卒年當積壽五十零歲。（按貞元只有二十年。西元八〇五年為順宗永貞元年。可能《登科記考》有誤，此處存疑。）

至於《資治通鑑》卷二二八載既濟於建中二年以協律郎官銜上〈選舉議〉一文，可能係他在未任史館之前所著。任協律郎一事，無可考。又《權文公（德輿）集》卷七〈沈十九拾遺同遊棲霞上方於亮上人院會宿〉詩，今人岑仲勉先生《唐人行第錄》考定沈十九拾遺即沈既濟。至於棲霞寺在何處？則尚未考定。

沈既濟雖非生當元和之際，但他的〈枕中記〉和〈任氏傳〉在貞元、元和之間頗為流傳。其後如〈南柯太守傳〉、〈秦夢記〉，甚至更後的〈櫻桃青衣〉等作品，未許不是受〈枕中記〉的影響。而裴鉶所作傳奇一書中的〈孫恪〉一篇，更似是由〈任氏傳〉脫胎而來。是以予以敘列。

王夢鷗先生認為〈枕中記〉的「文筆嚴整，可信其飽經修飾，故能用筆精當而辭無枝葉」，我們覺得〈任氏傳〉的情節尤其突出。其描寫任氏的美豔、慧黠，十分生動；而於抗拒韋崟之強暴行為時的細膩筆墨，高潮迭起，奇峰突出，真不愧為名家。

至於以短夢經歷一生一節，周紹賢先生所著《魏晉清談述論》一書，其第二章有〈說夢〉一節。解釋得很好，他說：

> 夢中之事，悲歡離合，一如實情，亦奇境也。有夢中所遇，而後來果有其事，與夢相符者。有夢中景象，彷彿暗示，可以揣測影射，而為後事之預兆者。雖云偶然之巧合，不可以為典常，然人心好奇，每願以夢作來事之推測。故《周禮・春官》有菙人，專掌占夢之職。

又說：

史家傳說，黃帝因夢而得力牧，商湯因夢而得伊尹（《帝王世紀》）；武丁因夢而得傳說（《尚書‧說命》）；文王因夢而得呂望（《史記‧齊世家》）。〈泰誓〉載武王協夢之卜，而知伐商必克；〈檀弓〉載孔子夢奠兩楹，而知壽已將終；〈小雅〉載乃占我夢，維熊維羆，男子之祥。牧人之夢，大人占之，實維河南宇文鼎豐年。《左傳》所載尤多。如晉文公夢與楚王搏（僖公二十八年），晉荀偃夢與厲公訟（襄公十八年），鄭燕姞夢天使與己蘭（宣公十三年），楚子玉夢河神索其瓊弁（僖公二十八年）。據夢推斷，後事有驗，雖云附會，亦引人注意。古人每取夢景，以作卜象。故漢志有黃帝長柳占夢書，及甘德長柳占夢書。

由此而論，〈枕中記〉和〈南柯記〉之作，實具歷史淵源。

三、李公佐和他的傳奇作品

唐代的士人，多有從南北朝傳下來的門閥觀念。門第清華的士人，若是他官位不高，自稱時多只在姓名上冠以郡望，而不提官銜。如李肇《國史補》卷上載：

李稹，酒泉公義琰姪孫。門戶第一，而有清名。常以爵位不如族望，官至司封郎中（從五品上）、懷州刺史，與人書札，唯稱「隴西李稹」而不銜。刺史官已經不小了，而仍稱郡望！

李公佐不但兩唐書無傳，連《登科記》、《唐會要》、《唐詩紀事》等書中也未列名。想是他官位太低，故自稱時但用隴西公佐而不銜。他所作的傳奇，最少有〈廬江馮媼傳〉、〈古嶽瀆經〉、〈謝小娥傳〉和傳誦不衰的〈南柯太守傳〉等四篇。至於他的身世，道藏恭字七號杜光庭《神仙感遇傳》卷三有李公佐一條云：

> 李公佐舉進士，後為鍾陵從事，有僕夫，自布衣執役勤瘁；晝夕恭謹，迨三十年。公佐不知其異人也。一旦告去，留詩一章。其辭曰：「我有衣中珠，不嫌衣上塵；我有長生理，不嫌有生身。江南神仙窟，吾當混其真；不嫌市井喧，來救人間人。蘇子[2]跡已往，頵蒙[3]事可親。莫言東海變，天地有長春。」自是而去。出門　，不知所之。鄰里見其距躍凌空而去。

白行簡的〈李娃傳〉載：

> 貞元中，余與隴西公佐話婦人操烈之品格，而遂述汧國之事。公佐拊掌竦聽，命余為傳。乃握管

2　蘇躭也。

3　公佐字頵蒙。

濡翰，疏而存之。時乙亥年秋八月，太原白行簡云。

白行簡是元和二年（八〇七）中進士的。貞元乙亥，為貞元十一年（七九五）；其時，公佐可能已是進士身分。所以他要白行簡為汧國夫人作傳，行簡便乖乖的聽命。行簡稱「公佐拊掌竦聽」，直呼其名，推想二人年歲相差不多，可能公佐年長數歲而已。所以，我們假定公佐是大曆初或略早出生，到貞元十八年，該是三十歲了。我們現在根據上列資料，和他在所寫傳奇中的自述，為他排出一個簡略的年譜如次：

李公佐，字顓蒙，隴西成紀人。至德初（七五六）或略早出生。

根據《神仙感應傳》、白行簡〈李娃傳〉。

大曆中（七七二）在廬江，將近二十歲。

段成式《酉陽雜俎》卷十四〈諾皋記〉，載李公佐大曆中在廬江，有書吏王庚夜遇冥官條。證明公佐確實在廬江住過。是故後來他有〈廬江馮媼傳〉之作。

貞元十一年（七九五）秋八月，自吳之洛，暫泊淮浦。

〈南柯太守傳〉自敘：「公佐貞元十八年秋八月，自吳之洛，泊淮浦，偶覿淳于生棼，詢訪遺跡。」傳中既說淳于生巳於十三年終於家，怎能於十八年見到淳于生？王夢鷗先生考定十八為十一之誤，甚為有理。

貞元十三年（七九七）泛瀟湘、蒼梧，偶遇征南從事弘農楊衡。

〈古嶽瀆經〉中自敘。

元和六年（八一一）夏五月，以江淮從事奉使至京。回次漢南，與渤海高鉞、天水趙儹、河南宇文鼎會於傳舍。宵話徵異，各盡見聞。

〈廬江馮媼傳〉中自敘。

元和八年（八一三）春，罷江西從事，扁舟東下，淹泊建業。

〈謝小娥傳〉中自敘。

元和九年（八一四）春，訪古東吳、泛洞庭，登包山。

〈古嶽瀆經〉中自敘。

元和十二年（八一七）夏，始歸長安。途經泗濱。

〈謝小娥傳〉中自敘。

卒年不詳。

《戹林》卷十〈捻胡篇〉中說李公佐有二人。一為宗室李公佐，任千牛備身之職，乃河東節度使李說的兒子。一為揚州錄事參軍。宣宗本紀大中二年載：

御史臺奏：據三司推勘吳湘獄，有前揚府錄事參軍李公佐……。

依我們推測，李肇《國史補》所說「有傳蟻穴而稱李公佐南柯傳」的李公佐，和上述兩位公佐無關。因為，他既不是宗室，也沒有做過千牛備身的記載。至於揚府參軍，乃大中二年（八四八）事。若寫〈南柯傳〉的公佐其時尚在，怕不已九十多、快一百歲了！

李公佐和沈既濟一樣，雖有史才，似乎都不擅詩歌。是以《全唐詩》、《唐詩紀事》中都找不到他們的作品。

四、蔣防和〈霍小玉傳〉

汪國垣氏輯《唐人傳奇小說集》（世界版）在〈霍小玉傳〉後註云：

> 按此，湯臨川（顯祖）〈紫釵記〉之本事也。胡應麟曰：「唐人小說紀閨閣事綽有情致。此篇尤為唐人最精彩動人之傳奇，故傳誦弗衰。」

又說：

> （蔣）防此文敘述委曲。在唐人小說中，當推作者。

按蔣防的作品，《全唐文》七百十九收錄其文一卷，共有賦二十首、制草二體、奏議二篇和銘記三篇。本文未獲收入，當因其「猥瑣誕妄」，不合《全唐文》收錄的體例，故被擯斥。《全唐詩》錄其詩一卷，共二十首。

蔣防在兩唐書中均無傳。他的生平仕履，我們只能從《舊唐書》卷十七〈敬宗本紀〉、卷一六六

〈元稹傳附龐嚴傳〉、《新唐書》卷一〇四〈于休烈傳附于敖傳〉、計有功《唐詩紀事》卷四十一蔣防條、《唐會要》卷六十一御史臺中館驛條、明人凌迪知的《萬姓統譜》卷八十六蔣防條、丁居晦〈重修學士壁記〉和蔣防自己的文章詩賦中，蒐集若干資料，為他列一簡明的年譜如次：

蔣防字子微，義興人。蔣澄之後。

建中年間（七八〇左右）生。

元和中（八一三左右），進士及第。釋褐入仕。

蔣防元和末任右拾遺，官品為從八品上。似非初任官的官階。

長慶元年（八二一）九月十六日，自左補闕充翰林學士。

丁居晦：〈重修承旨學士壁記〉。左補闕，從七品上。

長慶元年（八二一）九月，上書諫以中使充驛使事。

《唐會要》卷六十一左補闕條載：

長慶元年九月，中使二人，充行營糧料館驛使。左補闕蔣防等，以非故事，恐驚物聽，上疏切諫，遂罷之。其月，復置行營糧料館驛等中使。宰臣切論。給事中封敕。諫官上疏諫止。

長慶元年九月二十八日，賜緋。

參見丁氏壁記。

長慶二年（八二二）十月九日加司封員外郎（從六品上）。

參見丁氏壁記。

長慶三年（八二三）三月，加知制誥。

均見丁氏壁記。

長慶四年（八二四）二月六日，由司封郎中（從五品）貶汀州刺史。

長慶四年，元稹與李紳為李逢吉所逐，龐嚴和蔣防乃二人所薦，二人同遭貶官，見《舊書》一六六〈龐嚴傳〉。

寶曆元年（八二五）改連州刺史。

蔣防所著〈連州廖先生銘〉一文中自敘云：「長慶末，余自尚書司封郎中知制誥、翰林學士、出守臨汀，尋改此郡。」蔣氏何時改司封郎中（從五品上），無可考。根據他所著〈連州放生池銘〉，銘石立於寶曆元年四月二十一日，所以我們判斷他可能於寶曆即改刺連州。按連州距京城三六六五里，汀州距京城六一七三里。想是敬宗即位改元，依例大赦，蔣防因而得量移連州。

太和年間（八二七至八三五）任中書舍人。

我們從《全唐詩》八函六冊朱慶餘〈上翰林蔣防舍人〉詩，判斷他可能自連州調朝廷重任翰林之職。而中書舍人官階為正五品上，已較郎中升了級。王夢鷗氏判斷蔣防於回朝前尚曾先後刺潭州和袁州。

太和末（八二五）年，卒。享壽五十餘歲。

王夢鷗先生根據《全唐詩》八函一冊李紳《追昔遊詩集》卷一〈趨翰苑遭誣構四十韻〉詩中說：「舊交封宿草，衰鬢重生芻。」句下註云：「沈八侍郎、武十五郎、元九相公、龐嚴京兆、蔣防舍人，皆為塵世。」紳自敘此詩作於開成二年。王夢鷗先生因而判定註下所云各人均已於太和末以前先後謝世。我們查唐書，知道武十五郎儒衡卒於長慶四年，龐嚴、元稹卒於太和五年，沈傳師卒於太和九年，蔣防的去世年月卻無可考。

我們從蔣防的遺作來看——雖然〈霍小玉傳〉風行一時，開情愛小說的先河，大約是他三十餘歲，也就是元和年間所著——出色的實在不多。他的官位不高，也不是多產作家，對元和文壇的影響力不大。所以，我們也只能以普通著者看待他。

五、沈亞之和他的傳奇作品

沈亞之留下的傳奇，至少有四篇：〈湘中怨解〉、〈異夢錄〉、〈秦夢記〉和〈馮燕傳〉，《新唐書》卷二〇一〈文苑〉序文中有特別提及他：

> 若韋應物、沈亞之、閻防、祖詠、薛能、鄭谷等，皆斑斑有文。史家逸其行事，故弗得述。

晁公武昭德先生《郡齋讀書志》卷四中《沈亞之集》八卷條下稱：

> 右唐沈亞之，字下賢，長安人。元和十年進士。涇原李彙辟掌書記。為祕書省正字。長慶初，補櫟陽尉。四年，為福建團練副使，事徐晦。後累進殿中丞、御史內供奉。太和三年，柏耆宣尉德

州，取為判官；耆罷，亞之貶南康尉。後終郢州掾。亞之以文詞得名，嘗遊韓愈門。李賀、杜牧、李商隱，俱有擬沈下賢詩。亦當時名輩所稱云。

陳振孫《直齋書錄解題》卷十六《沈下賢集》十二卷條下注云：

唐福建團練副使沈亞之下賢撰。元和十年進士。仕不出藩府。長慶中，為櫟陽尉（《案唐詩紀事》及《文獻通考》俱作樂陽）。太和中，謫掾郢州。皆集中可見者也。吳興者，著郡望。其實長安人。

《唐會要》卷十四〈獻俘篇〉載：

太和三年五月，宣尉使諫議大夫柏耆奏，斬李同捷於將陵滄。丁亥，御興安樓下受滄州所獻俘。其李同捷母、妻並男元達等，詔並宥之。令於湖南安置，百寮稱賀於樓前。翌日，貶宣尉使柏耆為循州司戶。宣慰判官、殿中侍御史沈亞之為虔州南康尉。以擅入滄州取李同捷，為諸鎮所怒，奏論故也。

辛文房《唐才子傳》載：

沈亞之字下賢，元和十年侍郎崔群下進士。涇原李彙辟為掌書記。

徐松《登科記考》卷十八元和九年至十年載：

沈亞之〈與京兆試官書〉：「時亦有人勉亞之於進士科，言得祿位大，可以養上飽下。去年始來京師，與群士皆求進，而賦以八詠，雕琢綺言與聲病。亞之習未熟，而又以文不合於禮部，先黜去。今年復來。聞執事主選京兆，長安中賢士皆賀亞之曰：『某執事斯謂明矣。其取舍必以目辨而察。』」又〈上壽州李大夫書〉：「亞之前應貢在京師，而長幼骨肉萍居於吳，無咫尺地之居以自託。其食給旦營其晝，晝營其暮。如是凡三黜禮部。」

同書卷十九長慶元年賢良方正能言極諫科條下載：

沈亞之。（沈亞之對策見《文苑英華》及本集。蓋於是年登科。）

計有功《唐詩紀事》卷五十一沈亞之條載：

太和初，李同捷反。詔兩河諸鎮出兵，久無功。乃授柏耆德利行營諸軍計會使。亞之以殿中侍御史為判官諭旨。會李祐平德州，同捷窮，請降。耆乃馳入滄，誅同捷。諸將嫉其功，比奏攢詆。

文宗不獲已，貶耆循州司戶參軍，亞之南康尉。

今人張恭甫有〈唐文人沈亞之生平〉一文，載於《文學》二卷六期。張氏考定亞之生於德宗建中二年（七八一）。我們根據上述資料和《沈下賢文集》中有關於他生平仕履的記述，為他排出一簡單的年譜如次。

沈亞之，字下賢，吳興人。定居長安。

德宗建中二年（七八一），生於汧隴之陽，而隨父祖輩定居長安。

《沈下賢集》卷九〈別權武序〉。陳振孫所謂：「吳興者，著郡望，其實長安人。」為吏部沈傳師之族子。沈集卷一有〈題海榴樹呈八叔大人〉詩，岑仲勉《唐人行第錄》考定此八叔即沈吏部傳師。

元和五年（八一〇），初應進士試，時年二十九歲。未第。

其後連試四次，均未及第。見與〈李給事薦士書〉：「新及第進士沈亞之再拜稽首。給事閣下。昔者五年，亞之以進士入貢至京師……。」

元和十年（八一五），三十四歲。主考官崔群侍郎下進士及第。

《登科記考》卷十八元和九至十年。

元和十年二月，李彙任涇陽節度使，辟亞之掌書記。為祕書省正字（正九品下）。

晁公武《讀書志》，〈異夢錄〉自敘。《舊唐書》卷十五〈憲宗本紀〉上載：「李彙十年七月去世。」亞之可能因而回朝任祕書省正字。

元和十二年（八一八），三十七歲，作「湘中怨解」。

〈湘中怨解〉自敘。

長慶元年（八二一），四十歲，賢良方正能言極諫科及第。

《登科記考》卷十九，長慶元年。

長慶二年（八二二），四十一歲，補櫟陽縣尉（從九品上）。

《沈下賢集》卷十二，祠漢武帝祈雨文云：「維長慶三年正月……。」所以我們判斷他先一年也即長慶二年已任縣尉。

長慶四年（八二四），四十三歲，任福建團練副使。

晁公武《郡齋讀書志》。

太和初（太和元年為八二七），由長安之邠，作〈秦夢記〉。

〈秦夢記〉自敘。

太和三年（八二九），四十八歲，拍耆宣慰德州。亞之為判官。

晁公武《郡齋讀書志》。

太和三年五月，柏耆貶官。亞之貶南康尉。

《唐書・柏耆傳》，晁公武《讀書志》。

太和五年（八三一），五十歲，量移郢州。

《沈下賢文集》卷十二，〈郢州修明真齋詞〉。

太和末，卒，五十數歲。

沈亞之太和五年後即無著作。想必不在人世。

亞之為求養上飽下，銳意於進士科，因而認識了名動公卿的韓愈和李賀，而且遊韓愈之門，為文師法韓愈。所以《四庫總目提要》卷一五〇評論他的文筆「務為險堀，在孫樵、劉蛻之間」。沈亞之遺留下來的詩不多。李賀認為他「工為情語，有窈窕之思」。李賀、李商隱和杜牧都有〈擬沈下賢詩〉之作。李賀且譽之為「才人」。元和七年，沈下賢進士落第，李賀以詩送之云：

> 吳興才人怨春風，桃花滿陌千里紅。紫絲竹斷駿馬小，家住錢塘東復東。

我們讀〈湘中怨解〉和〈秦夢記〉，覺得亞之能以華豔之筆，敘恍忽之情，情極幽渺，而事特頑豔。史家稱為「斑斑有文」，良有以也。

六、白行簡和他的〈李娃傳〉

白行簡是白居易的親兄弟，排行第三。他的生平見於《兩唐書·白居易傳附白行簡傳》（《舊唐書》卷一六六，《新唐書》卷一九九）。但附傳中所述，既不詳細，又不正確。例如：《舊唐書》說他貞元末登進士第；但我們查徐松《登科記考》、《唐詩紀事》等書，發現行簡乃是元和二年進士及第的。我們現在根據《兩唐書》、《登科記考》、《唐會要》、《唐詩紀事》、《郎官柱石題名》、《白氏長慶集》等有關記載，為他編列一年譜如後：

白行簡，字知退，太原人。北齊五兵尚書白建之七代孫。建生士通，皇朝利州都督；士通生志善，尚衣奉御；志善生溫，檢校都官郎中；溫生鍠，歷酸棗、鞏二縣令；鍠生季庚，歷彭城令、朝散大夫、大理少卿、徐州別駕、賜緋魚袋，兼徐泗觀察判官，歷衢州、襄州別駕。鍠至季庚，世敦儒業，皆以明經出身。季庚生居易、行簡排行第三。

參閱《舊唐書》卷一百六十六〈白居易傳〉。

大曆十一年（七七六）出生，一歲。

《白氏長慶集》卷二四〈聞行簡恩賜章服喜成長句〉詩中有說：「吾年五十加朝散，爾亦今年賜章服。」時為敬宗寶曆元年（八二五）。以此向上逆算，則白行簡乃是大曆十一年（七七六）出生。

貞元十一年，（七九五）十九歲。著〈李娃傳〉。

〈李娃傳〉不但文辭精鍊，而且情節曲折離奇。其中如東、西二凶肆（按：即今日的殯儀館）比賽凶器與哀挽，似非虛構。行簡以一個年僅十九歲的大孩子，居然能寫出如此曲折離奇的作品，實屬難能可貴。而於描述長安里巷狹邪之事，如數家珍。若不曾身臨其境，也未必描繪得出來。清代學者俞正燮《癸巳存稿》卷十四所作的考證，認為對里、曲的敘述，十分正確。這當然也有可能是白家世居長安的關係，也不能排除這位大孩子早就去過這些地方尋歡過。是以王夢鷗先生在他的《唐人小說研究》二集中說：

按白居易祭弟文，於極哀痛中尚不忘告以「骨兜、石竹、春䌷等三人，久經驅使。昨大祥齋日，各放從良」云云。蓋行簡生前，頗有姬妾。則其作〈交歡賦〉，猶不過較元稹〈鶯鶯傳〉所描述者為露骨而已。元和淫豔文章之見存者，當以此為最。

說得合情合理。可見行簡乃是一位風流人物。

按李娃傳後行簡自跋云：

貞元中，予與隴西公佐話婦人操烈之品……時乙亥歲秋八月。太原白行簡云。

李公佐〈南柯太守傳〉後自敘云：「貞元十一年秋八月自吳之洛，暫泊淮浦。」按行簡長兄幼文曾任浮梁主簿。白居易曾於貞元十五年往依任所。若幼文貞元十一年便任職浮梁，幼弟行簡可能便隨在任所。而行簡和公佐便是在江西或安徽境內會晤。李公佐有〈南柯〉之作，而行簡不甘示弱，乃有〈李娃傳〉之作。

元和二年（八〇七），三十一歲。進士及弟。授祕書省校書郎。

見《舊唐書》卷一百六十六〈白居易傳附白行簡傳〉。校書郎官階為正九品上。

元和中（八一三前後），盧坦鎮蜀，辟行簡為掌書記。

府罷，歸潯陽。按《舊唐書》卷一五三〈盧坦傳〉：坦元和十二年九月卒，年六十九。行簡可能因此由蜀去江州。依兄長居易。

元和十三年（八一八），四十二歲。至江州依兄居易。

是時，居易貶官為江州司馬。《白氏長慶集》卷十七：〈得行簡書聞欲下峽先以此寄〉詩。

元和十四年（八一九），四十三歲，白居易除忠州刺史，行簡隨行。

《白氏長慶集》卷十七〈江州至忠州舟中示舍弟〉詩。

元和十五年（八二〇），四十四歲。居易調回朝中拜司門員外郎。行簡跟隨回朝任左拾遺。

左拾遺，從八品上，俱見本傳。

長慶三年（八二三）四十七歲。十二月，任主客員外郎判度支事。

主客員外郎，從六品上。見《唐會要》卷五十九度支員外郎條：

長慶三年十二月，度支奏：「主客員外郎判度支案白行簡，前以當司判案郎官刑部郎中韋詞，近差使京西勾當和糴，遂請白行簡判案，今韋詞卻回，白行簡合歸本司。伏以判案郎官，比有六人。近或止四員。伏請更置郎官一員判案。留白行簡充。」勅旨：「依奏。」

似乎白行簡又轉為度支員外郎了。

遷司門員外郎，主客郎中。

本傳：累遷司門外郎、主客郎中。郎中官階為從五品上。至於何時升遷，無可考。

長慶四年（八二四），四十九歲，按覆振武營田使賀拔志營田數過實，賀拔志懼罪。自刺死。

本傳。

寶曆元年（八二五），五十歲。恩賜章服。

《白氏長慶》集卷二十四〈聞行簡恩賜章服〉詩。

寶曆二年（八二六），五十一歲，病卒。

本傳。

白行簡的文筆，史稱其有兄風。辭賦尤其精密。文士皆師法之。

俞正燮《癸巳類稿》稱：「太平廣記李娃傳，文筆極工。」

趙璘《因話錄》載：「白居易兄弟詞賦為場中之最。」

白居易《白氏長慶集》卷六十九祭弟文，說及曾把行簡的遺文編為二十集，題名《白郎中集》。此書現已失傳。我們現在見到的白行簡的作品，只有《全唐文》所輯他的遺文二十篇。和《全唐詩》錄存的詩一首。如斯而已。但單是他的〈李娃傳〉一篇，已足千古了。

〈三夢記〉後有「行簡云」一段。結尾云：「會昌二年六月十五日也。」白行簡已於寶曆二年（八二六）去世，會昌二年（八四二）距行簡卒年已十六年之久，豈可能再寫文章？當係有誤。

七、韓愈和貞、元小說

陳寅恪〈韓愈與唐代小說〉一文（見於羅聯添編《中國文學史論文選集》第三冊頁一〇三九至一〇四二）中論說：

> 顧就文學技巧觀點論之，則〈羅池廟碑〉與〈毛穎傳〉實韓集中最佳作品。不得以其鄰於小說家之無實，而肆譏彈也。

又說：

貞元、元和為古文之黃金時代，亦為小說之黃金時代。韓集中頗多類似小說之作。〈石鼎聯句詩並序〉及〈毛穎傳〉皆其最佳例證。前者尤可云文備眾體，蓋同時史才、詩筆、議論俱見也。要之，韓愈實與唐代小說之傳播具有密切關係。今之治中國文學史者，安可不於此留意乎？

文公於貞元、元和年間，倡為古文，東坡譽為「文起八代之衰」。對後來的學者，確乎起了非常大的作用。像傳奇作者沈亞之，便「嘗遊韓愈門」。但在當時，他的文譽並不很好，後面我們將再說明，曾季貍《艇齋詩話》云：

前人論詩，初不知韋蘇州、柳子厚。論字亦不知有楊凝式。二者至東坡而後發此祕。遂以韋、柳配淵明，凝式配顏魯公。東坡真有德於三子也。

韋蘇州的詩，生前未為人注意，故後才被稱讚。白居易便說過相同的話。而韓愈的文，我們看張戒《歲寒堂詩話》中說：

韓退之之文，得歐公而得發明；陸宣公之議論，陶淵明、柳子厚之詩，得東坡而後發明。子美之詩，得山谷而後發明。

確是實話。宋洪邁《容齊續筆》卷九有〈國初古文〉一條稱：

歐陽公書韓文後云：「予少家漢東。有大姓李氏者，其子堯輔頗好學。予游其家，見其敝筐貯故書在壁間。發而視之，得唐昌黎先生文集六卷，脫落顛倒無次序，因乞以歸讀之。是時天下未有道韓文者。予亦方舉進士，以禮部詩賦為事。後官於洛陽，而尹叔魯之徒皆在。遂相與作為古文。因出所藏昌黎集而補綴之。其後天下學者亦漸趨於古。韓文遂行於世。」……《柳子厚集》有穆脩所作後敘云：「予少嗜觀韓、柳二家之文。柳不全見於世；韓則雖目其全，至所缺墜、亡字、失句，獨于集家為甚。凡用力二紀，文始幾定，時天聖九年（一〇三一）也。」

昌黎集丟在破筐中，亡字失句之於集家為甚。文公之去歐公，二百年而已。「是時天下未有道韓文者。」換句話說：若不是歐陽文忠把韓文從破簍中找出來，予以補綴、董理，恐怕至今也沒有人把韓文當寶貝了。而唐至宋之二百年間，韓文並不甚流行，也由此可得到證明。所以說：「韓退之之文，得歐公而後發明。」

韓愈在《兩唐書》均有傳，但兩傳之著重點不同。我們以最客觀的態度，為他列一年譜如後：

韓愈，字退之。關於他的籍貫，居然有四種不同的說法：

其一，《舊唐書》稱：「昌黎（河北通縣東）人。父仲卿，無名位。」

其二，《新唐書》說他是「鄧州南陽人」。《河南通志考》說他是「河內之南陽人」。

其三，陳繼儒《偃曝餘談》說他是「河內修武人。世居縣東北三十里之南陽。居人呼其地為韓莊，或韓村」。

其四，皇甫湜所作的〈文公墓誌銘〉說：「三月癸酉，葬河南河陽。」按文公的文中曾提到過「歸葬河陽」。

我們尚無法考證出他的真正籍貫，且待賢者方家出。

代宗大曆三年（七六八），生於長安。一歲。

大曆五年（七七〇），三歲而孤。養於從父兄起居舍人韓會。

見《舊書》卷一百六十本傳。或謂會為其長兄。

大曆九年（七七四），七歲，開始讀書。

〈上邢君牙書〉說：「愈七歲而讀書。」

大曆十二年（七七七），十歲。宰相元載被殺。韓會貶為韶州（今廣東曲江）刺史。韓愈隨行。

建中二年（七八一），十四歲。韓會卒。愈與嫂鄭氏、姪老成扶喪歸葬河南河陽。

〈祭十二郎文〉：「中年，兄歿南方，吾與汝俱幼，從嫂歸葬河陽。」

貞元元年（七八五），十八歲，就食江南。

韓文〈歐陽生哀辭〉云：「建中、貞元間，余就食江南，未接人事。」

貞元二年（七八六），十九歲，北上長安。

〈祭十二郎文〉：「吾年十九，始來京城。」

貞元四年（七八八），二十一歲。開始考進士。

〈答崔立之書〉云：「時二十歲，苦家貧。及來京師，見有舉進士者，人多貴之。因諸州縣求舉。」本年未考中。

貞元八年（七九二），二十五歲。文公考了四年之後，本年終於在陸贄主考官下及第。

貞元十二年（七九六），二十九歲。文公三試吏部都沒考上，因而放棄考試，上書公卿間求辟舉，包括當時的宰相趙憬、賈耽、陸邁。最後由檢校尚書左僕射、同中書門下平章事、汴州刺史、宣武軍節度副大使董晉，辟為試署祕書省校書郎（正九品上）、汴、宋、亳、潁四州觀察推官。

貞元十五年（七九九），三十二歲，董晉病故，文公護喪至洛陽。二月，赴徐州依故人節度使張建封。秋，建封奏請派文公為推官，得試太常寺協律郎的官（正八品上）。冬，建封派公赴長安面聖。似乎無結果。

貞元十六年（八〇〇），三十三歲。文公春返徐州。五月赴洛陽。冬至長安參選。

貞元十七年（八〇一），三十四歲。文公終於獲選為四門博士（正七品上）。

貞元十九年（八〇三），三十六歲。七月改派監察御史（正八品下）冬，再貶為陳州陽山令。

元和元年（八〇六），三十九歲。六月，召拜權知國子博士（正五品上）。

元和三年（八〇八），四十一歲。真除國子博士。

元和四年（八〇九），四十二歲。改派都官員外郎（正六品）。

元和五年（八一〇），四十三歲。改派河南縣令（正五品上）。

元和六年（八一一），四十四歲。秋，回朝任職方員外郎（正六品）。

元和七年（八一二），四十五歲。二月，復為國子博士。

元和八年（八一三），四十六歲。三月改任比部郎中（從五品上），史館修撰。

元和九年（八一四），四十七歲。十月改考功郎中（從五品上）。夏，進呈順宗實錄。
元和十一年（八一六），四十九歲。正月轉中書舍人（正五品上）。五月改調太子右庶子（正四品下）。
元和十二年（八一七），五十歲。憲宗派裴度門下侍郎平章事，兼彰義節度使，仍充淮西宣慰處置。度奏派文公為兼御史中丞、彰義行軍司判官書記。十月，平淮西。文公因而轉任刑部侍郎（正四品下）。文公並奉令撰〈平淮西碑〉。
元和十四年（八一九），五十二歲。因諫迎佛骨表，貶為潮州刺史。
元和十五年（八二〇），五十三歲。改袁州刺史。九月召回朝廷任國子祭酒（從第三品）。
長慶元年（八二一），五十四歲。七月，改授兵部侍郎（正四品下）。
長慶二年（八二二），五十五歲。二月，改吏部侍郎（正四品下）。
長慶三年（八二三），五十六歲。六月，任京兆尹（從三品）。十月，因與李紳不協，改兵部侍郎。數日後，改吏部侍郎。
長慶四年（八二四），五十七歲。八月得病。十二月二日，逝於靖安里邸。贈禮部尚書。諡曰文。

韓愈一生，起伏甚大。可能因為他「自以才高，累被擯黜」，不免有一股怨氣。而當道如皇甫鎛，惡其狷直，恐其復用，乃斥之於外。我們看《兩唐書》中若干文人，如杜審言、李華、蕭穎士、李賀之輩，才高名盛，不免傲氣凌人，終至難以有成。文公的文章，千百年來已為世人所公認，但他在處世為人方面可能有所短，才會遭致文窮、命窮、交窮、智窮等的困境。我們姑舉《唐語林》卷六所載文公立身處世的故事兩則於後，以作讀者的參考：

劉禹錫云：「韓十八愈直是太輕薄。謂李二十六程曰：『某與承相崔大群同年往還，真是聰明過人。』李曰：『何處是過人者？』韓曰：『共愈往還二十餘年，不曾過愈論著文章，此是敏慧過人也。』」

按崔群，清河武城人，門戶清貴。十九歲便登進士第。歷任翰林學士、中書舍人。常以讜言正論聞於時，後拜中書侍郎平章事。史稱其：「冲識精裁，為時賢相。」韓愈上迎佛骨表，憲宗要殺他的頭，多虧當時宰相裴度、崔群諫奏，才改為貶赴潮州。《唐摭言》載：「崔群，貞元八年陸贄下及第。與韓愈為友。」既為好友，便不應該輕視對方文章！柳宗元之送崔群序說：「崔君以文學登於儀曹，歘於王庭。可俊造之選，首讎校之列。」可見崔群的文學也是不錯的，而且是文公的救命恩人。文公如此挖苦他，甚覺不夠大方，自視太傲了些。怪不得他仕途、文譽兩均不順。

另一則說：

韓十八初貶之制，席十八舍人為之詞。曰：「早登科第，亦有聲名。」席既物故，友人曰：「席無令子弟，豈有病陰毒傷寒，而與不潔喫耶？」韓曰：「席十八喫不潔太遲！」人問曰：「何也？」曰：「出語不是當！」蓋忿其責詞云「亦有聲名」耳。

按唐代皇帝任命官員，有所謂制任。貶謫官員，亦由中書舍人或翰林學士草擬制文，升遷授獎之制，當然要說些好聽的話；而貶謫官員的制文，便要寫些責備的話。席十八舍人草擬貶韓愈的制文，自然也要依樣葫蘆，箭在弦上不得不發。席既物故，韓愈還要諷刺他幾句，未免不夠風度。我們看《唐語林》卷七所載一段笑話：

溫庭筠，字飛卿，彥博之裔孫。文章與李商隱齊名。時號「溫、李」。連舉進士不中。宣宗時，謫為隨縣尉。制曰：「放騷人於湘浦，移賈誼於長沙。」舍人裴坦之詞，世以為笑。

楚懷王不用屈原，漢文帝不用賈誼，把他們貶逐，懷王和文帝實有「昏君」之嫌，裴坦用這種典故寫制文，等於對皇帝不敬。其次，溫以犯錯而遭貶，裴坦居然把他比作屈原和賈誼，豈非笑話。席十八若效法裴坦，那可真是貽笑千古了。

八、許堯佐和〈柳氏傳〉

〈柳氏傳〉有兩個版本。其一見於《太平廣記》卷四百八十五〈雜傳記類〉，下題「許堯佐撰」。另一見於《孟棨本事詩・情感第一》。文異事同，而《本事詩》後尚有一段作者自敘云：

開成中，余罷梧州。有大梁宿將趙唯，為嶺外刺史，年將九十矣，耳目不衰。過梧州，言大梁往事。述之可聽。云：「此皆目擊之。」故因錄於此也。

可見柳氏與韓翃之戀情乃實有其事。惟作者許堯佐的生平仕履，我們能蒐集到的資料卻十分有限。《新唐書》卷二百〈許康佐傳附堯佐傳〉中說：

堯佐擢進士第，又舉宏詞，為太子校書郎（正九品下）。八年，康佐繼之。堯佐終諫議大夫。（諫議大夫，大曆後為正四品下）

而《舊唐書》卷一百三十九〈許康佐傳〉中，給予堯佐的記錄更少：弟堯佐、元佐，堯佐子道敏，並登進士第。歷官清顯。《唐詩紀事》卷四十一載：

康佐諸弟，皆第進士。而堯佐最先進。又舉宏詞，為太子校書郎（正九品下）。八年，康佐繼之。堯佐，貞元十六年（八〇〇）與敦煌張宗本、滎陽鄭權，皆佐征西府。後位諫議大夫。

《紀事》中所提鄭權，按《登科記考》乃貞元六年及第之進士。同年進士二十九人，《登科記考》僅列三人。《登科記考》又載：許堯佐於貞元十年賢良方正、能直言極諫科及第。同及第者尚有王播、裴度、熊執易、崔群等人。我們猜測，堯佐可能和鄭權於貞元六年進士及第，或至少與王、裴諸人同年及第。是以於貞元十年同應制科。

至於鄭權，《舊唐書》卷一百六十二本傳中說：

> 鄭權，滎陽開封人也。登進士第。釋褐涇原從事。節度使劉昌（或作劉昌符）病亟，請入覲。度軍情必變，以權寬厚容眾，俾主留務。……兵果亂。權挺身入白刃中，抗辭喻以逆順。因殺其首亂者數人，三軍畏伏。德宗聞而嘉之。時天子厭兵。藩鎮將吏得軍情者，多超授官爵……。

一路超授的結果，到了（貞元）十一年，鄭權已升任襄州刺史、山南東道節度使了。《紀事》中說他和堯佐於貞元十六年同佐征西幕府，似不可能。鄭權貞元六年進士及第，五年後為節度使，其間或有差錯。《舊書》中所說之十一年，或有可能為元和十一年！但都無可考。

《舊唐書》卷一百九十七〈南詔蠻〉條下載：

> 元和……十一年五月，以龍蒙盛卒，廢朝三日。（南詔）遣使來請冊立其君長。（上）以少府上監李銳充冊立弔祭使，左贊善大夫許堯佐副之……。

若堯佐於貞元六年（七九〇）進士及第，貞元十年（八〇四）制科及第，至元和十一年（八一六），已歷官二十五年之久，任正五品上的贊善大夫，和諫議大夫的階品一樣，頗為合情合理。

《登科記考》中尚有載權德輿〈送許協律判官赴西川序〉一文：

> 權德輿送許協律判官赴西川序：「十年冬，余與今左曹相君、兵部郎崔君同受詔禁中，雜閱對策，以第其等。將命於庭，有請程百職之功緒者，且以郎吏、諫曹為言。時相君為吏部郎，崔為

右補闕。因相顧曰：『直言者方譏切。吾黨豈可捨諸？』予撫手賀之，以為得雋。及後詔下，徵他日之詞，則許生也。」按許生當即堯佐。

讀上面所引權德輿的〈送許協律判官赴西川序〉一文，足資證實許堯佐貞元十六年赴西川佐征西幕府之事誠然有之。但《舊唐書》所載和鄭權同在征西幕府一節，鄭權十一年已作到了山南東道節度使，不可能佐征西幕府。鄭權之權字可能有誤，前已說過，待考。

堯佐的遺文見諸《全唐文》卷六百三十三，只有六篇！本文不在內。堯佐的這篇〈柳氏傳〉，既有敘述，又有詩歌，傳後還有議論。乃是標準式的行卷文字。筆者自述罷梧州時所著，時間為開成中。開成為文宗年號，共五年，由八三六至八四〇。距其制科及第之年（貞元十年，西元七九四年），已四十二年之久。若堯佐二十歲制科及第，為此文時七十餘歲矣！其文文辭工整，情復纏綿，頗亦感人。

〈柳氏傳〉之男主角，一稱韓翃，一稱韓翊，孰是孰非，尚無定論。而其所追隨之節度使，王夢鷗先生《唐人小說研究》一書考定為田神功、田神玉兄弟，而非侯希逸。甚有可能。

九、元微之和白居易

唐代傳奇之傳播最廣、最久、而影響文壇最巨者，首推元微之的〈鶯鶯傳〉。在當時便有河中詩人楊巨源作〈崔娘詩〉、亳州李紳作〈鶯鶯歌〉，宋趙令時譜成商調蝶戀花以播之管絃。金章宗時有董解元者演之為《西廂記》。元朝的王實甫演為元曲《西廂記》，關漢卿著《續西廂記》。明朝有李日華譜成的《南西廂記》、周公魯的《翻西廂記》。清朝查繼佐的《續西廂》雜劇。民國以來，京戲有《全本西廂記》。而自有電影、電視之後，更改編成電影和電視連續劇。至今傳演不衰。元微之在天之靈若有知，不知道會有多高興。

〈鶯鶯傳〉實在是元微之本身的經歷，所以寫來十分逼真。宋王性之已辨正得很清楚了，此處不贅。按元微之，名積，字微之，河南人。後魏昭成皇帝之後。《兩唐書》均有傳。所著《元氏長慶集》至今風行坊間。我們根據兩《唐書》為他列一簡單的年譜如後：

大曆十四年（七七九）出生，一歲。
貞元二年（七八六），八歲，喪父。家貧，母鄭氏教讀。
貞元三年（七八七），九歲，能文。
貞元九年（七九三），十五歲，兩經擢第。
貞元十八年（八〇二），二十四歲，調判入第四等，授祕書省校書郎（正九品上）。
元和元年（八〇六），二十八歲，才識兼茂明於體用科第一名及第。除右拾遺（從八品上）。不久，貶河南縣尉（從八品下）。回朝任監察御史（正八品上）。
元和四年（八〇九），三十一歲，奉使東蜀。
元和十四年（八一九），四十一歲，膳部員外郎（從六品上）。
長慶元年（八二一），四十三歲，升祠部郎中（從五品上）。
長慶元年（八二二），四十四歲，拜平章事（宰相）。「詔下，朝野無不輕笑之。」其後不久即轉同州刺史。二年後改越州刺史兼御史大夫（正三品），浙東觀察使，在越共八年之久

（應為六年之誤）。

太和初（八二七），加檢校禮部尚書（正三品）。

太和三年九月（八二九），入為尚書左丞（正四品上）。

太和四年正月，檢校戶部尚書兼鄂州刺史、御史大夫、武昌軍節度使。（尚書正三品。御史大夫也是正三品）

太和五年七月二十三日，暴疾。一日而卒於鎮。年五十三歲。

元微之和白居易於元和元年制科同時及第；微之第一名，居易第四。兩人極為友好，俱以詩名，來往贈答不絕。江南人士，傳道諷誦；里巷相傳，為之紙貴。時號元和體。

白居易，字樂天，太原人。而世居下邽。兩《唐書》均有傳。他除儒學之外，尚通釋典；所以能不介意遷謫，常以忘懷處順為事。不同元微之，為了升官，不惜結識宦官；因而得郎中、知制誥。「朝廷以書命不由相府，甚鄙之。然辭誥所出，夐然與古為侔，盛傳於代」。而也終於作了宰相。

居易初得高第，擢入翰林，原擬致身訏謨之地，望風為當路者所擠，流徙江湖。從此便無意仕進，唯逍遙自得，吟詠情性為事。牛、李黨爭事起，居易妻為楊穎士從父妹，而楊穎士、楊虞卿又與李宗閔善。居易為遠害，乃求居散地。他雖和微之相友，而能不蹈北司黨中。和劉夢得交，又能自外於八司馬黨。未許不是他謙退的好處。他與陳鴻合作的〈長恨歌傳〉，傳、讀的人不見得很多，而〈長恨歌〉，幾乎讀過幾年書的人都能背誦，傳後陳鴻有一段話說：

元和元年冬十二月，太原白樂天自校書郎尉於盩厔。鴻與瑯琊王質夫家於是邑，終日相攜遊仙遊寺，話及此事，相與感歎。質夫置酒於樂天前曰：「夫希代之事，非遇出世之才潤色之，則與時消沒，不聞於世。樂天深於詩，多於情者也。試為歌之，如何？」樂天因為〈長恨歌〉。……歌既成，使鴻傳焉。

就這一篇〈長恨歌〉，便足使居易居於不朽之地了。

白居易在兩《唐書》均有傳。我們現在為他列一簡單年譜如次：

大曆七年（七七二），生於鄭圳新鄭縣之東郭宅。

貞元十四年（七九八），二十七歲，進士及第甲科，吏部判入等。授祕書省校書郎（正九品上）。（《唐詩紀事》卷三十九、〈白居易〉，按樂天生于代宗大曆七年壬子。）

元和元年四月（八〇六），三十五歲。因才識兼茂明於體用科策入第四等，授盩厔縣尉（品不詳），集賢校理。（按集賢校理無定員，由官入兼之。見《舊書》卷四十三〈職官二〉。

元和二年十一月（八〇七），三十六歲，召入為翰林學士。

元和三年五月（八〇八），三十七歲，拜左拾遺（從八品上）。

元和五年（八一〇），三十九歲，上謂聽自便奏改官，因求京京兆府戶曹以養親。

元和六年（八一一）四月，四十歲，丁母憂。退居下邽。

元和九年（八一四），四十三歲，冬，入朝授太子左贊善大夫（正五品上）。

元和十年（八一五），四十四歲，貶江州司馬。

元和十三年（八一八），四十七歲，量移忠州刺史。

元和十四年（八一九），四十八歲，冬，召還京師拜司門員外郎（從六品上）。

元和十五年（八二〇），四十九歲，轉主客郎中（從五品上），知制誥，加朝散大夫（從五品下）。著緋。

長慶元年（八二一），五十歲。十月。轉中書舍人（正五品上）。

長慶二年（八二二），五十一歲。居易求外任，除杭州刺史。

長慶四年（八二四），五十三歲。太子左庶子（正四品上），分司東都。

寶曆元年（八二五），五十四歲，復出為蘇州刺史。

太和元年（八二七），五十六歲，拜祕書監（從三品），賜金紫。

太和二年（八二八），五十七歲，任刑部侍郎（正四品下）。

太和三年（八二九），五十八歲，太子賓客（正三品）。

太和五年（八三一），六十歲，河南尹（從三品）。

開成元年（八三六），六十五歲，太子少傅（從二品）。

會昌二年（八四二），七十一歲，以刑部尚書（正三品）致仕。

會昌六年（八四六），七十五歲，八月，病卒洛陽之履道里自宅。

十、李景亮和李朝威

李景亮所著〈李章武傳〉，寫人、鬼間的纏綿戀情，描敘細緻，淒豔動人。清人蒲松齡著《聊齋誌異》，很愛模彷這一類的故事。

對於李景亮的身世，筆者讀書不多，至今未能找到足夠的有關資料。《唐會要》卷七十六有一條云：

（貞元）十年十二月，詳明政術可以理人科：張平叔、李景亮及第。

《登科記考》卷十三，貞元十年，有類似的記載。

詳明政術可以理人科：

張平叔，見《冊府元龜》、《唐會要》。

李景亮，見《冊府元龜》、《唐會要》。

至於〈李章武〉，《太平廣記》中便有好幾篇記載。《登科記考》卷二十七〈附考進士科〉也有記載：

李章武，奇鬼傳云：「進士李章武初及第。」又見〈才鬼傳〉。章武，字子飛，貞元時人。

更奇怪的是李朝威，歷年治文學史的人都未能找到他的生平資料。他所作的〈柳毅〉，侈言龍女靈異的故事，傳誦一時。胡應麟說：

唐人傳奇小說，如〈柳毅〉、〈陶峴〉、〈紅線〉、〈虬髯客〉諸篇，撰述濃至，有范曄、李延

壽之所不及。（《少室山房類稿》）

汪國垣氏說：

作者李朝威，生平無可考。就本文開元未毅表弟薛嘏謫官東南，經洞庭見毅，迨四紀。嘏亦不知所往等句觀之。……其筆諸篇籍，恐亦在貞元、元和之間矣。

應該沒錯。

肆、元和時代文章宗主

一、前言

唐代憲宗皇帝元和年間，文壇上十分熱鬧，像文起八代之衰的韓愈、作〈長恨歌〉的白居易、寫〈鶯鶯傳〉的元稹，都躬逢其盛。唐尚書左司郎中李肇所著的《唐國史補》一書中，曾說到當時文壇上各家爭鳴的情形。他說：

> 元和以後，為文筆，則學奇詭於韓愈，學苦澀於樊宗師；歌行則學流蕩於張籍；詩章則學矯激於孟郊，學淺仭於白居易，學淫靡於元稹。俱名為元和體。大抵天寶之風尚黨，大曆之風尚浮，貞元之風尚蕩，元和之風尚怪也。（卷下）

李肇乃古文家李華之子。自古文人相輕，他形容元和諸家詩、文所用的，都是「奇詭」、「苦澀」、「流蕩」、「矯激」、「淺切」、「淫靡」等負面的字眼。但仍足以說明：他所提到的這些文人，他們的作品，各具特色，領袖文壇，為一般士子所崇拜、所模仿。

根據今人岑仲勉先生考定：李肇于貞元末從事華州，元和七年任江西觀察從事；十三年，自監察御史充翰林學士；十四年四月遷右補闕；十五年加司勳員外郎；穆宗長慶元年十二月貶澧州刺史；敬宗寶曆年間任尚書左司郎中；太和初任中書舍人；太和三年，左遷將作少監；大約在文宗太和末年謝世（見中央研究院歷史語言研究所集刊九本：岑仲勉〈跋唐摭言李肇著國史補之朝代〉）。《四庫全書提要》認定《國史補》一書係李肇任左司郎中時所撰。李肇目睹貞元、元和之際的文壇盛況，故能列出當時文壇中為士人所景仰的風雲人物。然而，在這些文章大豪之中，究竟誰才是當時文壇中的宗主呢？學者頗有不同的意見。陳寅洛先生認為元、白是元和文壇的宗主，他舉《舊唐書》卷一百六十六〈元稹、白居易傳後〉的「史臣曰」為證：

> 國初開文館，高宗禮茂才。虞、許擅價於前，蘇、李馳聲於後。或位昇臺鼎，學際天人。潤色之文，咸布編集。然而向古者，傷于太僻；綺華者，或至不經；齷齪者，局于宮商；放縱者，流于鄭、衛。若品調律度，揚搉古今，賢不肖皆賞其文，未如元、白之盛也。若建安七子，始定霸于曹劉；永明辭宗，先讓功于沈、謝；元和主盟，微之、樂天而已。臣觀元之制策，白之奏議，極文章之壺奧，盡治亂之根荄。非徒謠頌之片言、盤盂之小說。

這一篇論贊，對於元、白，極盡讚美之辭。而於論及文章時說「向古者，傷于太僻」；當時，韓愈倡導古文，此語或有批評韓文之意。今人夏敬觀先生於〈說元白〉一文中，也說：

……然世之以為元和體者，多謂元、白。當元和時，昌黎以振衰自任；其徒以奇崛相導，復有柳州、東野，出入騷雅，樹幟復古。元、白於是時，不相師襲，特開一派，不得謂非豪傑。而景從之士，獨向元、白，乃成元和體。風格低降，乃使元、白獨任其咎；世有元輕白俗之評，殆為學者所累。直以是評加於元、白，不免於稍過也。（河洛出版社，〈唐詩說〉）

確切指出，元和體之創導人為元稹與白居易。而且說明：「景從之士，多向元、白。」也就是說：元、白二人為眾望所歸，成了當時文壇的宗主。

羅聯添先生在他的《唐代文學論集》中，卻認為元和時代的文壇宗主是韓愈。他列舉宋代各大家的話來證明，例如，范文正公（仲淹）的〈河南集序〉云：

唐貞元、元和之間，韓退之主盟于文。（《范文正公集》卷六）

他又列舉《新唐書》中宋祁所撰的〈韓愈傳贊〉：

……至貞元、元和年間，愈遂以六經為諸儒倡。障堤末流，反刓以樸，剗偽為真……粹然一出於正。刊落陳言，橫騖別驅，汪汪大肆。要之，無牴梧聖人者……自晉迄隋，老佛顯行，聖道不絕如帶……愈獨喟然引聖，爭四海之惑。雖蒙訕笑，跲而復奮。……昔孟子拒楊墨，去孔子才二百年。愈排二家，乃去千餘載。撥衰反正，功與齊而力倍之。所以過況雄為不少矣。自愈沒，其言大行。學者仰之如泰山北斗。（《新唐書》卷一七六〈韓愈傳〉）

和蘇東坡的〈韓文公廟碑〉：

自東漢以來，道喪文弊，異端並起。歷唐貞觀開元之盛，輔以房、杜、姚、宋而不能救。獨韓文公起布衣，談笑而麾之，天下靡然從公，復歸於正。蓋三百年於此矣。文起八代之衰，而道濟天下之溺。忠犯人主之怒，而勇奪三軍之帥。此豈非參天地、關盛衰、浩然而獨存者乎。（《東坡文集》卷五）

更因《舊唐書》元、白本傳後的「史臣曰」有贊云：

沈謝既往，元白挺生。

和「史臣曰」中又有「建安才子，始定霸于曹、劉」之語，羅氏因認撰寫《舊唐書》的史臣將東漢建安的曹植、劉楨、南朝齊永明時的沈約、謝朓等詩人和元、白相提並論，是以《舊書》撰人所謂微之、樂天之為元和主盟，指的只是詩，而非文。至於史臣曰中所說的「元之制策，白之奏議，極文章之壼奧，盡治亂之根荄，非徒謠頌之片言、盤盂之小說」，羅先生卻忽略掉了。制、策、奏、議，不但是文章，而且是大文章。我們引述一段文字，不能只採信其中一部分，而否定其中另一部分。依我們看，這一段「史臣曰」，不但讚美元、白的詩，似乎更稱頌他們的文。所以才用了「極」、「盡」等字眼。

我們現在擬就所能找到的資料，加以整理、分析，說出我們的管見，來論證：究竟誰才真正是元和時代文壇的宗主。

二、唐人對文章的看法

唐代文人對文章的看法，是否像羅聯添先生所說那樣，把詩和文截然分開呢？劉申叔先生在他的〈論文雜記〉一文中說：

> 古人詩、賦俱謂之文。

又說：

> 隋、唐以上，詩集、文集之體未分。（以上俱見羅聯添先生所編：《中國文學史論文選集》第一冊）

《舊書》卷一百九十中〈陳子昂傳〉載：

> 陳子昂，梓州射洪人。家世富豪。子昂獨苦節讀書。尤善屬文，初為〈感遇詩〉三十首。京兆司功王適見而驚曰：「此子必為天下文宗矣。」由是知名。

子昂善為詩，本傳卻稱他「善屬文」。京兆司功王適看到他的〈感遇詩〉，認為「此子必為天下『文宗』矣！」而不說他將成為「詩宗」。可見唐人是「詩」、「文」不分的。王適在《舊唐書》卷一百九十〈文苑傳〉中有列名，也是當時頗有文名的士人。

宋之穆修（字伯長）為《河東先生集》所著〈後序〉中也說：

> 唐之文章，初未去周、隋、五代之氣。中間稱得李（白）、杜（甫），其才始用為勝，而號專雄歌詩，道未極其渾備。並韓、柳起，然後能大吐古人之文。

也把詩歸入文章之中。

陳子昂本人也說：

> 文章道蔽五百年矣！漢、魏風骨，晉、宋莫傳，嘗暇時觀齊、梁間詩，彩麗競繁，而興寄都缺。每以永歎。（《子昂集・修竹篇》序文）

因之，錢賓四先生在他的〈雜論唐代古文運動〉一文中，認為古文運動，實自古詩運動始。他說：

詩、文本一脈。若必分疆割席論之，則恐無當于古人之真際耳。（見于《新亞學報》三卷一期）

依照上述各家言論，一代文宗、一代詩宗的二分法，似乎不盡合乎當時的習慣。

三、成為文壇宗主的若干要件

文人要如何才能成為一代文宗呢？依我們蠡測之見，第一，他的詩文可能不一定是當時最好的，但必須相當好，好到可以開宗立派，自成一格。第二，在萬般皆下品、唯有讀書高的科舉時代，應付考試的文章，像前清時的八股文，它是供士人獵取官位的重要工具。要成為一代文宗，他的應付考試的文章必須高出儕輩，為有司所欣賞，為士子所模仿。換句話說：有廣大的群眾的支持。第三，他的作品為皇帝所欣賞，為當道所看重。第四，他的作品豐富，流傳甚廣。每一文、一詩面世，士民即爭相抄誦。現在，我們姑且根據上列幾個標準，把元、白的文章和韓愈的文章作一個比較。

先說科舉文章。

在封建時代，讀書的人大都抱著同一個目標，那就是：干祿，也就是說：作官。要作官，在唐朝，雖然有好多種途徑，像蔭仕——父親是當朝宰相，兒子便可受到他的蔭庇而入仕；舉薦——若一位當朝大員看中了某一個士人，他便可以用舉薦的辦法，選用他所看中的士人；但經由科舉，則實係一條入仕的康莊大道。

唐代科舉甚盛，科目也多。一般考試都由禮部主辦，主考官常是禮部侍郎；而又以進士一科最名貴。士人經過禮部考試之後，及格者，便等於獲得了今日大學的學士學位。若是進士及第，就好比今日獲得了明星大學的學士學位。若要作官，還要經過吏部的考試。禮部的是資格考，有如今日的高考；吏部的才是任用考，一經考上，即予分發任職，有如今日的特考。還有高於一般考試的制舉，由皇帝親自主持。僅考上進士以外諸科的士人，如明經，倘若他再考上制科，則有如今日非明星大學畢業的學士，再留學英、美，拿了博士學位。他的出身加強了，前途便當然更為遠大。

韓愈二十一歲時開始考進士。連考了三年，都沒考上。貞元八年，也就是他二十五歲那一年，第四次參加考試，終於考上。錄取的二十三人中，他名列第十四。

次年，韓愈和裴度、李觀等參加吏部的博學宏詞科試，應試者三十二人，只錄取陸復觀、李觀和裴度三人。韓愈認為主考官崔鵬差勁，曾上書罵崔鵬。（見：馬起華著《韓文公年譜》，商務印書館岫廬文庫）

據《登科記考》：貞元八年博學宏詞科共錄取三人，狀頭為陸復觀，其次為李觀、裴度；主考官為裴垍。而《文苑英華》將裴晉公列為第四，另一人為誰，待考。又據《登科記考》，崔鵬乃崔元翰，《新唐書》卷一百二十八有傳。崔元翰本名崔鵬，以字行，他五十餘歲才考上進士，又考取博學宏辭和賢良方正各科，皆名列異等。曾拜禮部員外郎、知制誥。因性剛褊，不能取容于時。孤特自持，掌誥凡再期（兩個任期），不遷（即沒有升官），罷為比部郎中，時已七十餘歲。但他從未知舉。其中對、錯，也待考。

韓愈二十七歲，再應吏部試，未獲錄取。二十八歲，又應吏部試，仍然不及格。

按唐吏部的釋褐試，進士們過了這一關，便可換上官服作官了。宋洪邁（字容齋）所著《容齋隨筆》卷十〈唐書判〉條稱：

唐（吏部）詮選擇人之法有四：一曰身，謂體貌豐偉。二曰言，言辭辯正。三曰書，楷法遒美。四曰判，文理優長。凡試判登科，謂之入等。

所謂「身」、「言」，有如今日之口試，察看受試者五官是否端正、身體有無缺陷、口才是否便給、說話是否條理分明。書是書法；判才是文章，也就是當時公文書的一種。《容齋續筆》卷十二〈龍筋鳳髓判〉條下，洪邁認為唐朝傳流下來的兩本判，張鷟的《龍筋鳳髓判》，無一篇可讀，無一聯可味；但白樂天的「甲乙判」，則「讀之愈多，使人不厭」。兩書都是用駢體文寫成，純是當時文格，洪氏且舉甲乙判數例：

甲去妻。後妻犯罪，請用子蔭贖罪，甲不許。判云：「不安爾室，盡孝猶慰母心薄送我畿，贖罪寧辭子蔭。縱下山之有怨，曷陟屺之無情！」辛夫遇盜而死，求殺盜者而為之妻。或責其失節，不伏。判云：「夫　不報，未足為非。婦道有虧，誠宜自恥。詩著靡他之誓，百代可知。禮垂不嫁之文，一言以蔽。」景居喪，年老毀疾，或非其過禮。曰：「哀情所鍾。」判云：「況血氣之既衰，老夫耄矣。縱哀情之罔情，吾子忍之。」景妻有喪，景于妻側奏樂。妻責之，不伏。判云：「儼衰麻之在躬，是吾憂也。調絲竹以盈耳，於汝安乎？」甲夜行，所由執之。辭云：「有公事，欲早趨朝。」所由以犯禁，不聽。判云：「非巫馬為政，焉用出以戴星？同宣子俟朝，胡不退而假寐？」……乙為三品，見州刺史不拜。或非之。稱：「品同。」判云：「或商周不敵，敢不盡禮事君？今晉鄭同儕，安得降階卑我？」若此之類，不背人情，合于法意。援經引史，比喻甚明。……。

這些判詞，就今日看來，不但文辭優美，用典貼切，而且對仗工整，論斷公正。的是好文章。但韓愈提倡古文，主張解駢為散。散文再好，卻不合當時文格。這就難怪他幾度應吏部試都過不了關。於是，他決定放棄吏部試，改採請求大官舉薦的方式入仕。他首先上書當朝宰相乞援，可惜他三次上書，三次都是石沉大海，得不到回應；也就是說：他的文章，在技巧上、或在議論上，都未能打動宰相。

到了二十九歲那年，韓愈終於得到「檢校尚書僕射、同中書門下平章事、汴州刺史、宣武軍節度副大使」董晉的徵辟，擔任觀察判官的職務。

由以上這些資料來研判，韓愈在應試方面的文章，並不出色，不能得到有司的青睞。對於那些亟欲高中任官的士子，當然就沒有影響力。

再看元、白。

元微之十五歲未冠之年便已兩經擢第，考取了明經。二十四歲調判入等，授祕書省校書郎。二十八歲應制舉「才識兼茂明於體用」科，登第者十八人，元微之名列第一。制下，除右拾遺（從八品上）。

時為元和元年。

按：依照唐代制度，任官的形式，按官品的高低，有冊授、制授、敕授、旨授和判補等五種。有如今日的特任、簡任、薦任、委任。五品以上的官才用制授，但供奉官如起居、補闕、拾遺之類，雖是六品以下官，而皆制授，不屬選司。元微之制舉考了個狀元，雖只給了個從八品上的右拾遺，卻也得到了制授。

白居易年十五六歲之時，袖文一篇投著作郎顧況。顧況能文，在當時文壇上頗具地位。其人恃才傲物，少所許可；後進文章，很少有他看得中意的。但他看了白文之後，不覺迎門禮遇。說：「吾謂斯文遂絕，復得吾子矣！」事具《舊唐書》卷一百六十六〈白居易本傳〉。顧況所看到的「白文」，實際上是「野火燒不盡，春風吹又生」那首〈賦得古原草送別〉五言律詩。

白居易十幾歲便嶄露頭角，顯示出不平凡的才華；因為家貧，二十七歲時才得到機會應進士試，即以甲科擢第。吏部也判入等（及格），授祕書省校書郎。根據楊樹藩先生《中國文官制度史》三篇二章載：

> 甲等通稱「甲科」。乙等通稱「及第」或「擢第」。中甲科者，既須經、策全通，當然甚為困難。故得進士甲科者，可謂為鳳毛麟角。史冊有傳可查者，僅數例而已。

終唐之世，以甲科登第、史冊中有傳可查者，楊先生僅舉出「許孟容、王質、王正雅、白居易、鄭朗」等五人。真是鳳毛麟角。白居易的判，前面已經舉過例子；不但文、理並茂，而且用典貼切、對仗工整，的確是好文章。士子爭相傳誦，實不足為奇。

元和元年，白居易也參加了「才識兼茂明於體用」科制舉，策入第四等（第四名），授盩厔縣尉，集賢校理。

由參加考試來看，韓愈實在比不上元、白。也就是說：元、白兩人的應試文章，甚能為有司所接受、看重。到了後來，禮、吏部選士，甚至以白氏私試賦、判為準則（見白居易貶江州司馬時〈與元稹書〉）（準則類似今日所說的「標準答案」）。

唐代是重科舉的時代，進士科尤為名貴。薛元超位居宰相，猶以未能以進士進身為生平三大憾事之一（見劉餗：《隋唐嘉話》）。士人要考進士、博功名，自必要在應試文章上用功。韓愈在應考方面表現不佳，對於急功近利、一心想入仕的士子而言，他的文章，不免為這些人所忽略。《因話錄》卷二載：

> 元和以來，詞翰兼奇者，有柳柳州宗元、劉尚書禹錫及楊公。劉、楊二人詞翰之外，別精篇什。又張司業籍善歌行，李賀能為新樂府。當時言歌行者，宗此二人。李相國程、王僕射起、白少傅居易兄弟、張舍人仲素，為場中詞賦之最。言程式看，宗此五人。
>
> 而進士所試者為詩、賦。詩、賦而外，有策而無論。當時重臣如陸贄，正是四六作手，足以影響一代文風，韓愈無與焉。唐重辭藻，太宗已開其端。其為「晉書」所作贊，及所作「帝範」一書，莫不以駢儷為體。

《因話錄》著者趙璘為太和八年進士，開成三年博學宏詞科及第。憲宗元和時應已出生；對於元和文章宗師，自是耳熟能詳。他沒有提及韓愈，而認白居易為（科）場中詞賦之最，為「言程式者」所「宗」。元微之知制誥時，「辭誥所出，敻然與古為侔。遂盛傳於代」（《舊唐書》本傳）。他的制誥，當然也是一般士人亟亟乎要誦讀仿作的。

這是說應試的文章。至於誰的詩、文受到皇帝和當道的重視，又為賢與不肖所共賞，我們在下一節中對論。

四、文章普遍受到重視

唐代士人投卷之風甚盛。所謂投卷，乃是士人把自己所作的詩、文，選出最好的，投獻給當時的大官、貴人，或文章知名之士。希望他們看了之後，能欣賞、稱讚，而予以延譽。換句話說：投卷者是希望經過知名人士的吹噓，而於參加考試之時，主考官對自己會有先入為主的好印象，而給予較高的評分。

若是某一文人的文章已到了開山立派的水準，他要自成一派、獨樹一幟，推陳出新，另立文格，則他不但要得到廣大讀者的支持，還要得到朝廷的認可，和當道的認同，才能有所成就。張須說：

> 封建社會，凡主持風氣之大師，高據文壇，欲以匹夫而收文學改革之全功，其必也需與朝廷令甲為桴鼓之應。易言之，即必須其事得到宮廷提倡之助力。此一機括，得之者成，反是者敗。（四十八年二月《國文月刊》七十六期，〈歐陽修與散文中興〉）

說得很有道理。

世謂元和體乃指元、白，早有定論。元、白的社會詩論，在文學史上，也頗具地位。古文運動，由來有自；而到了韓愈和柳宗元，才算成功。然而，元、白、韓三人的文章在元和時代受到的待遇如何呢？我們現在來作一個比較。

韓愈倡導尚質的古文，而不出淵奧一途。當時的學者，如李肇，便認韓文出於「奇詭」。退之曾提出「無務速成，無誘于勢利」的口號，希望一般干祿的士人，能跟他學。可惜唐重詞華，早成風氣，終唐之世，未聞有人主擬革正文體之事；而且干祿之人，人人都想速成，早近勢利。即以退之本人言，他也常為金錢所驅使而寫神道碑、作墓誌銘！是以追坿他的人，實在不多。

元和十二年，韓愈撰〈平准西碑〉；憲宗皇帝下詔把他的碑文給磨掉，另外命翰林學士段文昌重撰。元和十四年，韓愈上〈諫迎佛骨表〉，憲宗皇帝大怒，要把韓愈殺頭。尚幸宰臣裴度、崔群等從中疏解，結果，憲宗雖免了韓愈的死罪，還是貶了他的官——遠放到潮州去作刺史。他的這兩篇文章都流傳了下來。實在是好文章。但，為什麼會得罪皇帝呢？我們認為是：思慮不週。

以〈諫迎佛骨表〉而言，立論為「佛本夷狄之人」。殊不知李唐皇室便出自外族，由來學者論「李唐為蕃姓」的文章便不少。姑不論李唐是否真出自胡族，按：唐高祖李淵的母親獨孤氏，乃是胡人，他的皇后紇豆陵氏（竇氏），生了太宗世民；李世民的皇后長孫氏，生了高宗李治；紇豆陵、長孫，也都是胡姓。即使武則天——高宗李治的皇后——是漢人，她的兒子，漢人血統也是微乎其微。韓愈立論以佛出自外族而加以排斥，豈非譏諷唐皇室是外族、不可統治中國？

我們再拿韓愈的〈送孟東野序〉一文來分析，臧勵龢先生編《韓愈文》一書（商務人人文庫），認為這篇文章「句法變換，凡二十九樣，可謂格奇調變」。的是好文章。我們也認是好文章。該文的立論為：「物不得其平則鳴」，似乎涵蓋過分。路見不平，拔刀而起，確是不平則鳴。洪邁《容齋隨筆》卷四〈送孟東野序〉條論說：

> 韓文公送孟東野序云：「物不得其平則鳴！」然其文云：「在唐虞時，咎、陶、禹其善鳴者而假之以鳴。夔假于韶以鳴。伊尹鳴殷，周公鳴周。」又云：「天將和其聲而使鳴國家之盛。」然則非所謂不得其平也。

說得很清楚。這正是文公「持其絕足，往往奔放」而造成的缺憾。

一般年輕男女常認為漂亮的小姐一定是品行端正、頭腦清楚，殊不知繡花枕頭、蛇蝎美人正多呢！文章用美麗的詞句，用多變的句法，就好像一個漂亮的小姐；至於它的內涵，不見得「秀外」，就一定「慧中」！道理很顯然。所以，韓愈在服官以前，三次上書宰相，都沒得到回應。不是文章不好，而是思慮不週，不能打動當道的心！服官以後，皇帝不喜歡他的文章，當道如宰相裴度，對他的文章也有所批評。裴度在致李翺著中說：

> 昌黎韓愈，僕識之舊矣。近或聞諸儕類云：持其絕足，往往奔放。不以文立制，而以文為戲。可矣乎！可矣乎！

他的徒弟兼好友張籍也曾致書責備他說：

比見執事多尚駁雜無實之說，使人陳之于前以為歡。此有累于人之德。（《昌黎先生文集》卷十四附載）

按韓文銘誌最多。所謂銘記，即是今日往生者的「生平事略」。執筆為銘記，自是揀好的寫。韓文中如〈許國公韓弘神道碑〉，全與史實不符。又如〈殿中少監馬（繼祖）君神道碑〉，羌無故實。是以引來「駁雜無實」之譏。又如〈羅池廟碑〉和〈毛穎傳〉，陳寅恪先生在其〈韓愈與唐代小說〉（《國文月刊》五十七期）一文中便曾說過：「顧就文學技巧觀點論之，則〈羅池廟碑〉與〈毛穎傳〉實韓集中最佳作品。」先說〈毛穎傳〉。柳宗元說：

自吾居夷，不與中州人通書。有來南者，時言韓愈為〈毛穎傳〉，不能舉其辭，而獨大笑以為怪。而吾久不克見。楊子誨之來，始持其書。索而讀之，若捕龍蛇、搏虎豹，急與之角，而力不敢暇。信韓子之怪于文也。（《河東先生集》卷二十一：〈讀韓愈所著毛穎傳後題〉）

子厚此文，其實是為韓文辯護的，而從起首數言，我們已可看出〈毛穎傳〉當時不能為士大夫所接受的情形。

至於〈羅池廟碑〉，韓愈寫柳宗元為柳州之時，一日，與部將魏忠、謝寧、歐陽翼等飲於驛亭。柳宗元對他們三個說：

「吾棄于時，而寄于此，與若等好也。明年，吾將死，死而為神。後三年，為廟祀我。」及期而死。三年，孟秋辛卯，（柳）侯降于於之後堂，歐陽翼等見而拜之。其夕，夢翼而告曰：「館我於羅池！」其月丙辰，廟成，大祭。過客李儀醉酒，慢侮堂上得疾。扶出廟門即死！

把柳宗元寫成死後為神，而且是惡神，犯之者「得疾，扶出廟門即死」。韓愈平日痛斥佛老，而此碑卻說些幽冥靈迹，能不為時人所譏笑嗎？

由於文運不佳，仕途不順，韓愈在元和六年寫了一篇有名的〈送窮文〉。文中，他列舉出急欲送出的窮鬼五個：智窮、學窮、文窮、命窮和交窮。羅根澤先生在其所著《隋唐文學批評史》七章四節中，即曾說過：「的確，他（指文公）不惟仕途失敗，文譽也不佳。」他寫給李翊的信中說，他的文章是如何受到取笑：

其觀于人也，笑之則以為喜，譽之則以為憂，以其猶有人之說者存焉。

其曲高和寡之情如此！他的〈與馮宿論文書〉中說得更為明白：

僕為文久。每自測意中以為好，則人必以為惡矣。小稱意，人亦小怪之；大稱意則人必大怪之也。時時應事作俗下文字，下筆令人慚。及視之，則人以為好矣！小慚者，亦蒙謂之小好；大慚者，即必以為大好矣。不知古文真何用于今世也。

讀了這幾句話，我們認為羅根澤先生說韓愈「文譽不佳」的評語是正確的。但「文譽不佳」，並非「文章不好」。

韓愈後奉命修順宗實錄。他因而致書劉秀才，認修史者，「不有人禍則有天刑」。文公的好友柳宗元對這一段話甚為不滿。他寫信給韓愈說：

……前獲書言史事，云具與劉秀才書。及今乃見書藁，私心甚不喜。與退之往年言史事甚大謬。若書中言退之不宜一日在館下，安有探宰相意，以為苟以史榮一退之耶？若果爾，退之豈宜虛受宰相榮己而自冒居館下，近密地、食奉養，役使掌固，利紙筆為私書，取以供子弟費？古之志于道者，不宜若是！且退之以為紀錄者有刑禍，避不肯就，尤非也。……（《河東先生集》卷二十一）

按唐朝士人以能修國史為榮，是以韓愈也認為宰相要他修順宗實錄，乃是給他榮耀。但他又畏首畏尾，怕修史而獲天刑，招人禍。柳宗元因此責備他。果然，順宗實錄是修了，可許多人都不滿意，韓愈本傳中說：

及撰順宗實錄，繁簡不當，敘事拙于取捨，頗為當代所非。穆宗、文宗嘗詔史臣添改。時愈婿李漢、蔣系在顯位，諸公難之。而韋處厚竟別撰順宗實錄三卷。

還有，韓愈提倡古文，朝廷既未予支持，而由於「其理難曉」，是以當時追隨的人也不多。錢賓四先生在他的〈雜論唐代古文運動〉一文中說：

陳子昂、李太白之于詩，其意欲復古，實乃開新。然其事易知，故一時從之者，亦翕然無異辭。至于韓、柳之文，其意亦主于復古，而實績所至，亦同為開新。但其理則頗難曉，在當時極多疑者；即在韓公之知好從游間，亦所不免。

說得很中肯。他又說：

韓文公之創為古文，則其意想中獨有新裁別出，固有非時人所能共曉者。

什麼是「當時極多疑者」，「有非時人所能共曉者」呢？我們現在舉張須的話來解說：

昔揚雄有「文麗用寡」之說。昌黎示人，亦曰：「文從字順。」然雄文實以艱深文其固陋，故卒為後世君子所譏。昌黎承八代之衰薄，因北俗之貞剛，毅然以古文為天下倡，可謂豪傑之士。惜其形貌雖脫拘縶，本質仍是淵奧一途。……若乃「文從字順」四字，昌黎實未嘗以是為已足。其奇詞大句，骨重神寒，置身乃實在尋常之表。彼其所為，非不卓特，非不精能；所難者，以此為天下倡可。……昌黎既未能澈底做到「尚質」二字，其文又皆鎔自眾家，惟有力者能之。（張）籍、（皇甫）湜猶且僵汗，中材更難企及。（〈歐陽修與散文中興〉）

解說得很好。所以，要等到韓愈死了若干年之後，宋代的歐陽修從字紙簍中把韓集找了出來，予以董理、提倡，而後才有「其言大行，學者仰之如泰山北斗」的情形出現。

夏敬觀先生也說：

當元和體盛行之時，退之不能左右之。至宋，始得歐陽修出舊本于筐麓，董理補綴，而其文始尊。（〈說韓愈〉，見羅聯添編《中國文學史論文選集》第二冊）

至於元、白之文，《舊唐書》元、白傳之「史臣曰」說：

臣觀元之制策、白之奏議，極文章之壼奧，盡治亂之根荄。

錢賓四先生認為：「此一意見，乃承散文之舊傳統，以奏議制冊之類為朝廷之大述作。西漢之賈（誼）、董（仲舒）、匡（衡）、劉（向父子），即以此為文章宗師。唐史臣（按：應為後晉之史臣，《舊唐書》之著者為後晉之劉昫等）之極推元、白，著眼亦在此。」（〈雜論唐代古文運動〉）

先說白居易。

白居易貶為江州司馬時，〈與元微之書〉云：

日者，聞親友閒說：禮、吏部舉選人，多以僕私試賦判為準的。

前述《因話錄》，趙璘已說出白居易為（科）場中詞賦之最。我們也引述了宋洪邁列舉的白氏《甲乙判》，和洪氏的讚美白判之詞。可見白居易寫給元微之的信中所說，絕非謊話。白氏之文為當代如此之看重，若說他僅在詩歌上居領導地位，似亦不甚公平。白居易〈與元微之書〉中還說：

……其餘詩句，亦往往在人口中。僕恧然自愧，不之信也。及再來長安，又聞有軍使高霞寓者，欲聘娼妓。妓大誇曰：「我誦得白學士長恨歌，豈同他哉？」由是增價。又足下書云：「到通州日，見江館柱間有題僕詩者。」何人哉？又昨過漢南日，適遇主人集眾娛樂他賓；諸妓見僕來，指而相顧曰：「此是秦中吟、長恨歌主耳。」自長安抵江西三四千里，凡鄉校、佛寺、逆旅、行舟之中，往往有題僕詩者。士庶、僧徒、孀婦、處女之口，每有詠僕詩者。（《舊書》本傳）

俱是事實。《舊書》本傳中又說：

居易文辭富豔，尤精于詩筆。所著歌詩數十百篇，皆言存諷賦，箴時之病，補政之缺。而士君子多之。往往流聞禁中。章武皇帝（即憲宗）納諫思理，渴聞讜言。（元和）二年十一月，召入翰林為學士。三年五月，拜左拾遺。

武宗會昌六年三月駕崩，宣宗即位。白居易會昌六年八月辭世。宣宗皇帝以詩弔之曰：

綴玉聯珠六十年，誰教冥路作神仙？浮雲不繫名居易，造化無為字樂天。童子解吟長恨曲，胡兒能唱琵琶篇。文章已滿行人耳，一度思卿一愴然。（《唐詩紀事》卷四）

白文為皇帝如此欣賞，和韓文公所受到的待遇十分懸殊。

再看元微之為《居易集》所寫的序文：

貞元末，進士尚馳競，不尚文。就中六籍尤擯若。禮部侍郎高郢始用經藝為進退。樂天一舉擢上第。明年，中拔萃甲科，由是〈性習相近遠〉、〈玄珠〉、〈斬白蛇〉等賦洎百節判，新進士競相傳于京師。會憲宗皇帝策召天下士，（樂天）對詔稱旨，又登甲科。未幾選入翰林，掌制誥。比比上書言得失。因為〈賀雨詩〉、〈秦中吟〉等數十章，指言天下事，時人比之風騷焉。予始與樂天同祕書，前後多以詩章相贈答。予隨掾江陵，樂天猶在翰林，寄予百韻律體及雜體，前後數十詩。其後各佐江、通，復相酬寄。巴蜀、江、楚間洎長安中少年，遞相彷效，競作新辭，自謂為元和詩。而樂天〈秦中吟〉、〈賀雨〉、〈諷諭〉、〈閒適〉等篇，詩人罕能知者。然而二

> 十年間，禁、省、觀、寺、郵、候牆之上無不書，王公、妾婦、牛童、馬走之口無不道。其繕寫模勒，衒賣于市井，或因之以交酒茗者，處處皆是。其甚有至盜竊姓名，苟求自售，雜亂間廁，無可奈何。予嘗于平水市中，見村校諸童，競相歌詠。召而問之，皆對曰：「先生教我樂天微之詩。」……又雞林賈人求市頗切。自云：「本國宰相，每以一金換一篇。其偽者，宰相輒能辨別之。」自篇章以來，未有如是流傳之廣者。

我們覺得白的詩筆，和他的文筆相輔相成，是以成就了他當時的盛名。其作品流傳之廣，實非韓文所能望其項背。

再說元微之。

微之少年時即有才名。十五歲明經及第。元和元年應制科考第一名，和白居易同榜。兩人唱和往來，「當時言詩者稱元、白焉。自衣冠士子至閭閻下俚，悉傳諷之。號為『元和體』」（《舊書》卷一百六十六本傳）。

《舊書》元稹本傳中又稱：

> 宰相令狐楚，一代文宗，雅知稹之辭學，謂稹曰：「嘗覽足下製作，所恨不多，遲之久矣。請出所有，以豁予懷。」……穆宗皇帝在東宮，有妃嬪左右嘗誦稹歌詩以為樂曲者，知稹所為，嘗稱其善。宮中呼為元才子。……（穆宗）長慶初，（崔）潭竣歸朝，出稹〈連昌宮詞〉等百餘篇奏御，穆宗大悅。……即日轉祠部郎中知制誥。朝廷以書命不由相府，甚鄙之。然辭誥所出，敻然

與古為侔。遂盛傳于代。

元稹的詞賦，不但為廣大的群眾所欣賞，也為當道的宰相所看重。甚至高居萬民之上的皇帝都稱善，予以知制誥之重任。雖然他是經過中人（太監）的推薦而上達天聽的，眾人不服氣；但他的辭誥所出，仍得盛傳于代（即當時）。晁公武說：

（微之的）變詔書體，務純厚明切，盛傳一時。（昭德先生《郡齋讀書志》卷四中）

當非虛語。微之所著〈連昌宮詞〉，七言九十句，若干學者認為其價值尚高出白居易一百二十句的〈長恨歌〉。此外，他所寫的傳奇〈鶯鶯傳〉，尤為成功，膾炙人口。陳寅恪先生說：

〈毛穎傳〉者，昌黎模擬《史記》之文，蓋以古文試作小說而未能甚成功者也。微之〈鶯鶯傳〉則似模擬《左傳》，亦以古文試作而真能成功者也。（〈讀鶯鶯傳〉）

〈鶯鶯傳〉在當時已極流行，其後編成戲曲，播之管弦。至今仍傳誦不衰。

由上所述，我們已充分了解，元、白的詩、文，當元和之際，不特流傳甚廣，為賢、不肖所共欣賞、模仿，尤其得到皇帝和當道者的賞識；韓愈的詩、文，在當時所受到的待遇，實在不能和他們二人並論。

五、文章的內容和數量

我們現在再來比較韓愈與元、白的著作數量和內容。先說韓愈，今人馬起華先生在他所著的《韓文公年譜》一書中說：

> 韓文公的學術思想，並不深奧，卑之無甚高論，而且始終跳不出儒家思想的範圍。所以他在哲學史上和思想史上都沒有什麼特別的貢獻和地位（蘇東坡說他「道濟天下之溺」，實在是誇大了些。），可說不及他在文學史上的貢獻和地位遠甚。可是他的文章著作並不如想像之多；和作為一位大名鼎鼎的文豪的他，也不相稱。他的作品，有系統而成個套數的，只有《注論語十卷》和《順宗實錄》五卷。前者超不過朱註，而且未完稿；後者亦平平無奇。其他著作共有七百五十一件。其中詩歌就佔了四百件；其餘是賦四篇，雜著七十五篇，書啟序十篇，哀詞祭文三十九篇，碑記七十七篇，表狀疏五十六篇。……其中最有文學價值而被人誦讀的散文，不過十八九篇而已。（肆、〈韓文公研究〉）
>
> （至於韓愈提倡古文，對古文寫作方面的種種主張，一如元、白在社會詩論和在社會詩方面的成就，非本文討論的範圍，故略而不言。）

馬起華先生是當代知名的學者，他的這一段議論，我們認為相當公正、中肯。

再說元微之。元微之曾任宰相，詩文流傳甚廣。據陳振孫《直齋書錄解題・元氏長慶集》條下按云：

> 中興書目，止四十八卷。又有逸詩二卷。稹嘗自彙其詩為十體，其末為豔詩；暈眉約鬢，匹配色澤，劇婦人之怪豔者。今世所傳〈李娃〉、〈鶯鶯〉、〈夢遊春〉、〈古決絕句〉、〈贈雙文〉、〈示楊瓊〉諸詩，皆不見于六十卷中。（卷十六〈別集類上〉）

今日坊間能購得的《元氏長慶集》，據明刻本校刊。六十卷之外，又有詩、文各一卷。總計各體詩七百三十三首，文三百三十九篇。而〈鶯鶯傳〉、〈雙文詩〉、〈夢遊春辭〉等亦不在內。至於《白氏長慶集》，據陳振孫《直齋書錄解題》卷五十六云：

> 《白氏長慶集》七十一卷，《年譜》一卷。又《新年譜》一卷。案集後記稱：「前者，長慶集五十卷，元微之為序。後集二十卷，自為序。今又續後集五卷，自為記。前後七十五卷。」

晁公武《郡齋讀書志》於《白氏長慶集》下案曰：

> 居易以文章精切，然最工詩。初頗以規諷得失，及其多，更下偶俗好。當時士人爭傳。雞林賈國，相率篇易一金……（七十五卷）今亡三卷矣！予嘗謂樂天進退以義，風流高矣。與劉禹錫

遊，人謂之劉、白，而不陷入八司馬黨中。與元積遊，人謂之元、白，而不蹈北司黨中。又與楊虞卿為姻家，而不陷牛李黨中。嗚呼，叔世有如斯人髣髴者乎？獨集後載〈聞李崖州貶〉二絕句，其言淺俗，似幸其禍敗者。余因疑非樂天之語。及以唐史考之，崖州貶時，樂天沒將逾年。或曰：浮屠某作也。（卷四中）

白居易的作品，較元微之還要多。計共詩文三千餘篇。這是因為他享高壽之故。他比韓愈多活了差不多二十年。而他的為人處世，由晁公武的案語中便能明瞭到他的機智和潔身自愛。我們讀《劉賓客嘉話錄》，發現其中有兩條關於韓愈的記載。其一：

韓十八愈直是大輕薄，謂李二十六程曰：「某與丞相崔大群[1]同年往還，直是聰明過人。」李曰：「何處是過人者？」韓曰：「共愈往還二十餘年，不曾共說著文章。此不是敏慧過人也？」

其二：

韓十八初貶之制，席十八舍人為之詞曰：「早登科第，亦有聲名。」席既物故。友人曰：「席無令子弟。豈有病陰毒傷寒而與不潔吃耶？」韓曰：「席十八吃不潔太遲！」人問之：「何也？」

1 崔群，排行第一，故稱崔大。

曰：「出語不是！」蓋忿其責辭云「亦有聲名」耳。

按《舊唐書》卷一百五十九〈崔群傳〉載：

> 群年未冠舉進士。陸贄知舉，訪于梁肅，議其登第有才行者。肅曰：「崔群雖少年，他日必至公輔。」果如其言。

以應考試而言，崔群比韓愈強多了。群未冠年即舉進士。韓愈考了四次，二十七歲登第。群後歷翰林學士、中書舍人，最後作了宰相。是以柳宗元在他的〈送崔群序〉一之中說：「崔君以文學登于儀朝。」通常任翰林學士、任中書舍人者，大都文筆高人一等。韓愈上〈諫迎佛骨表〉，憲宗皇帝大怒，要斬韓愈，多虧崔群等宰輔緩頰，韓愈才保住了性命。韓愈居然如此輕視崔群的文章，似乎太過驕傲。而諷席十八，更不厚道。草貶官的制文，總要說些負面的話，那是無可厚非的。這就難怪當時文人對韓愈不太服氣了。

六、結論

從上面所引述各節，我們可歸結為下列幾點：

第一，所謂元和體，乃是指元、白。

第二，元和之時，元、白的文章，受到皇帝、當道者和廣大群眾的欣賞，尤其為士子所誦讀、模倣，而欣賞韓文者，實在不多。

第三，以量而言，韓文不如元文，更不如白文。而流傳之廣，元、白文章也遠勝韓愈之文章。

第四，文譽、文運，韓愈也遠不如元、白。

這當然說的都是元和時代的情形。

曹丕的〈典論論文〉中說：

> 文人相輕，自古而然。傅毅之于班固，伯仲之間耳，而固小之，與弟超書曰：「武仲以能屬文，為蘭臺令史，下筆不能自休！」

以韋應物為例，白居易於元和十年謫任江州司馬時，致書元微之，稱讚韋蘇州的詩。他說：

> 當蘇州在（生）時，人未甚愛重。必待身後，然後人貴之。

一個人的文章雖好，在當時可能並不為他人所看重。像歐洲的若干畫家，生前窮途潦倒，畫作無人問津；死後卻畫價暴增，作品極受重視。韓愈為文，創議改革，「理頗難曉，在當時極多疑者」（錢賓四先生語）。宋祁在《新唐書・韓愈傳》中寫道：

自愈沒，其言大行。學者仰之如泰山北斗云。

憲宗皇帝死於元和十五年（西元八二〇年），穆宗即位，改元長慶。長慶四年（西元八二四年）十二月，韓愈去世，享年只五十七歲。宋祁說：「自愈沒，其言大行。」也就是說，在元和十五個年頭裡，他的論說並未為一般人所認同。像韋應物在世時其詩未為世人稱讚一樣。若說文章的好壞，像李朴〈送徐行中序〉中所說：

吾嘗論唐人文章，下韓退之為柳子厚。下柳子厚為劉夢得。下劉夢得為杜牧。下杜牧為李翺、皇甫湜。最下者，元稹、白居易。蓋元、白以澄淡簡質為工，而流入于鄙。譬如畦之歌，雖足以快心便耳，而類乏韶護。（這段話相當有偏見。）

又如李漢[2]說：

先生于文，摧陷廓清之功，比于武事，可謂雄武不常者矣。

穆景文說：

[2] 李漢乃文公之女婿。

韓吏部卓然不丐於古，而一出諸己。

蘇允明說：

韓十之文，如長江大河，渾浩流轉，魚、黿、蛟、龍，萬怪惶惑。而抑絕蔽掩，不使自露。

秦少游說：

鈎莊、列之微，挾蘇、張之辯，摭遷、固之實，獵屈、宋之英，本以詩、書，折之以孔氏。此成體之文，如韓愈之所作是也。

蘇軾說：

（韓愈）文起八代[3]之衰。

這些推崇韓文為「唐人文章第一」的言論，確如羅聯添先生所說：「八九百年來，已成定讞。」

[3] 所謂八代：東漢、魏、晉、宋、齊、梁、陳、隋。

但這並不表示元和時的士人推崇韓愈為當時的文壇盟主。如梵谷的畫，在世時一幅也賣不出去，死後才為人所崇愛。按元和共十五年，約當西元八〇六至八二〇年。距今已將近一千二百年，羅氏說「八九百年」，當是唐以後之事。韓愈於貞元十六年致孟東野書中便叫「窮」，至元和六年所撰〈送窮文〉中依然大嘆「文窮」，乃是不爭的事實。

近人臧勵龢先生選〈韓愈文〉（見商務人人文庫），在緒言中，他說：

> 愈處境困厄，其文常為金錢所驅使，故多與事實不符者。如〈韓弘神道碑〉，所言與正史相反。殿中少監馬繼祖僅一紈絝兒，亦為之作傳等皆是。劉乂[4]持愈金數斤去。曰：「此諛墓中人得耳。不若與劉君為壽。」愈不能止也。

這也可能是當時士人不肯看重愈文原因之一。韓愈在他的〈答陳商書〉中說：

> 齊王好竽，有求仕於齊者，操瑟而往。立王之門，三年不得入。叱曰：「吾瑟鼓之，能使鬼神上下。吾鼓瑟合軒轅氏之律呂。」客罵之曰：「王好竽，而子鼓瑟，雖工，如王不好何？」

社會現象常不能和自然法則相契合。我們讀歷史，看到忠臣常被黜退，甚至被殺頭，受族誅；而

---

[4] 劉乂事見《唐詩紀事》卷三十五劉義條。

姦臣常飛黃騰達。元和之時，士人多好「竽」，而韓愈工於「鼓瑟」，是以不甚得意。到了宋代，歐、蘇、宋、秦諸公好「瑟」，竭力提倡，終於把韓愈推到了「唐文第一人」的寶座。但在元和年間，文壇盟主確確實實是元、白，而非韓愈，根據以上所述，應該是沒有錯的。

伍、論唐代士風

一、前言

傳奇中有述及士人宿妓（如〈霍小玉傳〉中的李益）、畜妾（如〈步飛煙〉中之武公業）、誘姦少女（如〈鶯鶯傳〉中之張生）、受賄（如〈上清傳〉中之竇參）、酗酒（如〈南柯太守傳〉中之淳于生）、貪財（如〈張老〉中之韋恕）、黨附權要（如〈王維〉中之王維）等種種離經叛道的行為；當係反應了唐代的士風，著傳奇者有感而發。本文所要討論的，正是唐代士風問題。

自來討論唐代士風的文章甚多。可肯定的一點是：學者無不批評唐代士風惡劣。我們常聽說；唐詩、晉字、漢文章。葉燮所著《原詩》一書中說：

> 自不讀唐以後詩之論出，於是稱詩者，必曰唐詩。苟稱其人之詩為宋詩，無異於唾罵。

唐詩是否篇篇都好過其他朝代的詩？當然不是。宋洪邁，字容齋，選唐人絕句，湊成萬首之數。清代詩人王漁洋認為洪選中惡劣的詩太多，因而再精挑細選，編成《唐人萬首絕句選》。全書不過絕句一千餘首。他在該書序文中說：

唐絕句最可笑者，如：「人主人臣是親家。」如：「蜜蜂為主各磨牙。」如：「若教過客都來吃，採盡商山枳殼花。」如：「兩人相對無言語，盡日惟聞落子聲。」如：「今朝有酒今朝醉，明日愁來明日當。」當時如何下筆？後世如何竟傳？殆不可曉。

而唐詩中，又以李白、杜甫名氣為最響亮。然而，即以絕句言，胡雲翼氏在他的《唐詩研究》一書中便說過：

杜甫乃第一流詩人，然其絕句可讀者甚少。

我們也有同感。

又如說到唐代的貞觀之治，一般人便把唐太宗李世民給捧上了天，甚至有的所謂「學者」都盲目稱讚他。今人王雲五先生所著《晉唐政治思想》一書第四章〈李世民的政治思想〉中說：

世民之所以成功，實基于其政治長才。而其政治長才，則為其政治思想的具體化。

然後，王氏舉出李世民所著《帝範》一書。

按《帝範》一書乃太宗晚年寫來訓勉太子李治的。全書除序之外，共分十二章。我們研究的結果，認為《帝範》一書：都是些老生長談，了無新意；而且其中大部分都是集合當時大臣如魏徵、王珪、馬周等許多人的言論而寫成。有些「理論」，實際上李世民都作不到。例如，他為了「子孫長久之道」而主張封建，《帝範》中即有「建親」一章；由於大臣如封倫、蕭瑀、魏徵、馬周等都提出種種理由反對，因而未能實現；不能實現的原因，主要還是來自經濟。《史記・貨殖列傳》中說：

漢興，海內為一。……關中自汧、雍以東至河、華，膏壤沃野千里。

但到了唐朝，情勢已改變，《新唐書・食貨志》中說：

關中號稱沃野，然其土地狹，所出不足以給京師，備水旱。故常轉漕東南之粟。

其時有揚（州）一益（州）二的說法，「江淮田一善熟，則旁貸數道」。天下大計，仰於東南。倘若漕運所經之地分封出去，一旦這些封君反抗政府，如《舊唐書》一百三十四〈馬燧傳〉載：

汴州大將李靈耀反，因據州城，絕運路。

又如《資治通鑑》卷二百二十七唐德宗建中三年：

> 李希烈率所部三萬，徙鎮許州，遣所親詣李納，與謀共襲汴州。……納亦數遣游兵渡汴，以迎希烈。由是東南轉輸者，皆不敢由汴渠。

京師便要鬧饑荒。是以唐太宗為了子孫長久之道，要分封子弟；而格於形勢，始終不敢貿然行之。

再如〈赦宥〉，王雲五氏說：

> 在本段中，世民強調，除不軌之輩（政治犯）得赦宥外，其他罪犯，概不宜赦。……因為赦宥惠及姦宄，便是害及良民。所以世民有天下以來，絕不放赦。即此之故。（見前書：〈李世民的政治思想〉一章）

李世民不放赦嗎？我們且翻開《新、舊唐書》卷二及卷三〈太宗本紀〉，上面分明寫著：

> （武德九年）八月癸亥，高祖傳位于皇太子（即李世民），太宗即位于東宮顯德殿。……大赦天下。武德元年以來責情流配者並放還。（《舊書》）
>
> （貞觀）四年……二月……甲寅，大赦，賜酺五日。（《新書》）
>
> 六年……十二月辛未，親錄囚徒。歸死罪者二百九十人于家，令明年秋末就刑。其後應期畢

至。詔悉原之。

九年春三月……壬午，大赦。

十三年春正月乙巳朔，謁獻陵，曲赦三原縣及行徒大辟罪。

二十年春正月……庚辰，曲赦并州。

二十三年三月……辛酉，大赦。

可見是非全是眾口鑠金，即使若干學者都不知不覺、隨波逐流，人云亦云。王氏之論斷，乃是受了唐吳兢所著《貞觀政要》卷八〈赦令〉一目中論斷的影響。是以我們對唐代士風之是否敗壞、如何個壞法、是否比其他各朝代的士風都壞？我們擬重新檢討史實，將唐代士人和唐以前各代士人加以比較，然後作成一個較為客觀的評斷。

二、唐以前學者對文人的評斷

幼時讀曹丕的〈與吳質書〉一文，只覺得他才三十餘歲，便自稱「已成老翁」，「所懷萬端，時有所慮」，實是一篇傷逝之作。其後年行漸長，再讀此文，才了解其中的真旨，乃在文學批評。他說：「觀古今文人，類不護細行，鮮能以名節自立。」令人感慨尤多。試翻閱二十四史，看看各文苑傳中所列載的文人，真正能以名節自立的，確是鳳毛麟角，找不出幾個來。

魏、晉之後，北齊的黃門侍郎顏之推，在《北史》和《北齊書》中均有傳。他在北齊亡後，便在北周服官，楊堅篡北周，建立隋朝，一統天下。開皇中，之推接受隋文帝的徵召任文學，而且頗見禮重。他所作的《顏氏家訓》一書，至今傳誦不衰。他也認為：「古之文人，多陷輕薄。」他並且列舉了三十六位歷代文人為證：

> 屈原露才揚己，顯暴君過。宋玉體貌容冶，見遇俳優。東方曼倩滑稽不雅。司馬長卿竊資無操。王褒過章「僮約」。揚雄敗德「美新」。李陵降辱夷虜。劉歆反覆莽世。傅毅黨　權門。班固盜竊父史。趙元叔抗竦過度。馮敬通浮華擯壓。馬季長佞媚獲誚。蔡伯喈同惡受誅。吳質詆忤鄉里。曹植悖慢犯法。杜篤乞假無厭。路粹狹隘已甚。陳琳實號麤疎。繁欽性無檢格。劉楨屈強輸作。王粲率躁見嫌。孔融、禰衡，誕傲致殞。楊修、丁廙，扇動取斃。阮籍無禮敗俗。嵇康凌物凶終。傅玄忿鬭免官。孫楚矜誇凌上。陸機犯順履險。潘岳乾沒取危。顏延年負氣摧黜。謝靈運空疏亂紀。王元長凶賊自詒。謝玄暉侮慢見及。……文章之體，標舉興會，發引性受，使人矜伐。故忽于持操，果于進取。……一事愜當，一句清巧，神厲九霄，志凌千載，自吟自賞，不覺有傍人。（〈文章第九〉）

我們現在將顏之推所列舉的三十六位文人略加解說。

唐貞觀六年，魏徵向唐太宗分析忠臣和良臣的區別。他說：「良臣使身獲美名，君受顯號，子孫傳世，福祿無疆。忠臣身受誅夷，君陷大惡。家國並喪，獨有其名。」（《貞觀政要》卷二）屈原事楚懷王，懷王聽信讒言，不能重用他。懷王死後，頃襄王立，也不用他，而且把他逐出郢都。屈原眼看國事日非，自沉汨羅江而死。他雖獲得忠臣的美名，懷王和頃襄王卻因而蒙受了「昏君」的臭名。所以顏之推罵他「露才揚名，顯暴君過」。

宋玉也是戰國時楚人，其人體貌容冶，曾先後任懷王和頃襄王的大夫。他和漢武帝時的東方朔（曼倩）差不多，都自居弄臣之列。

司馬相如字長卿，漢武帝時，曾因獻賦而被任命為郎官。後貧窮無以自業，到臨邛投靠縣令王吉。一日，臨邛富人卓王孫宴客，相如鼓琴。相如知道王孫的女兒卓文君剛剛死了丈夫，因而用琴音挑逗在門後偷聽的文君。文君竟夜奔相如，兩人馳歸成都相如家。相如家徒四壁，無以為生，兩人又回到臨邛賣酒。卓王孫無法忍受自己的女兒拋頭露面、當爐賣酒，只好分一部分家產給相如、文君。相如、文君兩人分得卓家的財產後，回到成都，買宅買田，買奴婢，立成富人。

王褒也是漢代人。他有一篇叫〈僮約〉的文章，自述到寡婦楊惠家經過。漢時，「疾風暴雨，不入寡婦之門」。王褒寫〈僮約〉一文，把自己的過錯給彰表出來了。

揚雄在漢元帝時任給事黃門郎。王莽篡漢，建立新朝；揚雄校書天祿閣，他寫一篇〈劇秦美新論〉。說秦酷虐之甚，而讚美王莽的新朝。論者認揚雄敗德之至。

李陵投降匈奴，失節敗德。劉歆在王莽篡位後任國師。後因其三子被王莽誅殺，乃密謀殺莽。事敗自殺而亡。

東漢的傅毅，字武仲，曾任大將軍竇憲的記室，後遷司馬。他黨埘竇家。班固，字孟堅，著《漢書》，《漢書》中有一部分是偷竊他父親班彪的遺著。他又收受金錢，為人父祖立傳。所以《文心雕龍》的〈史傳篇〉中說他有「遺親攘美之罪，徵賄鬻筆之愆」。

趙壹，字元叔。身長九尺，美鬚豪眉，望之甚偉。但持才傲物，為鄉黨所擯。馮衍，字敬通，為人虛浮不實，以勾通外戚免官。馬融，字季長，曾因得罪豪門（鄧太后家）而受到懲處，其後即不敢違忤勢家。曾為梁冀草奏告直臣李固，又曾作〈大將軍西第頌〉，因此「為正直所羞」。

蔡邕，字伯喈，在司徒王允座上慨歎董卓之被誅，原來他是得到董卓的徵召而官高陽侯的。懷私惠而忘公義，是以王允罵他「懷私遇，忘大節」，收付廷尉治罪，遂死獄中。

杜篤，字季雅，不修小節，不為鄉人所禮。在美陽時，與美陽令交遊，經常為人關說，從中牟利。美陽令若不聽從，他便恨恨不已。

孔融，字文舉，恃才負氣，為文鋒利簡潔，敢于嘲諷，觸怒曹操而被殺。彌衡，字正平，性剛傲物，結果被江夏太守黃祖所殺。

三國時，魏人吳質，字季重，少時游遨貴戚之間，不和鄉里人士往來。作了官，卻得不到里中正的士評。死後，以其在生時怙威肆行，謚曰「醜侯」。曹植，字子建，是曹操的第三個兒子，魏文帝曹丕的弟弟，《三國志》稱他「任性而行，飲酒不節」。

路粹，字文尉，有文采，而「性頗忿鷙」。孔融有過，曹操命他草奏，他寫得非常尖刻，致使孔融被誅。士君子雖「嘉其才，而畏其筆」。他自己後來也犯了法，殺了頭。

繁欽（繁音婆），字休伯，以文才機辯得名。史稱其「無格檢」，即是沒有原則，不知檢點。陳琳，字孔璋，曾事袁紹，為袁紹移書曹操，歷數曹操的過惡；後來卻歸順了曹操。曹操罵他：「你為袁紹作書罵我。常言說：『惡惡止其身。』你卻連我的祖父、父親都罵，真是太過分！」陳琳連連謝罪。

曹操因為愛才，沒有殺他。

劉楨字公幹，有文才。曹操為魏王時，王太子曹丕宴客，太子妃甄氏出拜；眾人都伏下身去，而劉楨卻平視，極為無禮。曹操要殺他的頭，後減罪配輸作部（有如今日的勞改營）磨石子。丁廙和哥哥丁儀都是曹植的好友，好多次勸曹操立曹植為王太子；曹丕後來作了皇帝，借故把丁家兩兄弟給殺了。

王粲字仲宣，《文心雕龍‧程器篇》說他「輕脆以躁競」。

楊修字德祖，弘農華陰人。他和丁廙、丁儀兄弟結成一氣要把曹植扶上王太子的位子，其人才思敏捷，好學能文。終因鋒芒太露，被曹操殺了頭。

晉嵇康字叔夜，為人傲慢無禮；好學多聞，作〈太師箴〉、〈管蔡論〉，抨擊司馬氏的專橫與偽善。鍾會邀賢儁之士數人往訪康，康不與交言，箕踞不禮，終為司馬氏所誅。

傅玄字休奕，天性峻急，不能有所容。與同列爭吵，諠譁過甚，為有司所奏而免官。

孫楚字子荊，多所陵傲，缺鄉曲之譽。為石苞參軍，自負才氣，對石苞多侮易。

陸機字士衡，事成都王司馬穎，為後將軍。少有異才，文章冠世。穎與河間王司馬顒起兵討長沙王司馬乂，兵敗或告機有異志，穎使收機，遂遇害。

潘安字安仁，性輕躁，趨世利，好乾沒（即貪污）。他的母親罵他：「一個人要知足，不可乾沒不已。」潘安始終不能改。

顏延之字延年，南朝宋人。好飲酒，不護細行。每犯權要，不能取容於當時。

謝靈運也是南朝宋人，性豪侈，車服鮮麗而常懷憤惋。興兵叛逸，終被殺。

王融字元長，南朝齊人。與竟陵王蕭子良友善。齊武帝病篤，他想矯詔立子良為帝，未能成功。皇太孫鬱林王登基後十餘日，收王融下廷尉獄，旋賜死。

謝朓字玄暉，文章清麗，長於五言詩，常輕江祐為人，卒為江祐所構陷而死。

北齊又有楊愔，字遵彥，史稱其「居端揆，權綜機衡，神無滯用。……自居大位，門絕私交，輕貨財，重仁義。前後賞賜，積累巨萬，散之九族。架篋之中唯有書數千卷」（《北齊書》卷二十四）。他作有〈文德論〉以為「古今辭人，皆負才遺行，澆薄險忌」。

到了隋朝末年，又有一位儒者王通，他所著《中說》一書中，也有一段評斷歷代文人的說話。他說：

「文士之行可見，謝靈運小人哉，其文傲。君子則謹。沈休文小人哉！其文冶，君子則典。鮑照、江淹，古之狷者也，其文急以怨。吳筠、孔珪，古之狂者也，其文怪以怒。謝莊、王融，古之纖人也，其文碎。徐陵、庾信，古之夸人也，其文誕。」或問孝綽兄弟。子曰：「鄙人也，其文淫。」或問宣東王兄弟，子曰：「貪人也，其文繁。謝朓，淺人也，其文捷。江摠，詭人也，其文虛。皆古之不利人也。」子謂顏延之、王儉、任昉，有君子之風焉，其文約以則。（〈事君篇〉）

王通所述各人：沈約，字休文，好用豔冶之辭。鮑照字明遠，宋臨江王參軍，由於官運不佳，故文多怨刺之語。江淹字文通，宋建平王從事；他犯事下獄，獄中上書，其言急迫。吳筠《南史》中無傳，或謂吳均之誤，又或謂王筠之誤。孔稚珪與江淹對掌文翰，不肯服淹。徐陵字孝穆，事陳後主，草擬詔冊，好裁緝新意，自成文體。劉孝綽，和兄弟孝威、孝儀，俱以才名。南齊湘東王蕭子建和兄長竟陵王子良、隋郡王子隆，皆好文章。江揔字揔持，事陳後主，不恃政事，詭佞無能。顏延之字延年，宋時為侍郎，常言「天下之務，當與天下共之。平生不拘小節，不營財利」。王儉字仲寶，南齊時任尚書令，文詞風流，自比謝安。任昉字彥升，梁時掌文教，後任太守；所得饋遺，分送親戚，所得俸祿，散與荒民。（或謂《中說》為偽書。明胡應麟稱該書「源流洞如，規模廓如，詞義秩如，溫如燁如。即性命天人之極，彼或未窺，是非大謬聖人者，固已鮮矣。（《筆叢》卷二十八）故予引述。）

唐魏徵奉命修《隋書》。其卷七十六〈文學傳〉後「史臣曰」載：

> 魏文有言：「古今文人，類不護細行，鮮能以名節自立。」信矣！王冑、虞綽之輩，崔儦、孝逸之倫，或矜氣負才，遺落世事；或學優命薄，調高位下。心鬱抑而孤憤，志盤桓而不定。嘯傲當世，脫略公卿。是知跅弛見遺，嫉邪忤物。不獨漢陽趙壹，平原禰衡而已。故多離咎悔，鮮克有終。

歸納以上所說文人的劣蹟，大約可分幾類：

其一，驕傲——露才揚己，目無餘子。

其二，佞媚——討好朝廷，黨坿權要。

其三，受賄——貪財好貨，收受賄賂。

其四，敗俗——悖慢犯法，無禮敗俗。

其五，酗酒——飲酒放縱，不理正事。

其六，豪侈——奢侈成性，一擲萬金。

其七，好色——家多姬妾，外宿妓家。

我們擬就以上七點，逐類討論，比較唐文人與唐以前文人，看看是否唐代的士風最壞。

三、驕傲與佞媚

驕傲似乎是許多文人都具有的天性，顏之推說：

> 文章之體，標舉興會，發引性靈，使人矜伐……一事恰當，一句清巧，神厲九霄，志凌千載。自吟自賞，不覺更有旁人。

唐士較驕傲的，杜甫的祖父杜審言可算一個。杜審言少與崔融、李嶠、蘇味道為文章四友，當時號稱崔、李、蘇、杜，杜審言排名最後。《舊唐書》一百九十〈文苑傳〉載：

> （杜）審言，進士舉。初為隰城尉。雅善五言詩，工書翰，有能名。然恃才謇傲，甚為時輩所嫉。乾封中蘇味道為天官侍郎（即吏部侍郎），審言預選（參加考試）。試判訖，謂人曰：「蘇味道必死。」人問甚故。審言曰：「見吾判，即自當羞死矣。」又嘗謂人曰：「吾之文章，合得屈，宋作衙官。吾之書跡，合得王羲之北面。」其矜誕如此。

王士貞：《藝苑卮言》中稱：「杜審言華藻整栗，小讓沈、宋。」胡雲翼在他的《唐詩研究》中說：「（蘇味道的〈正月十五夜〉詩）這樣的詩，沈佺期、宋之問亦不曾寫出幾首來。」王士貞說審言不如沈、宋，胡雲翼說蘇味道不比沈、宋差。也就是等於說：蘇尚強過杜。審言之看輕味道，並不恰當。

《新書》二百一〈文藝上〉，又載：

> 初，審言病甚，宋之問、武平一等省候何如，答曰「甚為造化小兒相苦，尚何言？然吾在，久壓公等。今且死，固大慰。但恨不見替人」云。

自命強過宋之問等，在生時壓過他們的名頭，又恨將死之時仍看不到能替代他（文章和他一樣好的人）的人出現！真是狂得離譜。而崔融死時，他居然為崔融服緦（帶孝）！似乎承認崔融確是「文章四友」之首。

杜審言的孫子杜甫，《新唐書》說他「性褊躁傲誕」、「曠放不自檢」。但「數嘗寇亂，挺節無所污。為歌詩，傷時橈弱，情不忘君。人憐其忠」。

又曰：王勃，「倚才陵藉，為僚吏共嫉」。李邕「矜肆，自謂且宰相」，「豪放不能治細行」。崔元翰「舉進士、博學宏辭、賢良方正，皆異等……然性剛褊，不能取容于時。孤特自恃」。李益「自負才，凌藉士，眾不能堪」。崔信明「以門望自負，嘗矜其文，謂過李百藥，議者不許」。

這些都是《唐書》〈文苑傳〉、〈文藝傳〉中所載的事迹。我們覺得也沒有什麼特別的地方。比起東漢見了司徒都不下拜的考生趙壹，對丞相還多輕侮之言的邊讓，唐朝的士人似乎還要「乖」些。我們讀楊惲的〈報孫會宗書〉，總覺得他才氣太大，度量太小；以宰相之子，太史公司馬遷的外孫，終因這狂傲尖刻的書信而受到腰斬。再看《後漢書》卷八十的〈彌衡傳〉：

> 彌衡字正平，平原般人也。少有才辯，而尚氣剛傲，好矯時慢物。興平中，避難荊州。建安初，來遊許下，始達潁川，乃陰懷一刺（名片），既而無所之適，至於刺字漫滅。是時許都新建，賢士大夫四方來集，或問衡曰：「盍從陳長文、司馬伯達乎？」對曰：「吾焉能從屠沽兒耶？」又問：「荀文若、趙稚長云何？」衡曰：「文若可借面弔喪，稚長可使監廚請客。」唯善魯國孔融及弘農楊脩。常稱曰：「大兒孔文舉，小兒楊德祖。餘子碌碌，莫足數也。」

按：陳群字長文，創九品官人之法；孔融先和他的父親陳紀為友，後又和他相交。因為陳群而拜陳紀，陳群由是有名。史稱他「在朝無適無莫，雅杖名義，不以非道假人」，「弘博不伐」。司馬朗字伯達，乃司馬懿的長兄。他十二歲便試經為童子郎；二十二歲，曹操辟他為司空椽屬。後任兗州刺史，「政化大行，百姓稱之。雖在軍旅，常粗衣惡食，儉以率下」。荀彧字文若，是曹操的謀士；曹操征戰在外，常命他留守中樞。這些人物都是一時之選，而彌衡竟輕視他們！

至於唐朝的袁朗，他的遠祖袁滂漢時任司徒，「自滂至朗十二世，其間位司徒、司空者四世。淑、顗、察皆死宋難，昂著節齊、梁時。朗自以中外人物為海內冠，雖琅琊王氏踵為公卿，特以累朝佐命有功，鄙不為伍」（《新書》二百一本傳）。他驕傲看不起王家，是因為自己的家世，不是文章，應當別論。

總之，在狂傲方面，唐文士似乎都比不上彌衡，比六朝文人也壞不到那裡去！再說佞媚。臺靜農先生在他的〈論唐代士風與文學〉（見《臺大文史哲學報》第十四期）一文中，首先提出唐文士和宮庭的關係。他認為唐初若干文士被宮庭視為倡優，若干大詩人且不以居於弄臣之列為恥。臺先生所列舉的，如「宰臣李嶠、蘇味道，詞人沈佺期、宋之問、徐彥伯、張說、閻朝隱、崔融、崔湜、鄭愔等」一人。在我們未作任何評論前，我們先摘一段《新唐書》卷二百九列傳第一百三十四〈酷吏傳〉序文：

> 武后乘高、中懦庸（指高宗和中宗），盜攘天權。畏下異己，欲脅制群臣，椔翦宗支，故縱使上飛變，構大獄。時四方上變事者，皆給公乘，所在護送，至京師，稟於客館。高者蒙封爵，下者被賚賜，以勸天下。於是索元禮、來俊臣之徒，揣后密旨，紛紛並興。澤吻磨牙，噬紳纓若狗豚然。至叛嚙臭達道路，冤血流離刀鋸。忠鯁貴疆之臣，朝不保昏。而后因以自肆，不出悼闥，而天命已遷。猶慮臣下弗懲，而六道使始出矣。

武后實行這種類似祕密警察方式的恐怖統治，人人朝不保夕。以來俊臣一人而論，同書又說：

> 來俊臣……天資殘忍，喜反覆……擢累侍御史，按詔獄，數稱旨。后陰縱其慘，脅制群臣。前後夷千餘族。

夷千餘族，不知被冤死了多少萬人！來俊臣用事之初，引用侯思止、王弘義、郭弘霸、李仁敬、康暐、衛遂忠一干人，「使飛語誣衊公卿，上急變。每擿一事，千里同時輒發，契驗不差。時號為『羅織』。……俊臣鞫囚，不問輕重，皆注醯於鼻，掘地為牢，或寢以匽溺，或絕其糧，囚至齧衣絮以食。大抵非死終不得出。每赦令下，必先殺重囚乃宣詔。又作大枷，各為號：一、定百脈。二、喘不得。三、突地吼。四、著即臣。五、失魂膽。六、實同反。七、反是實。八、死豬愁。九、求即死。十、求破家。後以鐵為冒頭。被枷者，宛轉地上，少選而絕。凡囚至，先布械於前示囚，莫不震懼，皆自誣服」。（本傳）

這些酷吏，大小通吃。宰相樂思晦便被來俊臣殺了全家。狄仁傑也曾被他們誣告下獄，而且已論死。後得面見武后，解說清楚，才免去了六族之誅！

我們又想起戰國的息夫人歸楚和晉石崇小妾綠珠的墜樓而死。楚王滅了息國，強娶息夫人；息夫人一弱女子，無力抗拒，她只有以從不對楚王笑臉相迎的態度，作消極的抵抗。晉姦臣孫秀要石崇把愛妾綠珠送給他，石崇不肯，因而被孫秀整得家破人亡。最後，綠珠對石崇說：「我終不能負你！」乃從樓上跳下，自殺而死。孫秀雖整死了石崇，卻仍沒得到綠珠！有詩人嘲息夫人，說：「記得息姬歸楚日，下樓還用侍兒扶！」又有人覺得這種諷刺刻薄的詩句太過分了些；「千古艱難唯一死，傷心不獨息夫人！」這兩句詩聽起來便舒服多了。李嶠、蘇味道這些人，生當武后擅權之際，他們那一天不是戰戰競競、生怕遭到羅織？因而不得已侍候武后、武家人。我們看起來，覺得他們像息夫人一樣，值得同情。換句話說：這些大文豪、大詩人之所以娛樂人主，非是自願，而是有其苦衷的。

創立北周的宇文泰，帶領一批關隴集團人士，實行陳寅恪先生所稱的關中本位政策，包括府兵制、周官制、解駢為散等。而武則天竊權後，即努力破壞關中本位政策（內見於陳寅恪：〈統治階級之氏族及其升降〉），例如努力提倡進士試、以詩文取士，破壞通經學之士族獨占政壇的局面。我們以為，武后之發動酷吏如來俊臣、周興等羅織政府大員，以詩酒籠絡文人，都是她反關中本位政策的一部分，因非本文討論之範圍，此處不再贅言。

上官儀被處死後，他的孫女上官婉兒，依例沒入宮庭。這位小姐頗有文才，善於作詩，她的詩，追隨上官儀之後，也是以綺錯婉媚為主。她時常替武后作詩，在武則天寵倖之下，居然領袖詩壇，左右文風。當時廣置昭文學士、盛引在朝詞臣，遊宴、唱和，專事綺麗。宮庭中的詩、酒、浪漫，彷彿回到了六朝陳後主的時代。

前代把文人當作弄臣的，像宋玉、東方朔，前節已經說過。我們現在再看《漢書》卷六十四上〈嚴助傳〉：

> ……上令嚴助等與大臣辯論。中外相應以義理之文。大臣數詘。其尤親幸者：東方朔、枚皋、嚴助、吾丘壽王、司馬相如。相如常稱疾避事。朔、皋不根持論，上頗俳優畜之。唯助與壽王見任用。而助最先進。

將文人以俳優畜之，漢已開其端。而朔、皋之徒，在漢宮庭中的地位、待遇，實不能和李嶠、蘇味道等相比。

再看南朝陳後主，以宮人袁大捨為女學士，每引賓客對張貴妃等遊宴，使諸貴人與狎客共賦新詩。《南史》卷三十六〈江夷傳坿江總傳〉載：

總……後主即位，歷吏部尚書、僕射、尚書令、加扶。既當權任宰，不持政務。但日與後主遊宴後庭，多為豔詩。好事者相傳諷翫，於今不絕，唯與陳暄、孔範、王瑳等十餘人，當時謂之狎客。由是國政日頽，綱紀不立。有言之者，輒以罪斥之。君臣昏亂，以至於滅。

再看《南史》列傳第六七〈恩倖傳〉中之〈孔範傳〉載：

範少好學，博涉文史。陳太建中，位宣惠江夏王長史。後主即位，為都官尚書。與江總等共為狎客。範容止都雅，文章贍麗；又善五言詩，尤見親愛。後主性愚狠，惡聞過失；每有惡事，範必曲為文飾，稱揚讚美。時孔貴人絕愛幸，範與孔氏結為兄妹。寵遇優渥，言聽計從，朝廷公卿咸畏範。範因驕矜，以為文武才能，舉朝莫及。從容白後主曰：「外間諸將，起自行伍，匹夫敵耳。深見遠慮，豈其所知？」後主以問施文慶。文慶畏範，益以為然，自是將帥微有過失，即奪其位，分配文吏。

江總、孔範等這些狎客們，主動出擊，導主於昏亂，終致國政日非，綱紀不立。最後使國家滅亡。唐玄宗避安祿山之亂入蜀。途中，他聽到有人唱歌：

……山川滿目淚霑衣，富貴榮華能幾時？不見祇今汾水上，年年唯有秋雁飛！

侍從官告訴他：「這是唐初李嶠的作品。」玄宗歎息說：「李嶠真才子也。」而蘇味道、沈佺期、宋之問等，都有好些不朽的作品流傳下來。臺靜農先生說他們的應制詩「既無諷刺、又無情志。除了辭藻浮誇，別無所有」（〈論唐代士風與文學〉）。說得一點不錯。但這並不表示他們不會作好詩。所謂「應制詩」，都是在沒有靈感的狀況下硬給逼出來的，所以只能用些美麗的辭藻來搪塞。這也是證明，他們的內心是苦悶的。他們為了爭寵、固位，之外，還要免於被羅織之苦。他們不但要保全自己的性命，還要保全家人，甚至九族的性命，也只能像息夫人一樣，忍辱偷生了。比起陳代的江總、孔範之輩，他們可要好得多。

四、貪財與敗俗

說到財富，我們第一個想到的人是晉朝的石崇。石崇是石苞的兒子；苞臨終，分財給五個兒子。石崇行六，石苞不分財產給他；苞妻以為不平，石苞說：「此兒雖小，後自能得。」石崇後來封為南中郎將、荊州刺史，領南蠻校尉，加鷹揚將軍。《晉書》卷三十三〈石苞傳坿石崇傳〉說他：

> 在荊州，劫遠使商客，致富不貲。……財產豐積，室宇宏麗。後房百數，皆曳紈繡，珥金翠。絲竹盡當時之選，庖膳窮水陸之珍。

又如晉朝竹林七賢之一的王戎：

王戎字濬沖，琅邪臨沂人也。……自經典選，未嘗進寒素，退虛名；但與時浮沉，戶調門選而已。尋拜司徒。雖位總鼎司，而委事僚寀。……性好興利。廣收八方園田水碓，周遍天下。積實聚錢，不知紀極；每自積牙籌，晝夜算計，恆若不足。……從子將婚，或遺其一單衣，婚訖而更責取。家有好李，常出貨之；恐人得種，恆鑽其核。（《晉書》卷四十三本傳）

姪子結婚，借給他一件單衣；結婚完了，馬上向姪子索取回來。這不但是愛財，而且還十分吝嗇，也就是世俗所謂的「守財奴」。

說到敗俗，〈石崇傳〉中又說：

（石崇）……與潘岳諂事賈謐。謐與之親善，號曰「二十四友」。廣城君每出，崇降車路左，望塵而拜。其卑佞如此。

按賈謐乃是韓壽的兒子，賈充的外孫。《晉書》卷四十〈賈充傳坿賈謐傳〉中說：

謐字長深，母賈午，充少女也。父韓壽，字德真，南陽堵陽人……美姿貌，善容止。賈充辟為司空椽。充母每讌賓僚，其（少）女輒于青璅中窺之，見壽而悅焉。問其左右：「識此人不？」有一婢說壽姓字，云：「是故主人。」女大感想，發于寤寐。婢後往壽家，具說女意。並言其女光麗豔逸，端美絕倫。壽聞而心動，便令為通殷勤。婢以白女，女遂潛修音好，厚相贈結，呼壽夕

> 入。壽勁捷過人，踰垣而至，家中莫知。惟充覺其女悅暢異于常日。時西域有貢奇香，一著人則經月不歇。帝甚貴之，惟以賜充及大司馬陳騫。其女密盜以遺壽。充僚屬與壽燕處，聞其芬馥，稱之於充。自是充意知女與壽通。而其門閤嚴峻，不知所由得入；乃夜中陽驚，託言有盜，因使循牆以觀其變。左右白曰：「無餘異。惟東北角如狐狸行處。」充乃拷問女之左右，具以狀對。充祕之，遂以女妻壽。

這便是韓壽偷香的故事，在當時是非常傷風敗俗之事；據說賈充為怕家醜外揚，把知情的婢女給殺了。賈充後來絕了子嗣，把外孫韓謐過繼到賈家，改姓賈叫賈謐。石崇為什麼要巴結賈謐呢？《晉書》中又說：

> 謐好學，有才思。既為（賈）充嗣，繼佐命之後，又賈后（賈充之女，賈謐的姨母）專恣，謐權過人主，至乃鏁繫黃門侍郎。其為威福如此。

賈謐「權過人主」，怪不得石崇等「二十四友」中人都要巴結他。至於誰是廣城君呢？廣城君郭槐，是賈充的妻子，應該是賈謐的外婆，但賈謐既然過繼到賈家，廣城君倒成了賈謐的祖母了。她也是賈皇后的母親，歷史上說她奇妬。賈充之所以無後，乃是她一手造成。《晉書》卷四十載：

（賈）充婦廣城君郭槐，性妬忌。初，黎民（賈充之子）三歲，乳母抱之當閤。黎民見充入，喜笑。充就而拊之。槐望見，謂充私乳母，即鞭殺之（乳母）。黎民戀念，發病而死。後又生男，過朞（週歲），復為乳母所抱。充以手摩其頭。郭疑乳母，又殺之。兒亦思慕而死。充遂無胤嗣。

一個讀書人貪財貪到「劫遠使商客」，好色好到要誘姦未成年少女，真是駭人聽聞。唐代臭名昭彰的許敬宗、李林甫，有名的聲色杜牧，他們也只能暗中收賄，逛逛花街柳巷，和石崇、韓壽比較，似乎還要好一點點呢！

而石崇之事賈謐，「廣城君每出，崇降車路左，望塵而拜」。這種黨坿權要的佞媚行為，尤令人作嘔！

五、豪侈

李樹桐《唐史新論》中論及唐代士風，引《唐摭言》卷三中所說的話：

（唐懿宗）咸通中，進士及第過堂後，便以騾從。車服侈靡之極；稍不中式，則從加罰金。

因而認為唐代士風尚奢侈。三十年前，我們拜讀李先生此文，便覺得有些不妥之處。例如，文中說：

「所以孟子在梁國住了幾天也就走了！」孟子在「梁」見到的魏惠王，是住在魏國的京城大梁，可沒有梁國。又如：「傳到東漢時代，政府的官吏，幾乎全由孝廉出身了。」我們讀《後漢書》，有列傳者四百餘人；出身孝廉，有傳可查考的，不過一百三十二人而已，尚不到三分之一。這些都是顯而易見的「與事實不符」。又如：「一般士人，苟能作官榮顯，求得富貴，當然就不顧德行了。所以唐代科舉制度下，道德比較墮落。」這樣的推理，我們也覺得不甚妥當。至於說「自命為堯、舜、禹、湯、文、武、周公、孔子、孟軻以後中國道統繼承人的韓愈，想來應當是道德高尚了，但是事實並不如是」。然後李先生舉《唐語林》卷六的話，說「文公有絳桃、柳枝二妾」。假如說有妾二人的仕宦便是道德不高尚，不但在唐代無人同意，即以現在厲行一夫一妻制的社會來說，同意的人可能都很少！

說起奢侈，《晉書》卷四十二〈王渾傳附王濟傳〉載：

> 濟……性豪侈，麗服玉食。時洛京地甚貴，濟買地為馬埒，編錢滿之，時人謂之「金溝」。王愷以帝舅奢豪，有牛名「八百里駁」，常瑩[1]其蹄角。濟請以錢千萬與牛對射而賭之，愷亦自恃其能，命濟先射。一發破的；因據胡床，叱左右速探牛心來。須臾而至，一割便去。……帝嘗幸其宅，供饌甚豐。悉貯琉璃器中，蒸㹠[2]甚美。帝問其故。答曰：「以人乳蒸之。」帝色甚不平。食未畢而去。

1 修整之意。
2 乳豬。

一千萬錢一頭牛，只在牛心上「一割便去」，真是太過豪奢。這一段故事，《世說新語》說得更清楚：

> 武帝嘗降王武子家（濟字武子）。武子供饌，竝用琉璃器。婢子百餘人，皆綾羅絝褷，以手擎飲食。蒸㹠肥美，異於常味。帝怪而問之。答曰：「以人乳飲㹠。」帝甚不平。食未畢便去。王、石（指王愷與石崇）所未知作。
>
> 王君夫有牛名「八百里駮」，常瑩其蹄角。王武子語君夫：「我射不如卿。今賭指卿牛，以千萬對之。」君夫既持手快，且謂駿物無殺理，便相然可，令武子先射。武子一起便破的。卻據胡床，叱左右「速探牛心來！」須臾炙至，一臠便去。

王君夫即王愷。他是晉武帝的舅父，常與石崇鬥富，也常輸給石崇。而在其前，太尉何曾也是奢侈出名的：

> 性奢豪，務在華侈。帷帳車服，窮極綺麗。廚膳滋味，過於王者。每燕見，不食太官所設。帝輒命取其食。蒸餅上不坼作十字不食。食日萬錢，猶曰無下箸處。人以小紙為書者，敕記室勿報。劉毅等數劾奏曾侈汰無度。帝以其重臣，一無所問。（《晉書》卷三十三）

他的兒子何劭，驕奢不減乃父：

劭字敬祖……驕奢簡貴，亦有父風。衣裘服翫，新故巨積。食必盡四方珍味。一日之供，以錢二萬為限。時論以為太官御膳，無以加之。（《晉書》卷三十三〈何曾傳附何劭傳〉）

至於常和王愷鬥富的石崇，據《晉書》卷三十三本傳載：

崇……財產豐積，室宇宏麗。後房百數，皆曳紈繡，珥金翠。絲竹盡當時之選，庖膳窮水陸之珍。與貴戚王愷、羊琇之徒以奢靡相尚。愷以粭澳釜[3]，崇以蠟代薪。愷作紫絲步障四十里，崇作錦步障五十里以敵之。崇塗屋以椒，愷用赤石脂。崇、愷爭豪如此。武帝每助愷，嘗以珊瑚樹賜之，高二尺許，枝柯扶疏，世所罕比。愷以示崇。崇便以鐵如意擊之，應手而碎。愷既惋惜，又以為嫉己之寶，聲色方厲。崇曰：「不足多恨，今還卿。」乃命左右悉取珊瑚樹，有高三四尺者六七株；條幹絕俗，光彩曜日。如愷比者甚眾，愷怳然自失矣。

何劭一日兩萬錢供菜餚，已是奢侈得太過分。石、王兩人用絲、錦作步障，且動輒數十里，簡直是暴殄天物。又把兩尺多高、枝葉扶疏的珊瑚擊碎，不要說在當時，即使在今日，潛水工具發達，漁取珊瑚遠為容易，如此的珊瑚樹，價值也非常高。隨手打碎，聽來都覺得不可原諒！要說奢侈，唐士人誰也比不上。

3 用米湯沃鍋。

六、酗酒

說到好酒的唐士人，我們第一個想到的便是自稱「酒中仙」的李白：

李白，字太白，山東人（按，應是隴西成紀人，《舊唐書》有誤）。……少與魯中諸生孔巢父、韓沔、裴政、張叔明，陶沔等隱於徂徠山，酣歌縱酒。時號「竹溪六逸」。天寶初……與（道士吳）筠俱待詔翰林。白既嗜酒，日與飲徒醉於酒肆。玄宗度曲，欲造樂府新詞，亟召回，白已臥於酒肆矣。召入，以水灑面，即令秉筆，頃之成十餘章。帝頗嘉之。嘗沉醉殿上，引足令高力士脫靴，由是休去。乃浪跡江湖，終日沉飲……竟以飲酒過度，醉死於宣城。（《舊唐書》卷一九〇下）

他如：

王澣，并州晉陽人。少豪蕩不羈，登進士第，日以蒲酒為事。（《舊唐書》卷一九〇中）

崔咸字重易，博陰人。……元和二年進士擢第，又登博學宏詞科。……累遷陝州大都督府長史、陝虢觀察等使。自旦至暮，與賓僚痛飲，恆醉不醒。（《舊唐書》卷一九〇下）

崔顥者，登進士第，有俊才，無士行。好蒲博飲酒。（《舊唐書》卷一百九〇下）

溫庭筠者，太原人，本名岐，字飛卿。大中初，應進士，苦心硯席，尤長於詩賦。初至京師，人士翕然推重。然士行塵雜，不脩邊幅。能逐弦吹之音，為側豔之詞。公卿家無賴子弟裴誠、令狐縞之徒，相與蒱飲，酣醉終日。由是累年不第。（《舊唐書》卷一百九〇下）

賀知章，會稽永興人……少以文詞知名，舉進士。……性放曠，善談笑，當時賢達皆傾慕之。……晚年尤加縱誕，無復規檢，自號四月狂客，又稱「祕書外監」。遨遊里巷，醉後屬詞，動成卷軸。文不加點，咸有可觀。……時有吳郡張旭，亦與知章相善。旭善草書，而好酒。每醉後號呼狂走，索筆揮灑，變化無窮，若有神助。時人號為張顛。（《舊唐書》卷一百九〇中）

大詩人杜甫有〈飲中八仙歌〉云：

知章騎馬似乘船，眼花落井水底眠。汝陽三斗始朝天，道逢酒車口流涎，恨不移封向酒泉。左相日興費萬錢，飲如長鯨吸百川，銜杯樂聖稱避賢。宗之瀟灑美少年，舉觴白眼望青天，皎如玉樹臨風前。蘇晉長齋繡佛前，醉中往往愛逃禪。李白一斗詩百篇，長安市上酒家眠；天子呼來不上船，自稱臣是酒中仙。張旭三杯草聖傳，脫帽露頂王公前，揮毫落紙如雲煙。焦遂五斗方卓然，高談雄辯驚四筵。

歌中所說八人，首為賀知章，依次為汝陽王李璡、左相李適之、名士崔守之和蘇晉、詩人李白、草聖張旭，最後一人為布衣焦遂。

筆者不善飲酒，平生醉過一次；酒醒之後，只覺頭痛欲裂，渾身痠疼。不知為何有人好醉酒！林語堂先生說：

我雖然沒有飲酒資格，但不能即將這個題目（指飲酒）置而不論。因為這樣東西比之別物更有所助於文學，也如吸煙在早已知道吸煙之術的地方一般，能有助於人類的創作力，得到極持久的效果。（《生活的藝術》第九章第六節）

怪不得李白作詩要喝酒，「一斗酒詩百篇」。張旭也要喝酒，喝了酒再寫字，便能「揮毫落紙如雲煙」，「索筆揮洒，若有神助」。

筆者任外交官四十餘年。個人的經驗，應酬不外三種。第一種是官式應酬。《史記・滑稽列傳》中，淳于髡答齊王問：

問曰：「先生能飲幾何而醉？」

對曰：「臣飲一斗亦醉，一石亦醉。」

威王曰：「先生飲一斗而醉，惡能飲一石哉？其說可得聞乎？」

髡曰：「賜酒大王之前，執法在旁，御史在後。髡恐懼俯伏而飲，不過一斗醉矣。」（卷一百二十六）

這是官式應酬。以今日的情形來解說，譬如外交部長請客，次長也都在左右；而你是某地域司（如：亞西司）的科長，賓客大都說俄語和阿拉伯語，而你最擅長的只是英、法、西語和日語。坐在你兩旁的外國女士可能非絕世美女，身上又噴灑著味道濃厚的香水，大聲說著聽不懂的異國語言，讓人覺得坐立難安。你一個人坐在中間，窮喝悶酒，大概三杯下肚便可能醉了。

若是好朋友多年不見，海外相逢，坐下來吃飯，大家天南地北的閒聊。聽說別後情況，兼及往日相處時的糗事。大家都喝著陳年紹興，或者名貴的紅酒，細斟慢酌，惟恐宴會結束得太早，這麼個喝酒，就是喝到天亮也不會醉。

這是第二種應酬。

至於婚、喪、滿月、賀壽等筵席，你心不甘、情不願的去參加，還要「繳費」；那怕主人是大混蛋，你還得揀好的說。請帖上說是七時入席，到九點多鐘，來賓語無倫次的致詞可還沒有致完。在這種場合裡，別說喝酒，多坐一分鐘便是多受一分鐘罪。酒還沒喝，人都覺得有醉了的感覺。這是第三種應酬。

我們研究唐士人之好酒，雖然有醉酒醉死的——那一個時代都有的事——；有愛招妓佐酒的，有如今日之上酒家；也有喝酒賭博的，所謂痛飲。但一般說起來，只要不耽誤公事，不打擾旁人，飲酒賦詩，並非什麼壞事。我們拿前面曾引述的崔咸為例：

咸累遷陝大都督府長史[4]、陝虢觀察等使。自旦至暮，與賓僚痛飲，恆醉不醒。簿領堆積，夜分省覽，剖判決斷，無毫氂之差。胥吏以為神人。入為右散騎常侍、祕書監。太和八年十月卒。（《舊唐書》卷一百九十下）。

不特如此，史家還稱讚崔咸：「及登朝，歷踐臺閣，獨行守正，時望甚重。」（《舊書》一百九〇下）此等人物，雖說「自旦至暮，恆醉不醒」；但他從沒貽誤公務，而且「歷踐臺閣」守正不阿，誰能說他敗壞士風呢？

又如天寶初年的左相李適之，「雅好賓友，飲酒一斗不亂。夜則宴賞，晝決公務。庭無留事」（《舊書》卷九十九本傳）。雖喝酒，而能「庭無留事」，即是沒有積壓公文。這種飲酒，也不能說是敗壞士風吧。

我們現在來看看唐以前的士人如何縱酒、誤事。

王澄，字平子。他是「口中雌黃」晉太尉王衍之弟。王澄任荊州刺史之時：

既至鎮，日夜縱酒，不親庶事。雖寇戎急務，亦不以在懷……巴蜀流人散在荊、湘者，與土人忿爭。遂殺縣令，屯聚樂鄉，澄使成都內史王機討之。賊請降，澄偽許之。既而襲之于寵州，以其妻子為賞，沉八千餘人于江中。於是益、梁流人四五萬家一時俱反，推杜弢為主。

4 長史，有如今日之祕書長。

> 南破零陵，東掠武昌；敗王機于巴陵。澄亦無憂懼之意，但與機日夜縱酒，投壺博戲，數十局俱起。殺富人李方，取其家資以賜郭舒[5]……。（《晉書》卷四十三〈王戎傳附王澄傳〉）

王衍有重名於世，而又以信口雌黃出名。他的妻子郭氏，剛愎貪戾，聚斂無厭，而且好干預人事。親兄弟王澄，得到兄長的誇讚，說他「落落穆穆然」，因而顯名。都是好酒的賭徒。據說他勇力絕人，盛名高於王敦，素為王敦所忌。王澄也瞧不起王敦。王敦任江州刺史，鎮豫章。王澄奉晉元帝召，途經江州，對王敦還是不禮貌。王敦想殺他，一則忌王澄之勇力，一則王澄尚有二十餘持鐵馬鞭的衛士，不敢造次。於是把二十餘衛士灌醉，然後誣王澄和叛人杜弢私通，令力士路戎把王澄給縊殺了。若和唐代的崔咸比較，王澄實在差太遠。

每讀《晉書》，讀到所謂「竹林七賢」，胸中常有一股不平之氣。當時如何晏、阮籍、劉伶之輩，「有高名于世，而口談浮虛，不遵禮法。尸祿耽寵，仕不事事。至王衍之徒，聲譽太盛，位高勢重，不以物務自嬰。遂相倣效，風教陵替」。讀他們的傳，豈能不恨恨？

我們現在再來看看「竹林七賢」這班人喝酒的德性。先說阮籍。《晉書》卷四十九〈阮籍傳〉載：

> 阮籍字嗣宗，陳留尉氏人也。……嗜酒能嘯，善彈琴。當其得意，忽忘形骸。……太尉蔣濟聞其有儁才而辟之……乃就吏。後謝病歸。復為尚書郎；少時，又以病免。……籍由是不與世事，遂

---

5 郭舒本寒倅，王澄提拔他任荊州別駕。晉時，刺史之下有長史，長史之下有別駕。都是地方官。

酣飲為常。文帝初欲為武帝求婚於籍，籍醉六十日，不得言而止。……及文帝輔政，籍嘗從容言於帝曰：「籍平生曾游東平，樂其風土。」帝大悅，即拜東平相。籍乘驢到郡……旬日而還。聞步兵營廚人善釀，有貯酒三百斛，乃求為步兵校尉。遺落世事，雖去佐職，恆游府內，朝宴必與焉……母終，正與人圍棊，對者求止，籍留與決賭……。

又如：

（阮）咸字仲容……任達不拘，與叔父籍為竹林之游，當世禮法者譏其所為……諸阮皆飲酒。咸至，宗人間共集，不復用杯觴斟酌，以大盆盛酒，圓坐相向，大酌更飲。時有群豕來飲其酒，咸直接去其上，便共飲之。群昆弟莫不以放達為行……向秀，字子期……後為散騎侍郎轉黃門侍郎、散騎常侍。在朝不任職，容跡而已。劉伶，字伯倫，沛國人也……與阮籍、嵇康相遇，欣然神解，攜手入林……常乘鹿車，攜一壺酒，使人荷鍤而隨之。謂：「死便埋我。」……嘗為建威參軍。泰始初對策，盛言無為之化。時輩皆以高第得調，伶獨以無用罷……。

竹林七賢，以山濤為首。而後有王戎、阮籍、阮咸、嵇康、向秀、劉伶等。這些人，崇尚玄虛，其實為釣名；不遵禮法，其實是演戲。若真的崇尚玄虛，便應淡泊名利；他們卻玩玄虛的把戲以邀名。既得了名，他們「不知奔競之恥，以求官職。既得了官職，復不羞寵賂之彰，懷私茍得。他們口談玄虛，心冀名利。一登高位，乃以玄虛為幌，不恤國事」；「吾人觀七賢之行為，可知晉祚之必亡」（以上為薩孟武先生語。見《中國社會政治史》第二冊第六章第二節）。晉侍中、左僕射裴頠在其〈崇有論〉中即曾批評過。他說：

……悠悠之徒，駭乎若茲之釁，而尋艱爭所緣。察乎偏質有弊，而睹簡損之善。遂闡貴無之義，而建賤有之論。賤有則必外形，外形則必遺制，遺制則必忽防，忽防則必忘禮；禮制不成，則無以為政矣。……是以立言藉其虛無，謂之玄妙。處官不親所司，謂之雅遠。奉身散其廉操，謂之曠達。故砥礪之風，彌以陵遲。放者因斯，或悖吉凶之禮，而忽容止之表。瀆棄長幼之序，混漫貴賤之級。其甚者至於裸裎，言笑忘宜，以不惜為弘，士行又虧矣……。（見《晉書》卷三十五〈裴秀傳附裴頠傳〉）

阮籍「不願作官」，聽說步兵營貯有好酒，便請求補步兵校尉；母親死了，他正同人下棋，對方要停止，他卻堅持要分出勝負。這種沽名釣官、母死無動於衷等滅絕人性的行為，真是和畜生差不多。嵇康有留下〈與山巨源（即山濤）絕交書〉一篇文章，其文尖銳刻薄，沒有一點厚道之心，讓受信者十分不堪。

七賢之外，又有所謂「八達」，包括阮孚、阮放、謝鯤、胡毋輔之、畢卓、羊曼、光逸和桓彝等八人，都是酒徒。他們的行為，《晉書》卷四十九有載：

阮孚……元帝以為安東參軍，蓬髮飲酒，不以王務嬰心。終日酣飲，恆為有司所按，帝每優容之。

阮放……時雖戎車屢駕，而放侍太子，常說老莊，不及軍國。

謝鯤……任達不拘。鄰家高氏女有美色，鯤嘗挑之；少女投梭折其兩齒，時人（譏之）。鯤聞之，傲然長嘯曰：「猶不廢我嘯歌……不徇功名，無砥礪行。居身於可否之間……。」胡毋輔之……性嗜酒，不拘小節。……為建武將軍樂安太守。晝夜酣飲，不親郡事……。

畢卓……比舍郎釀熟……夜至其甕間，盜飲之，為掌酒者所縛……。

羊曼……累遷晉陵太守，以公事免。曼任達頹縱，好飲酒。

光逸……棄官，投胡毋輔之。……初至，屬輔之與謝鯤、阮放、畢卓、羊曼、桓彝、阮孚散髮裸裎，閉室酣飲已累日。逸將排戶入，守者不聽。逸便於戶外，脫衣露頭，於狗竇中窺之而大叫……輔之……遽呼入，遂與飲不捨晝夜。

我們發現，這批「賢」「達」之好飲，實係將酒當成演戲的道具。記得當年日本派芳澤謙吉到臺北與我政府談判中日和約，每逢有困難發生之時，芳澤即猛吸煙。吸煙是假，真正的目的是爭取時間，以便能深思熟慮。這些賢達，把煙改成酒。假如郡事無法處理，便乾脆天天喝酒，借醉不理。阮籍不願和司馬家結親，便借酒連醉六十天，使文帝沒有開口的機會。羊曼知道王敦有不臣之心，雖然作了他的右長史，有很肥的一份俸祿；羊曼又要俸祿，又怕牽涉到叛國行為之中，於是終日酣飲；「敦以其士望，厚加禮遇，不委以事，故得不涉其難」。鍾會曾以時事問阮籍，「欲因其可否而致之罪，皆以酣醉獲免」。他們的喝酒，和芳澤謙吉的抽煙，實有異曲同工之妙。

而這些「賢達」取官的工具，卻是《道德經》和《南華經》，其實，老、莊之言，並非治理國家的憲法，甚至儒家的五經都不是。薩孟武先生說：

何況五經所述者多係儒家道德之言，雖可供政治家修身之用，而卻未必可供為政治家治國的參考。太學用五經課試，其所培養的人往往是循常習故之徒，而非奮發有為之士。令其治國，國何能治？（《中國社會政治史》二冊五章二節）

所以，賢達們沒有治國理民之能，只好閉門終日酣飲來混日子，根本不親庶務了。不是不為，而是不能。

說到這裡，我們反過頭去看唐士人的飲酒，第一、他們不是把酒當道具。第二，他們飲酒無害於他人。第三，他們飲酒是為了激發詩興，或者激發潛能，而寫出不朽的草書來。至少像崔咸那樣，雖終日酣飲，而夜分省覽簿領，剖判決斷，無毫釐之差，我們佩服他直像「神人」。

七、科舉與士風

秦始皇統一中國之後，廢除封建，設立郡縣。世官之制已不復存在，代之而起的便是公開取士之制。漢高帝劉邦便曾「試吏而任亭長」。夏侯嬰也曾由考試而補縣吏。漢朝建立之後，公開取士之制，更由吏職擴展到中下級官員。漢文二年十一月詔公卿薦舉賢良方正、能言極諫者。武帝元光元年冬十一月初，令郡國各貢舉孝廉各一人。宣帝元康四年正月，遣大中大夫等十二人循行天下，察舉茂才異倫之士。均見《漢書》各本紀。都是「試」與「舉」並行的局面。

要受貢舉為孝廉是非常不容易的。西漢的孝廉，我們在《漢書》各列傳中僅找出二十五人；其中十五人為現任官吏，非現任官僅十人。東漢孝廉較多，在《後漢書》四百餘列傳中，找出一百三十二人；其中現任官被察舉者三十九人，非現任者九十三人。如斯而已。

到了曹魏，魏文接受陳群的建議，建立九品中正之制（按：九品中正制在漢獻帝延康元年，也就是魏文帝黃初元年，由陳群建議而付諸實行）。據薩孟武先生《中國政治社會史》卷二第五章第三節所說：

> 所謂九品中正是謂州置大中正，郡縣置中正，令其品第管內人物，分為九等。凡言行修者則升進之。倘若道義虧缺，則降下之。

等於是把選舉人才之權，責成專人處理。

立制之初，舉官之權並不完全操於中正之手，他們上面還有司徒和吏部。杜佑《通典》志十四〈歷代選舉例〉：

> 晉依魏氏九品之制，內官吏部尚書、司徒左長史，外官州有大中正，郡國有小中正，皆掌選舉。凡吏部選用，必下中正，徵其人居及父祖官名。

這是由上而下。至於由下而上，趙翼說：

小中正品第人才，以上大中正。大中正核實，以上司徒，司徒再核，然後送尚書選用。（《廿二史箚記》卷八〈九品中正〉）

但任何制度都不可能十全十美。鄉邑清議最多只能考定一個人的德行。不履任，既不能表現出一個人的才幹，也不能測出其人是否清廉，是否敬業。九品初立之際，「猶有鄉論遺風」（《晉書》三十六〈衛瓘傳〉）。但一般人都具私心；中正既有品第人物之權，不免黨同伐異，以私意裁定，以喜怒升降。兼之，中正多由「士族」所把持，他們不免推舉族類，「尊世冑，卑寒士，權歸右姓」（《新唐書》一九九〈柳沖傳〉）。而後，作大官的都是世族，辦庶事的卻都是寒門了。因之，隋建立之後，即以科舉代替九品官人之法。考試之前，人人平等；能否任官，各憑本領。

我們讀歷史發現，無論漢代的鄉舉里選、魏晉南北朝的九品中正、乃至於隋、唐的科舉，舞弊的行為每一個朝代都有。

先說舉孝廉。《後漢書》卷六十六〈陳蕃傳〉載：

民有趙宣葬親而不閉埏隧（墓道），因居其中。行服二十餘年，鄉邑稱孝，州郡數禮請之。郡內以薦蕃，蕃與相見。問及妻、子，而宣五子皆服中所生。蕃大怒曰：「聖人制禮，賢者俯就，不肖企及。且祭不欲數，以其易黷故也。況乃寢宿冢藏，而孕育其中，誑時惑眾，誣汙鬼神乎？」

遂致其罪。

這正如《韓非子》第七篇〈二柄中〉所說：「人主好賢，則辟臣飾行以要其君。」皇上要舉孝廉，趙宣便假裝行服二十餘年；其實，卻在墓道中和妻子生男育女！這是作假。當然還有請託的。《後漢書》卷六十四〈史弼傳〉載：

（史弼）……遷河東太守，被一切詔書當舉孝廉。弼知多權貴請託，乃豫勑斷絕書屬。中常侍（太監）侯覽果遣諸生齎書請之並求假鹽稅，積日不得通。生乃說以他事謁弼，而因達覽書。弼大怒曰：「太守忝荷重任，當選士報國。爾何人？而偽詐無狀？」命左右引出，楚撻數百……遂付安邑獄，即日考殺之。侯覽大怨，遂詐作飛章下司隸，誣弼誹謗，檻車徵……。

至於九品中正，行到南北朝，士只有門第之分，沒有賢劣之別了。後魏於宣武帝元始元年，「罷諸郡中正」（《通典》卷十四〈歷代選舉中〉）。隋文帝開皇年間也廢除了九品中正之制（參閱《文獻通考》卷二十八〈舉士〉），代以科舉。科舉分兩類：一是貢舉，每歲由各州依常科舉人；隋書卷一〈文帝紀〉開皇七年春正月乙未，「制諸州歲貢三人」。一是制舉，由皇帝自定科目，令百官舉之。

無論是鄉舉里選、九品中正或科舉制度，都是讀書人經之以獲官位的橋樑。不肖之徒，當然會走漏洞、通關節、請託、舞弊。今人李樹桐在他的〈唐代的科舉制度與士風〉（《唐史新論》）一文中說：

無論明經、進士或其他科，及第的為官為宦（這句話不甚妥當），前途似錦；落第者望塵莫及。所以應試的人的唯一目的為及第和作官，其他全置之第二、第三，甚或不顧。在這樣的情形下，一般士人，為能作官榮耀，求得富貴，當然就不顧德行了！所以唐代科舉制度下，道德比較墮落。這是科舉制度的流弊之一。

我們對李氏的論點不敢苟同。士人在科舉制度下求官「道德」便「比較墮落」，在其他制度下求官的士人便道德高尚些？現今盛行選舉，無論是人民代表或地方首長，選上之後，自然也是前途似錦，光宗耀祖。假如有人說：「一般人為了達到當選的目的，其他全置之第二或第三，甚或不顧。所以，在選舉制度下，道德比較墮落。」其人若不是喪心病狂，便是沒有知識！不懂邏輯。自古至今，作買賣的目的都是為賺錢，假如我們說：「作商人的為了賺錢便什麼都不顧，所以，他們的道德是比較墮落的！」這像話嗎？完全不合乎邏輯，不合乎經濟學的原理。

我們承認唐代科舉是有請託、舞弊等行為；但不見得唐代有了科舉制度便讓士人道德墮落了！而其他朝代則否。

八、上書求官

上書當道求官，春秋戰國之時已非常普遍，不必細述。漢代上書求官的，如東方朔：

武帝時，齊人有東方生名朔，以好古傳書，愛經術，多所博觀外家之語。朔至長安，至公車上書。凡三千奏牘。公車[6]令兩人共持舉其書，僅然能勝任之。人主從上方讀之。止，輒乙其處。讀之二月乃盡。詔拜以為郎。常在側侍中。（《史記・滑稽列傳》，卷一二）

這是漢時上書得官的先例。到了漢宣帝時，學者劉向，也是從獻文起家的：

向字子政，本名更生。年十二，以父德（其父名德）任為輦郎。既冠，以行修飾擢為諫大夫。是時，宣帝循武帝故事，招選名儒俊材置左右。更生以通達能屬文辭，與王褒、張子僑等並進對。獻頌賦凡數十篇。上復興神傳方術之事，而淮南有枕中鴻寶苑祕書，書言神僊使鬼物為金之術，及鄒衍重道延命方，世人莫見。而更生父德，武帝時治淮南獄得其書。更生幼而讀誦，以為奇，獻之，言黃金可成。上命典尚方鑄做事，費甚多，方不驗。上乃下更生吏。吏劾更生鑄偽黃金，繫當死。更生兄陽城侯安民上書，入國戶半，贖更生罪。上亦奇其材，得踰冬減死論。會初立穀梁春秋，徵更生授穀梁，講論五經於石渠。復拜為郎中，給事黃門，遷散騎，諫大夫，給事中。（《漢書》卷三十六）

劉向乃一代名儒，為了要作官，上書獻賦獻頌之外，居然上書獻「使鬼神為金」的荒謬之書。若不

6 公車，漢官署名。《後漢書・光武帝紀》：「舉賢良方正各一人，遣詣公車。」、《漢官儀》：「公車掌殿司馬門，天下上事及徵召總領之。」

是他的哥哥以國戶贖，劉向差一點便被斫了頭。

唐代的投卷風氣頗盛。所謂投卷，乃舉人（包括明經、進士各科）將自己的作業，如詩、賦、雜文、甚至傳奇小說之類，投獻給名流，甚或主持考試的官員，給他們一個印象。過若干時日，再投作業，謂之溫卷，加強受卷人對投卷者的印象。當然也有投書給當道的，請求辟舉。幼時讀《古文觀止》，中有李白〈上韓荊州書〉一文，開頭便說：

> 白聞天下談士相聚而言曰：「生不願封萬戶侯，但願一識韓荊州。」何令人之景慕，至於斯邪？

又說：

> 一登龍門，則聲價十倍。[7]

這一套拍馬屁的話，受信的人看了，能不感動都難。韓文公「四舉於禮部乃一得」（指考了四次才考上進士），「三選於吏部卒無成」。因而上書宰相，請求提拔。他的〈上宰相書〉，今日讀起來，既無李白那樣的馬屁話，措辭也不夠圓活。而當時的三位宰相：趙憬、賈耽和盧邁，又都「不太識貨」。所以，韓愈三上書，都如石沈大海，了無回音。

---

7 據《舊唐書》卷一百〈韓思復列傳〉載：子朝宗，天寶初為京兆尹。

對於韓文公的上書求官，今人李樹桐十分不能諒解。他說：

以遑遑仁義的端士韓愈，在未得位之前，其上宰相書，猶且如此之急切。其他不遑遑仁義的非端士們，其上書求憐的情形，必更甚於韓愈。不過韓愈以文章名於世，其文得傳。其他遠遜於韓者，其文不得傳罷了。（《唐史新論‧從科舉看唐代士風》）

大學畢業生寫信給外國大學申請獎學金，教授作論文上書國科會請求補助，學有專長的技師上書公司董事長求職，候選人發表政見請求選民投他一票，以使他能出任縣、市長或民意代表。依照李先生的看法，這些人都不是「端士」了。韓愈長於論說，反對駢文；而唐時吏部試中的「判」，便要用駢文寫。我們今天能讀到的，如白居易的《甲乙判》，張鷟的《龍筋鳳髓判》，都是駢文；是以，文公一直認為吏部主試官員不公正。他曾上書罵主試官崔鵬（參閱馬起華：《韓文公年譜》。商務人人文庫本）。

其次，他的信裡頭沒有一句像李白〈上韓荊州書〉中的那些阿諛奉承的話。此外，他也不像劉向那樣上鬼神變黃金的書，賄賂皇上——還是欺騙皇上？至於說其他沒有流傳下來的「上書」，推測之辭，豈可作準？我們讀程學恂先生的《韓詩臆說》，覺得他的評論相當公正，相當客觀：

公三上宰相書，自先儒有論說，後來耳食之流，多謂此公一生短處。不知於此果其疚於心而害於義，則大節已虧，餘尚何足多耶？故須識得此正公之安身立命處。蓋公學孟子者也。孔子言三月無君則皇皇，則弔，何嘗不急？又言入孝出弟，守先王之道，則傳食諸侯不以為泰，此即大聲疾呼之義也。退之識之真，信之真，故其心坦然，如天經地義，無稍疑貳，其辭朗然，如白日青天，無稍迴護，獨於義之所在，則強立不回。故看其〈上宰相書〉時，若可一日而不仕，及甫致通顯，反鬱鬱侘侘，志不自得，直諫佛骨，冒險不顧。此豈戀戀於祿位者肯為哉？

我們認為：韓文公任官之後，像上〈諫迎佛骨表〉，「排斥佛老，匡救政俗之弊害」（陳寅恪語），謹夷夏之分；出使王廷湊，「勇奪三軍之帥」（蘇東坡語），都是把自己的性命置諸度外，一心想致君堯舜，解決災禍。所以，他的上書求官，便不能算是自私、不德、或不義的行為。我們讀孟子一書至「三宿而後出晝」的那一段，更覺得文公的上書，不但沒有什麼不對，而且是必要的。孟子三宿而後出晝的故事如後：

孟子去齊，尹士語人曰：「不識王之不可為湯武，則是不明也。識其不可，然且至，則是干澤也。千里而見王，不遇故去，三宿而後出晝，是何濡滯也！士則茲不悅。」高子以告。曰：「夫尹士惡知予哉！千里而見王，是予所欲也。不遇故去，豈予所欲哉？予不得已也。予三宿而後出晝，於予心猶以為速。王庶幾改之。王如改諸，則必反予。夫出晝而王不予追也，予然後浩然有歸志。雖然，豈舍王哉！王猶足用為善，王如用予，則豈徒齊民安？天下之民舉安。王庶幾改之，予日望之。予豈若是小丈夫然哉！諫於其君而不受則怒，悻悻然見於其面，去則窮日之力而後宿哉？」尹士聞之曰：「士誠小人也。」

孟子的解釋，非常合理。所以，我們認為：舉人的投卷，士人的上書，應該是無可厚非的事。

九、士人與宦官

《後漢書・宦者列傳》論云：

西京自外戚失祚，東都緣閹尹傾國。

西漢之由外戚王莽篡了位，猶有可說。東漢竟被一些閹宦把國家弄得烏煙瘴氣，終於亡了國。若非史實斑斑可考，真難令人置信。更可怪的是，後人居然不把東漢的歷史作為前車之鑒！唐代宦官之橫行，較之東漢尤烈。明朝的宦官也不遑多讓。我們研究三朝的宦官之禍，漢、明的宦官，不過竊皇帝之權力以達成私人之目的。唐朝的宦官卻喧賓奪主，他們的權力甚至高過皇帝。趙翼說：

東漢及前明宦官之禍烈矣！然猶竊主權以肆虐天下。至唐則宦官之權反在人主之上。立君、廢君、弒君，有同兒戲。實古來未有之變也。（《廿二史劄記》卷二十〈唐代宦官之禍〉）

司馬光說：

東漢之衰，宦官最為驕橫；然皆假主之權，依憑城社以濁亂天下。未有能劫脅天子，如制嬰兒；廢置在其手，東西出其意。使天子畏之，若乘虎狼而挾蛇虺，如唐世者也。（《資治通鑑》卷二六三天復三年）。

《新唐書》卷九〈僖宗本紀贊〉云：

唐自穆宗以來，八世而為宦者所立者，七君。

唐代的宦官居然能立君、廢君，甚至弒君，他們的權力實在太可怕了！為何會如此呢？

（一）玄宗擅自變更了太宗「內侍省不置三品官」的定制，把宦官的官位提高

我們看《唐會要》卷六十五〈內侍省〉條稱：

貞觀中，太宗定制：內侍省不置三品官。內侍是長官，階四品。其職但在閤門守禦，黃衣廩食而已。

《資治通鑑》卷二十七唐玄宗十三載十一月己未條載：「玄宗天寶十二年為寵任宦官，增置內寺監二員，正三品。」其品位和「同中書門下三品」的宰相相同。唐玄宗不但破壞了太宗內侍省不置三品官

的定規，更有進者，高力士以寵幸，楊思勗以軍功，都升到一品大將軍的官位！

今人王壽南先生所著《唐代宦官權勢之研究》一書中說：

根據上表所列，唐內侍省宦官人數不甚多，而其職掌尤輕。就宦官人數而言，除宮闈局與內坊局之內給使因無定員不予計算外，其他合計為五三七人。就職掌而言……(1)侍奉皇帝、皇后、皇子、妃嬪。(2)皇宮之接待工作。(3)守護皇宮門戶與管理宮人。(4)傳達制命。

以這麼區區五百三十七個皇帝的奴僕，掌管的都是些雞毛蒜皮的小事，如何能作出驚天動地、控制皇帝的事情來呢？那是因為他們有組織。組織就是力量。我們後面當詳加討論。

其實，武則天竊權之時，宦官人數已大增。我們看《新唐書》卷二百七〈宦者上〉：

武后時，稍增其人。至中宗，黃衣乃二千員。七品以上員外置千員。然衣朱紫尚少。玄宗承平，財用富足，志大事奢，不愛惜賞賜爵位。開元、天寶中，宮嬪大率至四萬。宦官黃衣以上三千員。衣朱紫千餘人。

按《唐會要》卷三十一〈章服品第〉條載：「八九品為青，六七品為綠，四五品為緋（朱），三品以上紫。」衣朱紫者千餘人可見這些閹宦品位之高、數目之多了！

（二）參與政事

安祿山之亂，李輔國勸太子李亨分軍北上，自取帝位。《新唐書》卷二百八〈李輔國傳〉稱：

輔國……又勸太子分中軍，趨朔方，收河隴兵，圖興復。太子至靈武，愈親近，遂勸即位，係天下心。……肅宗稍稍任以肱膂事……凡四方章奏軍符禁寶一以委之……宰相群臣欲不時見天子，皆因輔國以請，乃得可。……詔書下，輔國署已乃施行。群臣無敢議。

陳寅恪先生《唐代史述論稿》中篇〈政治革命及黨派分野〉一文中說：

……而李輔國因是為擁戴之元勛，遂特創後來閹寺擁戴或廢黜儲君之先例。

肅宗雖立為太子，而「儲位幾危者數四」（《舊唐書‧肅宗本紀》）。李林甫因玄宗鍾愛武惠妃，建議立武惠妃之子壽王瑁為太子，玄宗難決。高力士告玄宗：「立太子以長、以嫡，誰敢爭論？」儲位遂定。李林甫怕太子接位後對他不利，起韋堅、柳勣之大獄，想把太子給牽連進去賜死，未果。太子之靈武自立，也是怕儲位難保之故。因而有李輔國之干政。推其禍首，還是玄宗。玄宗聽武惠妃的讒言先廢太子瑛為庶人，又把他和另外兩個兒子同日賜死！這樣一天殺三個兒子的父親怎不叫其他的兒子膽寒呢！

（三）軍事權

安史之亂，使肅宗不敢過分信任武臣。每有征討，常派宦官監軍。第一個負監軍責任的是魚朝恩：

> 至德（肅宗年號）中，常令魚朝恩監軍事。九節度討安慶緒于相州，不立統帥，以朝恩為觀軍容宣慰處置使，觀軍容使名自朝恩始也。（《舊唐書》卷一八四本傳）

監軍使，尚非直接領兵。李輔國判元帥府行軍司馬事，專管禁兵；其後魚朝恩領神策軍，程元振專制禁兵，於是皇帝的奴僕成為了領兵的將軍。尤其禁兵，乃是負責皇帝安危的；禁軍操之閹寺之手，就等於皇帝的性命被掌握在他們的手裡了。

（四）財政權

唐初有左藏大盈二庫。左藏供國家開支，由朝臣掌管；大盈係皇帝私人用度，由宦官主持。玄宗時，「貴臣貪權」，認「貢獻宜歸於天子，以奉私求」，於是又成立瓊林庫。至德中，第五琦又建議將租賦納入大盈內庫，以免「京師豪將求取」。於是宦官便取得了財政權。財富乃邦本，誰能管理財政，誰便能操弄國權。（《中國社會政治史》三冊九章）

（五）樞密權

代宗永春中，置內樞密使，以宦官擔任。職掌為「承受表奏，於內中進呈，若人主有處分，則宣付中書門下施行而已」。本來是承轉表詔，後來便漸漸走了樣。他們居然審查表奏，變承轉之職為樞機之任！與聞政事，竊取朝權。

（六）神策軍餉三倍於常規軍

於是「諸將務為詭，請遙隸神策軍」；「由是塞上往往稱神策行營，內統於中人矣。其軍乃至十五萬」（《新唐書》卷五十〈兵志〉）。

宦官內掌禁兵，外有神策營，各節度有監軍使，形成一特別組織。如「王叔文謀奪內官兵柄，以故將范希朝統京西北諸鎮行營兵馬使，韓泰副之。初中人尚未悟；會邊上諸將各以狀辭中尉，且言方屬希朝，中人始悟兵柄為叔文所奪。中尉乃止諸鎮無以兵馬入希朝」（《舊唐書》卷一百三十五〈王叔文傳〉）。

由此可知，中人已由此在全國構成一消息網，組織嚴密，需要時即發生力量。

在這種宦寺權力有時還高於皇帝的時候，士人想要作官、升官、升大官，便有人攀附宦官。如：

> 崔昭緯，清河人也。……昭緯進士及第。昭宗朝，歷中書舍人、翰林學士、戶部侍郎、同平章事。性姦纖，忌前達，內結中人，外連藩閫。屬朝廷微弱，每託援以凌人主。（《舊唐書》卷

一百七十九本傳）

張濬，字禹川，河澗人。……乾符中，樞密使楊復恭因使遇之，自處士薦為太常博士，累轉度支員外郎。……初發跡，依楊復恭。及復恭失勢，乃依田令孜，以至重任，而反薄復恭。及再幸山南，復恭代令孜為中尉，罷濬知政事。（《舊唐書》卷一百七十九本傳）

穆宗時，內常侍崔潭峻有寵，京兆尹崔元略附之，以諸父事潭峻（《冊府元龜》卷六六九，〈內臣部・朋黨〉）。潭峻為荊南監軍使，以元稹「性鋒銳，見事風生」，「聰警絕人」，甚為禮接。長慶初歸朝，出稹〈連昌宮詞〉等詩篇奏御，穆宗乃立召稹入翰林，為中書舍人。稹後入相（參閱《舊唐書》卷一百六十六〈元稹傳〉）。皇甫鎛「聚斂媚上，刻削希恩」，「中尉吐突承璀恩寵莫二，鎛厚賂結其歡心，故及相位」（《舊唐書》一百三十五本傳）。

又有元載，與李輔國善：

時輔國權傾海內，舉無違者。會選京尹，輔國識其意，然之。翌日，拜載同中書門下平章事。（《舊唐書》卷一百一十八）

若是當宰相的不巴結閹宦，他的相位是不會長久的：

殿中監李輔國以翊衛肅宗之勞，判天下兵馬事充元帥府行軍司馬，勢傾國朝。宰相苗晉卿、崔圓已下慴其威權，傾心事之。唯（李）麟正身謹事，無所依附；輔國不悅。乾元元年罷麟知政事，守太子少傅。（《舊唐書》卷一百一十二）

有宰相望的，若中官求索不遂，便很可能作不成宰相：

崔從為山南四道節度使。監軍使[8]揣知憲宗欲以從為宰相，乃為用事者求金。從不肯答，是不得相。（《新唐書》卷一百一十四〈崔從傳〉）

昭宗欲任柳玭為相。「中官譖玭煩碎，非廊廟器，乃止。」（《新唐書》卷一百六十三〈柳玭傳〉）

甚或誣陷：

（程）元振常請託於襄陽節度使來瑱，瑱不從。及元振握權，微瑱入朝；瑱遷延不至。廣德元年，破裴茂，遂入朝，拜兵部尚書。元振欲報私憾，誣瑱之罪，竟坐誅。宰臣裴冕為肅宗山陵使，有事與元振相違，乃發小吏贓私，貶冕施州刺史。來瑱名將，裴晚元勳；二人既被誣陷，天下方鎮皆解體。元振猶以驕豪自處，不顧物議。（《舊唐書》卷一百六八〈程元振傳〉）

8 中官。

一般士子想考進士，或結緣中官，以取高第：

> 高鍇侍郎第一榜，裴思謙以仇中尉（士良）關節取狀頭，鍇廷譴之。思謙迴顧厲聲曰：「明年打眷取狀頭。」明年，鍇戒門下不得受書題。思謙自懷士良一緘入貢院，既而易以紫衣，趨至階下而白鍇曰：「軍容有狀，薦裴思謙秀才。」鍇不得已，遂接之。書中與思謙求巍峨。鍇曰：「狀元已有人，以外可副軍容意旨。」思謙曰：「卑吏面奉軍容處分，裴秀才非狀元，請侍郎不放。」鍇俛首良久。曰：「然則略要見裴學士。」思謙曰：「卑吏便是。」思謙詞貌堂堂，鍇見之改容。不得已遂禮之而已。（《唐摭言》九）（洪邁《容齋隨筆》亦載其事。）

又有：

> 黃郁，三衢人，早遊田令孜門，擢進士第，歷正郎金紫。李端，曲江人，亦受知於令孜，擢進士第。（《唐摭言》九）

更有所謂芳林十哲。芳林，門名；由此入內故也，都是交通中貴人的士人。包括沈雲翔（沈亞之兄弟）、林絢（閩人）、鄭玘、劉業、唐珣、吳商叟、郭熏、秦韜玉等。另二人姓名不知。其中如秦韜玉頗有詞藻，工長短歌。他的〈詠貧女〉詩「蓬門未識綺羅香，擬託良媒亦自傷……」至今膾炙人口。大駕幸西蜀之時，為大閹田令孜所擢用。不到一年，官至丞郎、判鹽鐵，並特賜進士及第。

唐自肅宗之後，宦官開始攬權，官場環境特殊，有異於其他朝代。於是士人有依附宦官而及第者，如思謙；而得相位者，如元載。反之，若違背他們，作宰相的作不久；有宰相望的也作不到宰相；甚至受誣被誅，或貶官下放。更有學者認為牛黨、李黨之爭，便是宦官的傑作。薩孟武先生說：

我們固然不敢說，牛黨依王守澄而秉政，李黨依仇士良而執權。但是，王守澄利用牛黨抵制李黨，仇士良利用李黨以抵制牛黨，則為事實。（《中國社會政治史》三冊九章六節）

而陳寅恪先生在其《唐代政治史述論稿》中卻直接了當的說：「士大夫之黨乃閹寺黨之附屬品。」（〈中篇：政治革命與黨派分野〉）

十、姬妾與妓女

一種制度的產生，大都由於自然環境和社會環境所促成。譬如古代，官吏的父或母逝世，他們必須離職返家服喪三年。現代的政府官員若要因親喪而請求留職停薪三年，那才是天大笑話，不可能被批准的。古人父母去世，常哀痛太甚，必「杖而後起」，才會被人稱為孝。現在人父母去世了，哀痛過了頭，得了心臟病或肝病，可能還會受到譏笑呢！所以用現代的價值觀念去評斷古代的事，或以古代的價值觀念評斷今日的事，有時不一定行得通。

再以一夫多妻制或一妻多夫制來說，都有它的自然與社會環境的。某些需要用牛隻換取妻子的地方，若是一家有三個兒子而只有剛足換取一名婦女的牛隻，那這位小姐換回來之後，便是三個男生的共妻，也就是一妻三夫。這是經濟環境所造成。古時發生戰爭，壯丁打仗打死了，婦女的數目遠超過男士；在這種情形下，一夫多妻，正好可解決問題。在非洲，實施多妻制則是為了能多生小孩，以增加勞動人力，提升工作產能，但這趨勢已日漸式微。清代以前的富貴人家之所以實行一夫多妻，有如今日回教世界之容許一夫四妻，都是有歷史、自然和社會背景的。所以古代的官，討妾蓄伎，也都有其歷史、自然和社會背景的。

《唐語林》卷六載：

韓退之有二妾，一曰絳桃，一曰柳枝，皆能歌舞。初使王廷湊，至壽陽驛，絕句云：「風光欲動別長安，春半邊城特別寒。不見園花兼巷柳，馬頭唯有月團團。」蓋有所屬也。柳枝後踰牆遁去，家人追獲。及鎮州初歸，詩曰：「別來楊柳街頭樹，擺弄春風只欲飛。還有小園桃李在，留花不放待郎歸。」自是，專寵絳桃矣。

因之李樹桐先生在其《唐史新論》一書中加以批評說：

自命為堯、舜、禹、湯、文、武、周公、孔子、孟軻以後中國道統繼承人的韓愈，想來是道德高尚了，但是事實並不如是。

若說有妾二人便是道德不高尚，在今日而言都不十分正確；以唐及唐以前的歷史社會背景來評斷，那是更不正確了。《舊唐書》卷二百七〈宦者列傳〉載：「開元、天寶中，宮嬪大率至四萬。」皇帝當然有皇后，之外又有貴妃、淑妃、德妃、賢妃，是為夫人；又有昭儀、昭容、昭媛、脩儀、脩容、脩媛、充儀、充容、充媛等九嬪；婕妤、美人、才人等各九人共二十七位代世婦；寶林、御女、宋女各二十七人，稱為八十一代御妻。共一百二十餘人。若說有妾二人者道德不高尚，那皇帝可說是罪大惡極，該槍斃好幾次了。

唐朝士人好娶名門之女。所謂名門，最名貴的有山東郡姓，包括清河、博陵二崔，范陽盧，隴西、趙郡二李，滎陽鄭和太原王五姓之女。她們非士族不嫁。要娶五姓之女，聘金常需百萬錢。其次有關中郡姓，包括京兆韋氏、河東裴氏、河東柳氏、河東薛氏、弘農楊氏、京兆杜氏等。

這些著姓人家的小姐，當然都知書達禮，受過嚴格的家庭教育。嫁到夫家，一定能相夫教子，婦德無虧。但有才德的小姐不一定便有美貌。唐范攄的《雲溪友議》中有一條云：

> 武后朝嚴安之、挺之，昆弟也。……挺之則登歷臺省，亦有時名。娶裴卿之女（河東裴氏）。才三夕，其妻夢一人佩服金紫，美鬚髯。曰：「諸葛亮也，來為夫人兒。」既袵而產嬰孩，其狀端偉，頗異常流。挺之薄其妻而愛其子。嚴武年八歲，詢其母曰：「大人常厚玄英（玄英，挺之妾也），未嘗慰省阿母，何至于斯乎？」母曰：「吾與汝母子也。以汝尚幼，未之知也。汝父薄行，嫌吾醜陋。枕席數宵，遂即懷汝。自後相棄，如離婦焉。」言既悽咽，武亦憤惋。候夫既出，玄英方睡，武持小鐵鎚擊碎其首。及挺之歸，驚愕。視之，已斃矣。左右曰：「小郎君戲運

鐵鎚而致之。」挺之呼武曰：「汝何戲之甚耶？」武曰：「焉有天朝人士，厚其侍妾，困辱兒之母乎？故須擊殺，非戲之也。」父曰：「真嚴挺之之子。」

嚴挺之討了名門之女，卻醜陋不堪；數夕之後，即棄如離婦。一個人有了地位，有了財富，卻沒有美麗的配偶，其結果便是多置妾侍。像晉代的石崇，後房百數。其實，春秋戰國之時，侍妾之風早開。到了漢朝，更是普遍。別說富貴人家，甚至乎不能人道的太監，一旦發達了，居然也置妾媵。像《後漢書》卷七十八〈宦者傳〉載：

單超，河南人。徐璜，下邳良城人。具瑗，魏郡元城人。左悺，河南平陰人。唐衡，潁川郾人也。桓帝初，超、璜、瑗為中常侍，悺、衡為小黃門史。……五人同日封（侯），故世謂之「五侯」。……超病……明年薨。……其後四侯轉橫……皆競起第宅，樓觀壯麗，窮極伎巧。——多取良人美女以為姬妾。

這真是慘無人道的事！

至於妓女，賣春這門行業起於何代，我們不能確知。但非起自唐代，則可斷言。而唐時進士之狎妓，和今日一般人的宿妓，其間有很大的差別。唐翰林學士孫棨記述長安曲中妓女的情況，寫了一本《北里誌》。晁公武的昭德先生《郡齋讀書志》中說：

《北里誌》一卷。右孫棨撰。記大中進士遊俠邪平康事。

此書流傳至今，甚為完整。我們讀了之後，發現書中所述各家「妓女」，和今日的所謂應召女郎實在不能相提並論。我們現在列舉一段為證：

王團兒，前曲自西第一家也。己為假母，有女數人。長曰小潤，字子美……次曰福娘，字宜之。甚明白，豐約合度，談論風雅，且有體裁……次曰小福，字能之……亦甚慧黠。予在京師，與群從少年習業，或倦悶時，同詣此處，與二福環坐，清談雅飲，尤見風態。予嘗贈宜之詩曰：「綵翠僊衣紅衣膚，輕盈年在破瓜初。霞杯醉勸劉郎飲，雲髻慵邀阿母梳。不怕寒侵緣帶寶，每憂風舉倩持裾，謾圖西子晨妝樣，西子原來未得如。」得詩甚多，頗以此詩為稱愜，持詩於窗左紅牆，請予題之。及題畢，以未滿壁，請更作一兩篇，且見戒無豔。予因題三絕句，如其自述。其一曰：「移壁回窗費幾朝，指環偷解薄蘭椒，無端鬥草輸鄰女，更初拈將玉步搖。」其二曰：「寒繡紅衣餉阿嬌，新團香獸不禁燒。東鄰起樣裙腰闊，刺蹙黃金線幾條。」其三曰：「試共卿卿戲語麤，畫堂連遣侍兒呼。寒肌不奈金如意，白獺為膏郎有無？」尚校數行未滿。翌日詣之，忽見自札後宜之題詩曰：「苦把文章邀勸人，吟看好箇語言新。雖然不及相如賦，也值黃金一二斤。」

宜之每宴洽之際，常慘然鬱悲，如不勝任，合座為之改容。久而不已。靜詢之，答曰：「此蹤跡安可迷而不返耶？又何計以返？每思之，不能不悲也。」遂嗚咽久之。

他日忽以紅箋授予，泣且拜。視之，詩曰：「日日悲傷未有圖，懶將心事話凡夫。非同覆水應收得，只問倦郎有意無。」余因謝之曰：「甚知幽旨，但非舉子所宜，何如？」又泣曰：「某幸未係教坊籍。君子倘有意，一二百金之費爾。」未及答，授予筆，請和其詩，予題其箋後曰：「韶妙如何有遠圖，未能相為信非夫。泥中蓮子雖無染，移入家園未得無。」覽之因泣。不復語，自是情意頓薄。

其夏，予東之洛，或醵飲於家。酒酣，數相囑曰：「此歡不知可繼否？」因泣下。

洎冬初還京，果為豪者主之。不復可見。

……詰旦詣其里，見能之在門，因邀下馬。予辭以他事，立乘與語，能之團紅巾擲予曰：「宣之詩也。」舒而題詩曰：「久賦恩情欲託身，已將心事再三陳，泥蓮既沒移栽分，今日分離莫恨人。」予覽之，悵然馳回，且不復及其門。

這是一則多麼悽惋纏綿的風流韻事！今日讀來，仍令人難忍一揮惋惜之淚。我們讀唐代的傳奇小說，如〈李娃傳〉：鄭生愛上李娃，黃金散盡，被老鴇趕出門。鄭生流落為乞丐。後李娃自己贖身，收留鄭生，勉其攻書。鄭生終于考中進士，又登制科。是以寫〈李娃傳〉的白行簡說：

汧國夫人李娃，長安之倡女也。節行瓌奇，有足稱者。故監察御史白行簡為傳述。

又如〈霍小玉傳〉：隴西李益，眷戀小玉，結果棄之如爛鞋。而霍小玉對李益卻一往情深：

玉日夜啼泣，都忘寢食。期一相見，竟無因由。冤憤益深，委頓床枕。自是長安中稍有知者，風流之士，共感玉之多情。

結果，黃衫客強迫李益到小玉家，小玉見了日夜思念的情人，一慟而絕。

又如〈楊娼傳〉，作者房千里在文後論說：

夫娼，以色事人者也，非其利則不合矣。而楊能報帥以死，義也。卻帥之賂，廉也。雖為（說是）娼，差足多矣。

我們讀《全唐詩》，其中所收的「妓女詩」，有關盼盼四首，劉采春六首，張窈窕六首，盛小叢一首，趙鸞鸞五首，薛濤一卷等，未收的遺珠想必也有。這些女士，我們若等閒以「妓」視之，似不甚公平，其中如關盼盼，《唐詩紀事》卷七十八載：

樂天有〈和燕子樓詩〉。其序云：「徐州故張尚書（名建封，唐史有傳）有愛妓盼盼，善歌舞，雅多風態。予為校書郎時，游淮泗間，張尚書宴予，酒酣，出盼盼佐歡。予因贈詩。落句云：「醉嬌勝不得，風嫋牡丹花。」一歡而去。爾後絕不復知。昨日司勳員外郎張仲素繪之訪余，因吟新詩，有〈燕子樓詩〉三首，辭甚婉。詰其由，乃盼盼所作也……云：「張尚書既歿，歸葬東洛，而彭城有張氏第，中有小樓名燕子，盼盼念舊愛而不嫁。居是樓十餘年，於今尚在。」盼盼詩云：「樓上殘燈伴曉霜，獨眠人起合歡床。相思一夜情多少，地角天涯未是長。」又云：「北邙松柏鎖愁煙，燕子樓空思悄然。自埋劍履歌塵散，紅袖香銷已十年。」又云：「適看鴻雁洛陽迴，又睹玄禽逼社來。瑤瑟玉簫無意緒，任從蛛網任從灰。」余愛其新作，乃和之云……又云……「今春有客洛陽回，曾到尚書墓上來。見說白楊堪作柱，爭教紅紛不成灰。」又贈之絕句云：「黃金不惜買蛾眉，揀得如花四五枝。歌舞教成心力盡，一朝身去不相隨。」後仲素以余詩示盼盼，乃反覆讀之。泣曰：「自公薨背，妾非不能死。恐百載之後，人以我公重色，有從死之妾，是玷我公清範也。所以偷生耳。」乃和白公詩云：「自守空樓斂恨眉，形同春後牡丹枝。舍人不會人深意，詩道泉臺不去隨。」盼盼得詩後怏怏，旬日不食而卒。

像這類的「妓女」，實有如今日所謂的「名媛」。她們多善言談，還能賦詩，所以進士們好與狎遊。而今日的應召女郎，左手收錢，右手即寬衣解帶；嫖客的目的是解決性慾，妓女的目的是為了三餐。雲雨之後，各分東西，毫無情趣可言。兩相比較，前者勉強可稱之為風流韻事，後者只能說是下流無恥了。

十一、結論

中國人常說，好事不出門，醜事傳千里。唐代的士風，和前幾朝相比，實在壞不到那裡去。上面已經解說得很詳細了。但唐自肅宗以後，閹宦把持了朝廷，政治社會的性質、演變，和前代大有不同。是以有士人求發達，如芳林十哲、裴思謙之徒，投靠大閹以邀一第。更有元載之輩，得大閹之助而出任宰相。甚至李德裕的李黨和牛僧孺的牛黨數十年間競爭於朝廷之中，背後遙控的居然還是閹宦。因此士人投靠大閹，便成為唐士風的一個致命傷。當然也有不懼閹宦的士人，如李麟，宰相便作不久。還有設法剷除閹宦的。如：「太常博士柳伉，上疏切諫誅（程）元振以謝天下。」「段平仲抗疏極論（吐突）承璀輕謀弊賦，請斬之以謝天下。」「宰相李絳在翰林，時數論（吐突）承璀之過。」「崔胤秉政而排擯宦官。」又如李訓之誅宦官不成，反為所殺。俱見《舊唐書》卷一百八十四〈宦官傳〉。

然後是一些冶蕩的士人，像杜牧之流，破壞了士人的形象：

杜牧少登第，恃才喜酒色。初辟淮南牛僧孺幕，夜即遊妓舍。廂虞候不敢禁，常以榜子申僧孺。僧孺不怪。逾年，因朔望起居，公留諸從事。從容謂牧曰：「風聲婦人若有顧盼者，可取置之所居，不可夜中獨遊，或昏夜不虞奈何？」牧初拒諱。僧孺顧左右取一篋至，其間榜子百餘，皆廂司所申。牧乃愧謝。（《唐語林》卷七）

杜牧有詩云：

落魄江湖載酒行，楚腰纖細掌中輕。十年一覺揚州夢，贏得青樓薄倖名。

胡雲翼氏《唐詩研究》一書中說：

杜枚對於詩崇尚李、杜，而謂元、白為「纖豔不逞」。其實杜牧詩雖擬於杜甫，然其冶蕩實甚於元、白。如〈張好好詩〉及〈遺懷詩中〉的「十年一覺揚州夢，贏得青樓薄倖名。」元、白還沒有這樣風流的詩。杜牧的行動亦很不自檢束，大約他作詩的成功，或者就是由於此。（第六章）

又有溫庭筠者：

……然士行塵雜，不修邊幅。能逐弦吹之音，為側豔之詞。公卿家無賴子弟裴誠、令狐縞之徒，相與蒲飲，酣醉終日。由是累年不第。……咸通中，失意歸江東，路由廣陵，心怨令狐綯在位時不為成名，既至，與新修少年狂遊狹邪，久不刺謁。又乞索於揚子院，醉而犯認夜，為虞侯所擊，敗面折齒，方還揚州訴之。（《舊唐書》卷一百九十下）

像杜、溫之輩，其實不多。而唐代的士風，正因為此輩人物，遂為玷污。

十一、附錄

清宋大樽著《茗香詩論》他論及古文人之事二君。他說：

「齊、梁、陳、隋之格之降而愈下也，其由來安在？齊之王儉、韓蘭英先仕宋，劉繪後仕梁。梁之范雲、邱遲、任昉、張率、柳惲、周捨、徐勉先仕齊，庾信後仕北周，江淹、沈約先仕宋、齊。陳之陰鏗、徐陵、沈炯、周宏正、張正見、顧野王先仕梁，周宏讓先仕侯景，徐孝克、阮卓、蔡凝、潘徽後仕隋，江總先梁後隋。隋之姚察、虞世基、虞綽、王眘、王胄先仕陳，柳䛒先仕梁，李德林、諸葛潁、孫萬壽先仕齊，于仲文先仕周，何妥先仕梁及周，盧思道、李孝貞、薛道衡、魏澹先仕齊及周，元行恭先仕北齊，辛德源先仕北齊及周，何妥先仕梁及周，盧思道、李孝貞、薛道衡、魏澹先仕齊及周，元行恭先仕北齊，辛德源先仕北齊及周，楊素、崔仲方先仕周及梁，孔紹安後仕唐，袁朗先陳後唐。偶指數之，皆詩人之名級故高者也。嗟乎嗟乎！

群言之長，德言也。女事二夫，男仕二姓，尚何言乎！晉、宋詩人之矢節者，繄豈獨無？顧晉有陶靖節之高趣，入宋終身不仕；又有束晳之沈退，張翰之慮禍，張協之屏居草澤，稽紹之以身衛帝，劉琨之戴帝室，郭璞之阻逆謀。宋亦有顏延之不受資供，王徽素無官情，沈慶之盡言諫諍。赫矣遐跡，世教賴焉。齊謝朓不從江祐之謀，王僧祐不交當世，風韻清疎如孔稚珪，徵而不就如顧歡，猶有晉之遺風。梁以後如蕭子雲不樂仕進者寥寥矣。陳之狎客通脫，以俳優自居者有之。至隋則晉王廣之弒立，其謀遂出自楊素。此其由來，非獨在慕榮利也。蓋廉恥道喪，且有使之然者矣！齊武帝布衣時，嘗游樊、鄧。登阼後憶往，歌估客樂曰：『意滿辭不敘』，猶尚有羞惡之心者。乃導之者有釋寶月矣。若簡文宮體，直寫妖淫；後主男女倡和，極於輕蕩；煬帝且殿腳女數千人，迷樓居後宮女數千人，雖所撰飲馬長城窟行頗存雅正，然有諸內，必形諸外，則有江都官掖諸作焉。夫一變而為清談，再變而為極欲，其病同歸於必斃！顧清談者聽其自斃而已，極欲者又趣之。蟋蟀之詩曰：『今我不樂，日月其除。』即曰『無已太康』矣，況至於好色而淫

陸、從傳奇看唐代宦官

一、前言

帝制時代，自秦、漢至明、清，宮廷之中，都置有太監。太監乃刑餘之人，他們的職責，原不過打掃清潔，掌管門戶。侍候飲食等。論算，起不了什麼風浪，但他們日在人主之前，黠慧者，不免窺人主之嚬笑，而售讒諛，出納王命，手握天憲，稍作加減，便興大案。尤其君弱后貪之時，他們更能乘間蹈隙，大作文章。東漢的宦豎，大都以竊權自肥，到了唐朝，其禍尤烈。他們不但竊權，甚至權出人主之上！我們讀唐代傳奇，涉及宦豎的情節者不多。蓋由於當時宦豎專橫狠毒，無人敢捋虎鬚。若然，豈止惹事殺頭之禍，甚至禍延九族，茲舉幾個有述及宦豎的傳奇。

（一）枕中記

生……未幾，同中書門下平章事（作了宰相）。與蕭中（書）令嵩，裴侍中之庭，同執大政十餘年。嘉謨密合，一日三接。獻替啟沃，號為賢相，同列害之，復誣與邊將交接，所圖不軌。制下獄。……其罹者皆死。獨生為中官（即宦官）保之，減罪死。投驩州。

宰相犯了罪，同罪者都被處死，唯獨受了宦官說情的宰相，居然便免去了死刑，流放外州，宦官的影響力竟如此之大！這也暗示了宦官和宰相的互相勾結之情。

（二）鶯鶯傳

……（渾）瑊薨於蒲。有中人丁文雅，不善於軍，軍人因喪而擾，大掠蒲人。

安史亂後，唐皇室不放心擁有軍隊的節度使，派太監到各軍中任監軍，權力甚大。渾瑊雖是蕃人，卻忠君愛民，仍不免要接納皇帝所派的監軍。

（三）楊娼傳

楊娼者，長安里中之殊色也，態度甚都，復以冶容自喜。王公鉅人享客，競邀致席上……嶺南帥甲，……陰出重賂，削去（楊）娼之籍，而絜之南海。……帥得病，且不起。思一見娼，而憚其妻。帥素與監軍使厚，密導意，使為方略，監軍乃給其妻曰：「將軍病甚，思得吾奉侍煎調者視之，瘳當速矣。某有養婢，久給貴室，動得人意。請夫人聽以婢安將軍四體，如何？」妻曰：「中貴人，信人也。果然，於吾無苦耳。可促召婢來。」

嶺南帥甲怕老婆。而監軍使——中貴人，即太監——一席話，帥甲的悍妻都要賣帳，「帥甲素與監軍使厚」，也表示當時監軍使大都受到節度使的「厚愛」。

（四）無雙傳

> 王仙客……知長樂縣。累月，忽報有中使押領內家三十人往園陵，以備灑掃。

唐初太宗定制：「內侍省不置三品官。內侍是長官，階四品。其職但在閤門守禦，黃衣廩食而已。」（《唐會要》卷六十五〈內侍省〉）景龍元年，酸棗縣尉袁楚客上書宰相魏元忠說：「內監者，給宮掖之事，供掃除之役。上古皆備此職。但以僕隸畜之。」（《唐會要》卷六十五）供灑掃，實係太監的本職內事，薛調寫的是德宗建中初年的事。其時，宦官之禍尚未達到劇烈的程度。

（五）唐摭言

《唐摭言》一書，是五代王定保所著。唐人筆記、小說，鮮有述及宦豎的惡形惡相者。定保是在改朝換代之後，他便能毫無忌憚的寫出一些唐時的宦豎實情。其述及仇士良者，如：

> 高鍇侍郎第一榜，裴思謙以仇中尉關節取狀頭，鍇庭譴之，思謙迴顧厲聲曰：「明年打脊取狀頭。」明年，鍇戒門下不得受書題，思謙自懷士良一緘入貢院；既而易以紫衣，趨至階下白鍇曰：「軍容有狀，薦裴思謙秀才。」鍇不得已，遂接之。書中與思謙求巍峩，鍇曰：「狀元已有

人，此外可副軍容意旨」，思謙曰：「卑吏面奉軍容處分，裘秀才非狀元，請侍郎不放。」鍇俛首良久曰：「然則略要見裴學士，」思謙曰：「卑吏便是。」思謙詞貌堂堂，鍇見之改容，不得已遂禮之矣。

仇士良是文宗時的左神策護軍中尉。只由他這一種破壞並控制考選制度的劣行，便可窺見其權力之大了。

二、漢代的宦官

宦官之設，由來甚久。《易》曰：「天垂象，聖人則之。」宦者四星，在皇位之側。是故《周禮》置官，亦備其數，但他們的職司，「閽者守中門之禁，寺人掌女宮之戒。」（《後漢書》卷七十八〈宦者列傳〉）如斯而已。但，宦者在帝，王的身邊，狐假虎威，不免發生一定的作用，有的能忠於王室而立功的，像晉文公的寺人披，又名勃貂，字伯楚，告發呂琛和郤芮擬焚晉宮殺晉文公的陰謀，文公才逃過一劫，把作亂的兩個人給處斬了。（《左傳》）又如管蘇侍候楚恭王，恭王疾篤之時，吩咐他的大臣們說：「管蘇因為『義』而冒犯我。因我的命令不合『禮』而不聽從我。同他相處，總是戰戰兢兢，惟恐犯錯。沒見到他時，便會思念他。我死之後，你們給他在朝中封一個爵位。」（《新序》白話是筆者所翻譯）

這個太監更了不起！

又如：商鞅到了秦國，因秦孝公的倖臣景藍才見到孝公，為秦國變法圖強。藺相如借住在宦者令繆賢的家中，由於繆賢的推薦，見到了趙王，才作成了完璧歸趙的外交功業。

當然也有惡劣的，如監刁的亂齊，伊戾的禍宋，事蹟均見諸《左傳》。

漢初承秦制，以閹人為中常侍。但也引用士人參選，給事殿省，高后時有大謁者張卿，出入臥內。文帝信愛趙談、北宮柏子，武帝愛李延年。元帝時的史游，任黃門令，勤心納忠。他是《急就章》的著者。

宣帝時的弘恭、石顯，卻是以佞險自進，作惡多端，太子太傅蕭望之和少傅周堪都被他們誣告寃死！光武中興，才全部用閹人，不再參用士人了。

漢和帝接位時，尚幼弱，竇憲兄弟專權，隔限內外，群臣無由得接，賴太監鄭家定謀，誅殺憲等。宦官有權，乃自此始。自後宦豎擾擾攘攘，敗民亂國若干年，直到袁紹、袁術等誅殺宦官二千餘人，宦官之禍才劃下了句點，而東漢也就滅亡了！

論算，有了前車之鑑，後代君王便應有所適從。而唐朝、明朝，宦官之禍，仍層出不窮。他們的作為，又各有巧妙。當他們勢燄既盛之時，即使有明君察相，也奈何他們不得。

趙翼說：「東漢及唐、明三代，宦官之禍最烈，然亦有不同。唐、明閹寺，先害國而及於民。東漢則先害民而及於國。」（《廿二史劄記》卷五〈宦官之害民〉等）

我們讀《後漢書》〈劉瑜傳〉載：

中官邪孽，比肩裂土，競立子嗣，繼體傳爵。廣娶妻室，增築第舍。民無罪而輒坐之。民有田而強奪之。

〈左雄傳〉載：

宦豎皆虛以形勢，咸奪良家婦女閉之，白首而無配偶。

〈黃瓊傳〉疏：

宦豎盈朝，重封累爵。明珠南金之寶，充滿其室。

〈侯鑑傳〉載：

侯覽奪人宅三百八十一所，田一百一十八頃，起立第宅十六座。皆有高樓池苑，制度宏深……破人居室，發掘墳墓，虜奪良人妻，略婦女。

所以，趙翼認為東漢的宦官是先害民，激起民變，擾擾嚷嚷，到袁紹、袁術以軍力殺了二三千宦官，才結束了宦官之禍，而漢朝也就滅亡了。

漢宦的種種不法行為，不過竊人主之威權行肥己之事而已，唐朝的宦官，他們不但竊權，而且控制人主，弒君廢君乃至援立新君，無所不為。他們的權力，似乎還高出人主之上。我們現在來討論，他們是如何做到的。

三、宦官如何奪權

司馬光說：

東漢之衰，宦官最為驕橫。然皆假主之權，依憑城社以濁亂天下。未有能劫脅天子，如制嬰兒，廢置在其手，東西出其意。使天子畏之，若乘虎狼而挾蛇虺，如唐世者也。（《資治通鑑》二六三〈天復三年〉）

唐代宦官怎麼如此跋扈呢？他們怎麼做到的？因為：

（一）蠱惑天子

讓天子沉于酒色犬馬，不理正務，大權便竊到了他們的手中。《新唐書》二百七〈仇士良〉傳，仇士良說：

仇士良之老，中人舉送還第，謝曰。「諸君善事天子，能聽老夫語乎。」眾唯唯。士良曰「天子不可令閒暇，暇必觀書，見儒臣則又納諫，智深慮遠，減玩好，省遊幸，吾屬恩且薄而權輕矣。為諸君計，莫如殖貨財，盛鷹馬，日以毬獵聲色蠱其心，極侈靡，使悦不知息，則必斥經術，闇外事，萬機在我，恩澤權力欲焉往哉。」眾再拜（新唐書卷二百七仇士良傳）。

士良這一招可真厲害，少年天子，耽於玩樂，不理政務，太監們便可上下其手了。

（二）閹宦弄權之禍

此和唐朝皇嗣不安定有關，薩孟武先生說：

東漢之時，皇統屢絕，外藩入繼。這個時候，誰能入承大統，後宮有決定的權。皇后定策帷幕，迎立孩童，臨朝稱制，既委事父兄，以寄腹心，又引用刑人，寄之國命，於是外戚與宦官便操弄了國權。由此可知國無儲君，實可予孌幸以可乘的機會。唐與東漢不同，天子均壯年即位，又均有皇子，其所以發生閹宦弄權之禍者，實因皇嗣不安定與宿將不易控制有以致之。（《中國社會政治史》九章五節）

唐之儲君，自高祖時玄武門之變，世民射殺太子建成，與齊王元吉始，幾乎每一朝都有儲位不安的局面。太監常能左右其勢，如玄宗之立肅宗，乃由內侍高力士一句話便決定。代宗之立，乃由李輔國、程元振護持而得，穆宗之立，得中官王守澄與陳弘志之護持而來。皇位由太監而得，有功的太監們自然趾高氣揚，持恩弄權了。

（三）取得軍權

安史亂後，皇帝不敢過分信任武臣，如薩孟武先生所言：「宿將不易控制」，也是宦豎得逞之另一原因。（上引書）

皇帝不放心擁有大軍的節度使，一方面每一節度使下面都派有一名中人為監軍使。一方面為保護自己，成立神策軍自衛，以太監為指揮官。肅宗反正，李輔國判元帥府行軍司馬，地位和當今的參謀總長差不多。魚朝恩領神策軍，程元振領禁兵。禁軍操之閹宦之手，等於皇帝的性命被掌握在他們的手中。

以楊復恭為例：他

> 以諸子為州刺史，號外宅郎君。養子六百人，監諸道軍。天下威勢，盡歸其門。（《舊唐書》本傳）

（四）取得財政權

自古政府財用，一為軍用經費，一為皇室私蓄，西漢之世，「大司農之財貨，國家之公用。在少府、水衡者，人主之私蓄。」（《大學衍義》補卷二十四〈經制之義〉下）唐初，設有左藏與大盈兩庫。左藏供國家的開支，朝臣為主官，大盈則係人主宴和賞賜之用，由宦官掌理。肅宗至德中，第五琦以京師豪將求取無節，悉以租賦納入大盈內庫。而大盈內庫又是由宦官掌理。自後，宦官便取得了財政權。

（五）取得樞密權

《文獻通考》卷五十八〈職官考十二樞密院〉章中說：

唐代宗永泰中，置內樞密使，始以宦者為之，初不置司局，但有屋三楹，貯文書而已。其職掌惟承受表奏，於內中進呈，若人主有所處分，則宣付中書門下施行而已。永泰中，宦官董廷秀參掌樞密內，元和（憲宗）中劉光琦梁守謙為樞密使，長慶（穆宗）中王守澄知樞密事，舊左右軍容多入為樞密，亦無視事之廳。後僖昭時楊復恭西門季元欲壓宰相權，乃於堂狀後帖黃，指揮公事。

是則宦官不但有樞密權，而且侵奪相權，司馬光說：

（甘露之變，文宗大和九年李訓王涯欲誅宦官不成之後）宦官氣益盛，迫脅天子，下視宰相，陵暴朝士如草芥。

陳寅恪先生說：

唐代自玄宗後，政柄及君權漸轉入閹寺之手，終至皇位之繼承權歸其決定，而內朝之禁軍，外廷之宰相，俱供其指揮，由之進退，更無論矣！（《唐代政治史論述稿、上篇》）

所以，他們不但分了相權，甚至進退宰相之權，都操諸他們之手。

四、宦官的惡形招數

宦官所使招數，像前一節所述腐化人主外，他們最善於：

（一）誣告與進讒

王夫之《讀通鑑論》卷二十三〈代宗〉節中說：

代宗聽程元振之譖，流來瑱殺之，而藩鎮皆懷叛志。僕固懷恩以是樹四降賊於河北，養亂以自固，終始為唐巨患。

程元振這一譖，讓來瑱殺了頭，遂使其他藩鎮心懷恐懼，不敢輕易離鎮朝京師了。藩鎮猜忌朝廷，終於形成割據局面。

又如郭子儀，有定天下之功，魚朝恩又怕又娼，乘其「相州之敗，醜為詆譖。肅宗不納其語，尤罷

子儀兵，留京師。」（《新唐書》二百七〈魚朝恩傳〉）

郭子儀是幸運的，僕固懷恩的遭遇就十分可悲了。《舊唐書》說他：

懷恩以寇難已來，一門之內死王事者四十六人，女嫁絕域，再收兩京，皆導引迴紇，摧滅強敵，而為人媒孽，蓄性獷戾，怏怏不已。（卷一百二十一本傳）

肅宗皇帝特派黃門侍郎裴遵慶安撫懷恩。懷恩抱遵慶的足而號泣，謂「願入朝面奏。」但他的手下范志誠勸他說：

「公以讒言交構，有功高不賞之懼！嫌隙已成，奈何入不測之朝？公不見來瑱，李光弼之事乎？功成而不見容，二臣以走，誅。」（《舊唐書》一百二十一本傳）

懷恩終究不敢入朝，後病死靈武。讒懷恩者，乃是中官駱奉先。

又《新唐書》還載：

王仲昇者，初為淮西節度使，與襄州張維瑾部將戰申州，被執。賊平，元振薦為右羽林大將軍兼御史大夫。將軍兼大夫由仲昇始。裴冕與元振忤，乃掎韓穎等罪貶施州。來瑱守襄、漢有功，元振嘗諉屬，不應，因仲昇共誣殺瑱。同華節度使李懷讓被構，憂甚自殺。素惡李光弼，數媒蝎以

疑之。瑱等上將，晁、光弼元勳，既誅斥，或不自省，方帥繇是攜解。（二百七〈程元振傳〉）

（二）歛財

如高力士：

力士……加累驃騎大將軍，封渤海郡公。於來廷坊建佛祠，興寧坊立道士祠，珍樓寶屋，國貲所不逮。鍾成，力士宴公卿，一扣鍾，納禮錢十萬，有佞悅者至二十扣，其少亦不減十。都北堰灃列五磑，日僦三百斛直。（《新唐書》二百七本傳）

（三）擁立新帝

趙翼說：

統計六七代中，援立之權，盡屬宦寺。宰相亦不得與知！（《廿二史箚記》卷二十）

試將受擁立之皇帝列於后：

李輔國擁立肅宗。
陳宏志等擁立穆宗。
王守澄、王守謙等擁立文宗。
仇士良、魚宏志等擁立武宗。
馬元贊擁立宣宗。
王宗實、丌元實擁立懿宗。
劉行深、韓文約擁立僖宗。
楊復恭擁立昭宗。

（四）弒帝

1.元和十五年春正月申戌，上以餌金丹小不豫……戊戌……是夕，上（竇宗）崩於大明宮之中和殿。享年四十三。時以暴崩，皆信內官陳弘志弒逆。（《舊唐書》卷十五〈竇宗〉下）

2.寶曆二年十二月甲午朔。辛丑，帝夜獵還宮，與中官劉克明、田務成、許文端打毬，軍將蘇佐明、王嘉憲、石定寬等二十八人飲酒。帝方酣，入室更衣，殿上燭忽滅，劉克明等同謀害帝，即時殂於室內，時年十八。（帝為敬宗）（《舊唐書・敬宗本紀》）

（五）廢帝、幽帝

1.光化二年十一月乙酉朔。庚寅，左右軍中尉劉季述、王仲先廢昭宗，幽於東內局安宮。（《舊唐書》卷二十〈昭宗本紀〉）

2.開成五年正月，文宗疾大漸。神策軍護軍中尉仇士良矯詔廢皇太子成美復為陳王，立穎王為皇太弟。辛巳，即皇帝位於柩前。辛卯，殺陳王成美及安王溶，賢妃楊氏。（《新唐書》卷八〈武宗本紀〉）

按成王已立為太子，文宗若崩，他便是皇帝。仇士良不但廢了「準皇帝」，而且「弒」了準皇帝！

3.宣宗大中十三年八月，宣宗疾大漸，以夔王屬內樞密使王歸長馬公儒、宣徽南院使王居方等。而左神策神軍中尉王宗實、副使丌元實矯詔立鄆王為皇太子。癸巳，即皇帝位於柩前。王宗實殺王歸長、馬公儒、王居方。庚子，始聽政。癸卯，令狐綯為司空。尊皇太后曰太皇太后。（《新唐書》卷九〈懿宗本紀〉）

宣宗愛夔王滋，把他託付給內樞密使王歸長，馬公儒（都是閹宦），護軍中尉卻矯詔立鄆王，其間也有廢、立的味道。

（六）當面數落皇帝

1.文宗皇帝曾認為自己像周赧王、漢獻帝，受制於強臣，對起居舍人周墀泣下，謂自己「受制於家奴，」學士崔慎由夜直，仇士良把他叫到祕殿，要他草詔，更立嗣君。慎由寧死不從。士良帶他到小殿見文宗，仇士良和手下太監，歷數帝過，文宗只能俯首不語。（不敢回話！）

2.劉季述把昭宗軟禁在少陽院，以杖畫地，責罵昭宗說：「某日某事，爾不從我罪一也。」至數十不止。帝不敢對！

（七）他們提攜當政者

1.代宗時，宦豎李輔國權傾海內。他擁齊元載為宰相。輔國死後，「元載復勾結內侍董秀，多與之金帛。是上有所屬，載必先知之。承意探微，言必玄合。上益信任之。」（舊書一百十八〈元載傳〉）

2.順宗時，王叔文一派也是和宦官李忠言勾結，乃能弄權：

> 叔文淺中浮表，遂肆言不疑，曰：「某可為相，某可為將，它日幸用之。」陰結天下有名士，而士之欲速進者，率諂附之，若韋執誼、陸質、呂溫、李景儉、韓曄、韓泰、陳諫、柳宗元、劉禹錫為死友，而凌準、程异又因其黨進，出入詭祕，外莫得其端，彊藩劇帥，或陰相賂遺以自結。
>
> 順宗立，不能聽政，深居施幄坐，以牛昭容、宦人李忠言侍側，群臣奏事，從幄中可其奏。王伾密語諸黃門：「陛下素厚叔文。」即繇蘇州司功參軍拜起居郎、翰林學士。大抵叔文因伾，伾因忠言，忠言因昭容，更相依仗。伾主傳受，叔文主裁可，乃授之中書，執誼作詔文施行焉。

時景儉居親喪，溫使吐蕃，惟質、泰、諫、準、畢、宗元、禹錫等倡譽之，以為伊、周、管、葛復出，憫然謂天下無人。叔文每言：「錢穀者，國大本，操其柄，可因以市士。」乃自用杜佑領度支、鹽鐵使，己副之，實專其政。不淹時，遷戶部侍郎。（新書一百六十八〈王叔文傳〉）

3. 憲宗時，李吉甫為相，他交通吐突承璀，引為奧助。按：吐突承璀自憲宗在藩邸時即承恩寵，任神策護軍中尉《舊書》一百六十四〈李絳傳〉載：

吐突承璀恩寵莫二，是歲，將用張為宰相，前一日，出承璀為淮南監軍。翌日，降制，以張為中書侍郎、同中書門下平章事。同列李吉甫便僻，善逢迎上意，張梗直，多所規諫，故與吉甫不協。時議者以吉甫通於承璀，故絳尤惡之。

4. 穆宗時，宰相李逢吉以宦官王守澄為奧援，肆志無所忌憚，其本傳云：

逢吉天與姦回，始賢傷善。……翼城人鄭注以醫藥得幸於中尉王守澄，逢吉令其從子仲言賂注，求結於守澄。仲言辯譎多端，守澄見之甚悅。自是，逢吉有助，事無違者。敬宗初即位，年方童丱，守澄從容奏曰：「陛下得為太子，逢吉之力也，是時，杜元穎、李紳堅請立深王為太子。」乃貶紳端州司馬。朝士代逢吉鳴吠者，張又新、李續之、張權輿、劉栖楚、李虞、程昔範、姜洽、李仲言，時號「八關十六子」。又新等八人居要劇，而胥附者又八人，有求於逢吉者，必先經此八人納賂，無不如意者。逢吉尋封涼國公，邑千戶，兼右僕射。

5. 牛僧孺穆宗長慶三年為相，由王守澄所支援的李逢吉所汲引。文宗太和四年二次為相，受李宗閔的推薦。李宗閔的後援也是閹宦。（《中國社會政治史》第九章第六節）

6. 李德裕，史稱其「以器業自負，特達不群。」（舊書一百七十四本傳）。但他也格於時勢，不敢不討好閹宦：

初德裕在淮南，敕召監軍楊欽義，人皆言必知樞密，德裕……一旦獨延欽義，置酒中堂，情禮極厚，陳珍玩數牀，罷酒，皆以贈之，欽義大喜過望……其後欽義竟知樞密，德裕柄用，欽義頗有力焉。胡三省註云，史言李德裕亦不免由宦官以入相。（資治通鑑卷二百四十六唐紀文宗開成五年）

（按：王船山《讀通鑑論》卷二六〈武宗一〉卻為德裕開脫。他說：

嗚呼！士生無道之世，而欲自拔于流俗，蓋亦難矣。文宗憑几之際，李珏等板敬宗子成美而立之。仇士良廢成美，立武宗。武宗立，珏與楊嗣復以是竄逐，於是而李宗閔之黨不容於朝，政柄之歸必於李德裕，此屈伸之勢所必然者也。德裕即無內援，而舍我其誰？固非一樞密楊欽義之能引己也。然德裕終以淮南賂遺騰交通之名於天下後世，而黨人且據以為口實，雖欲辭托身宦豎之丑而不可得。前此者，崔潭峻，王踐言皆能白德裕之直。然則德裕之於中人，不能自立坊表以不受磷緇，亦已久矣。

其後，太和五年，文宗以宋申錫為相，目的便在要他剪除宦官，不慎失敗。八年，文宗又用李訓。朞年之間，杖殺陳弘志，酖死王守澄，盡誅元和逆黨。不幸太和九年又有甘露寺之變，功敗垂成。）

薩孟武先生說：

武宗崩，兩黨要人死亡殆盡，牛李之爭隨之結束。當牛李爭權之際，「閹寺專權，脅君於內，弗能遠也。藩鎮阻兵，陵慢於外，弗能制也。士卒殺逐主帥，拒命自立，弗能詰也」（資治通鑑卷二百四十四唐文宗太和六年臣光曰）。閹寺愈橫，藩鎮愈強，而宦官益與朝士交惡，「南北司如水火」（資治通鑑卷二百四十九曆宣宗大中八年），各挾藩鎮以自重，宦官與朝士之爭變為藩鎮與藩鎮的火拚，於是統一之局又漸次演變為割據。

終於導致帝國的滅亡。

五、唐代宦官「劣」傳

（一）楊思勗

朝代——玄宗朝
出身——本姓蘇。羅州石城人。為內官楊氏所養。冒所養姓。
性情——甚有臂力。殘忍好殺。《新唐書》說他：

思勗鷙忍，敢殺戮，所得俘，必剺面、剺腦、褫髮皮以示人，將士憚服，莫敢視，以是能立功。內給事牛仙童納張守珪賂，詔付思勗殺之。思勗縛于格，箠慘不可勝，乃探心，截手足，剔肉以食，肉盡乃得死。（卷二百七十本傳）

官職——驃騎大將軍，虢國公。
得權由來——屢立戰功。
下場——開元二十八年病逝，時年八十有餘。

（二）高力士

朝代——玄宗朝

出身——潘州人，馮盎的曾孫。中人高延福養為子。武則天以其慧黠，敕給事左右。

性情——長六尺五寸，性謹密，善揣時事勢候相上下，雖親昵，至當覆敗，不肯為救力，愛聚歛。珍樓寶屋，國貲所不逮。

官職——右監門將軍，知內侍省，加驃騎大將軍，封渤海郡公，開府儀同三司，實封五百戶。

得權——玄宗在藩邸時，力士傾心附結。先天中誅蕭至忠、岑義等（蕭、岑從太平公主反）有功，為右監門衛將軍，知內侍省。四方奏請，皆先省後進。小事即專決，深得玄宗信賴。宇文融、李林甫、蓋嘉運、韋堅、楊慎矜、王鉷、楊國忠、安祿山、安思順、高仙芝，雖以才寵進，然皆厚結力士，故能踵至將相。

末年——力士於肅宗皇帝時為李輔國所誣，除籍，長流巫州。寶應元年赦還，見玄、肅二帝遺詔，慟而卒。享年七十九歲。

（三）李輔國

朝代——肅宗。

出身——本名靜忠。閑廄馬家小兒，少為閹，貌陋，粗知書計，事高力士為僕，四十餘歲，掌廄中簿籍，天寶中，薦入東宮。

性情——不茹葷血，常為僧行。驕恣特甚。

得權——安史亂時，獻計太子，分玄宗麾下兵，勸太子即位。是為肅宗。

官職——開府儀同三司，鄭國公。兵部尚書、司空、中書令、博陸王。

弄權——宰臣百司，不時朝事，皆因輔國上決。常在銀臺門受事，府縣按鞫，三司制獄，必詣輔國取決，隨意區分，皆補制敕。無數異議者。出則甲仗數百人衛從。矯詔移上皇居西內，致上皇（玄宗）鬱而終。

因加中書令（相職），竟逐宰相蕭華。

代宗即位，愈驕橫。謂代宗曰：「大家（皇上）但內裡坐，外事聽老奴處置。」尊為尚父。政無巨細，皆委參決。

下場——程元振突起，居中離間，罷中書令。廣德二年十月十八日，盜入其第，殺輔國，斷其首，臂而去，死時年五十九。

（四）程元振

朝代——代宗。

出身——京兆三原人。以宦者起家。

得權——肅宗崩，張皇后謀立越王，元振見太子，發其姦，與李輔國助討難，立太子，是為代宗。拜右監門衛將軍，知內侍省事。帝以藥子昂判元帥行軍司馬，固辭，乃以命元振，封保定縣侯。再遷驃騎大將軍、邠國公，盡總禁兵。不踰歲，權震天下，在輔國右，凶決又過之。

官職——右監門衛大將軍，知內侍省事，代李輔國和元帥府行軍司馬事，專制禁兵。加驃騎大將軍，封邠國公。

弄權——元振之權，甚於輔國。因細故，誣功臣襄陽節度使來瑱，瑱坐誅。宰臣裴冕，國之元勳，也被他誣陷。天下方鎮解體，吐蕃、黨項入犯京畿，下治徵兵，諸道卒無至者。

下場——太常博士、翰林待詔上書發其姦，帝省，知公議不與，下詔盡削元振官爵，放歸田里。元振衣婦人衣私入京師，御皮劾按，判長流溱州。行至江陵死。

（五）魚朝恩

朝代——肅宗、代宗

出身——瀘州瀘川人。以品官給事黃門。

性情——內陰黠，善宣納詔命，通書計恃功岸忽，無所憚。嫉功好誣告。

得權——安史亂起，肅宗忌宿將難制，九節度討安慶緒於相州，不立統帥，而以魚朝恩為觀軍容宣慰處置使。觀軍容使名自朝恩始。加左監門衛大將軍，代宗時，專領神策軍。

官職——觀軍容使，判國子監，兼鴻臚，禮賓、內飛龍、閑廄使，封鄭國公。

弄權——幾度詆譖郭子儀，肅宗不為所動。代宗時朝恩故技重施，子儀甚憂。俄而吐蕃陷京師，郭子儀單騎退兵，子儀始安。

朝恩好引輕浮後生處門下，講五經大義，作文章，自謂才兼文武，判國子監，始詣學，詔宰相、常參官、六軍將軍悉集，京兆設食，內教坊出音樂俳倡侑宴，大臣子弟二百人，朱紫雜然為附學生，列廡次。又賜錢千萬，取子錢供秩飯。每視學，從神策兵數百，京兆尹自然科學幹率錢勞從者，一費數十萬，而朝恩色常不足。

凡詔會群臣計事，朝恩怙貴，誕辭折愧坐人出其上，雖元載辯彊亦拱默，唯禮部郎中相里造、殿中侍御史李衎酬詰往返，未始降屈，朝恩不懌，黜衎以動造。又謀將易執政以震朝廷，乃會百官都堂，且言：「宰相者，和元氣，輯群生。今水旱不時，屯軍數下萬，饋運困竭，天子臥不安席，宰相何以輔之？不退避賢路，默默尚何賴乎？」宰相俛首，坐皆失色。造徙坐從之，因曰：「陰陽不和，五穀踴貴，皆軍容事，宰相何與哉！且軍拏不散，故天降之沴。今京師無事，六軍可相維鎮，又屯十萬，饋糧所以不足，百司無稍食，軍容為之，宰相行文書而已，何所歸罪？」朝恩拂衣去，曰：「南衙朋黨，且害我。」會釋菜，執易升坐，百官咸在，言鼎有覆餗象，以侵宰相。王縉怒，元載怡然。朝恩曰：「怒者常情，笑者不可測也。」載銜之。

初，神策都虞候劉希暹魁健能騎射，最為朝恩昵信，以太僕卿封交河郡王。兵馬使王駕鶴獨謹厚，亦封徐國公。希暹諷朝恩置獄北軍，陰縱惡少年橫捕富人付吏考訊，因中以法，錄貲產入之軍，皆誣服冤死，故市人號「入地牢」。又萬年吏賈明觀倚朝恩搏恣行，積財鉅萬，人無敢發其姦。朝廷裁決，朝恩或不預者，輒怒曰：「天下事有不由我乎！」帝聞，不喜。養息令徽者，尚幼，為內給使，服綠，與同列爭忿，歸白朝恩。明日見帝曰：「臣之子位下，願得金紫，在班列上。」帝未答，有司已奉紫服于前，令徽稱謝。帝笑曰：「小兒章服，大稱。」滋不悅。

下場——元載用左散騎常侍崔昭尹京兆，厚以財結其黨皇甫溫、周皓。溫方屯陝，而皓射生將。自是朝恩隱謀奧語，悉為帝知。希暹覺帝指，密白朝恩，朝恩稍懼，然見帝接遇未衰，故自安而潛計不軌。帝遂倚載，決除之，懼不克，載曰：「陛下第專屬臣，必濟。」朝恩入殿，嘗從武士百人自衛，皓統之，而溫握兵在外。載乃徙鳳翔尹李抱玉節度山南西道，以溫代節度鳳翔，陽重其權，寔內溫以自助。載又議析鳳翔之郿與京兆，以鄠、盩厔及鳳翔之虢、寶雞與抱玉，而以興平、武功、鳳翔之扶風天興與神策軍，朝恩利其土地，自封殖，不知為虞也。郭子儀密白「朝恩嘗結周智光為外應，久領內兵，不早圖，變且大」。載留溫京師，未即遣，約與皓共誅朝恩。謀定，以聞，帝曰：「善圖之，勿反受禍！」方寒食，宴禁中，既罷，將還營，有詔留議事。朝恩素肥，每乘小車入宮省。帝聞車聲，危坐，載守中書省。朝恩至，帝責其異圖，朝恩自辨悖傲，皓與左右禽縊之，死年四十九，外無知者。（《新唐書》列傳一三二。）

（六）、（七）竇文場與霍仙鳴

出身——兩人在德宗為太子時給事東宮。

得權——德宗以親軍委白志貞。志貞吃空缺。涇帥之亂，帝召禁軍禦賦，兵要至者，唯文場、仙鳴率諸宦者及親王左右從行。志貞貶官，左右禁旅，因交文場主之，德宗還京，頗忌宿將，悉罷之。禁旅由文場、仙鳴統御。

官職——竇文場任左神策護軍中尉，霍仙鳴為右神策護軍中尉，文場累遷至驃騎大將軍。

弄權——竇霍之權，振於天下。藩鎮節將，多出禁軍，臺省清要，時出其門。史稱其「招權驕肆」。「怙寵驕恣」。

下場——仙鳴暴死，帝疑左右進毒，文場表請致仕，卒。

（八）仇士良

出身——仇士良、字匡美循州興寧人。順宗時侍東宮。

官職——左神策護軍中尉。

得權——文宗欲殺王守澄，命仇士良為左神策護軍中尉，分守澄之權。（以閹制閹）。之後，李訓欲盡逐宦官，為士良發覺，他和右神策軍中尉魚弘志，大盈庫使宋守義挾帝還宮，縛王涯、舒元輿，令自承反，示牒於朝，無人敢辯爭，士良縱禁兵捕殺兩人「黨羽」千餘人。文宗不敢言。事後，且加仇士良特進[1]，右驍衛大將軍，魚弘志右衛上將軍兼中尉，自是權歸士良。

弄權——文宗召翰林學士周墀，對他說：「周赧王、漢獻帝受強臣壓制，朕受制于家奴，比周、漢二帝差遠了！」仇士良要廢帝，崔慎由寧死不肯作詔。當著慎由的面，仇士良歷數文宗的過失，帝俛首而已。

文宗立敬宗的兒子陳王成美為太子。文宗崩，士良矯詔廢成美，迎立穆宗的兒子穎王炎，

1 特進：二品官。

是為武宗。史稱其「殺二主、一妃、四宰相。貪酷二十餘年，恩禮不衰。」士良告老之時，對中人們訓話說：「天子不可令閒暇，暇必觀書，見儒臣，則又納諫，智深慮遠，減玩好，省游幸，吾屬恩且薄而權輕矣。為諸合記，莫若聚財貨，盛鷹馬，日以毬獵蠱其心。極侈靡，使悅不知息。則必斥經術，闇外事。萬機左我，恩澤權力欲焉往哉？」

下場——死之明年，有發其家藏兵數千物，詔削官爵，籍其家。

（九）吐突承璀

出身——字仁貞，閩人。以黃門直東宮。

性情——性敏慧，有才幹。

官職——左神策護軍中尉，左衛上將軍。知內侍省事。

得權——憲宗為太子時，知承恩寵。李絳在翰林，論承璀過失。憲宗僅貶承璀為淮南監軍。後李絳任宰相。憲宗思念承璀，罷李絳相，召承璀回宮，任內弓箭庫使，復左神策中尉之職。

下場——惠昭太子薨，承璀請立澧王，帝未許。踰年帝崩，穆宗繼位。想起承璀之澧王之議，把承璀處死禁中。

（十）王守澄

出身——元和末宦者。

得權——內官陳弘慶（一作陳弘去）弒憲宗，王守澄和中尉馬進潭、梁守謙、劉承偕、韋元素等冊立穆宗。

官職——穆宗長慶中，知樞密事，文宗即位，進驃騎大將軍，右軍中尉。敬宗夜獵還宮，與中官劉克明等二十八人飲酒。克明等弒帝，矯詔召絳王悟（憲宗之子）勾當軍國事。旋下遺詔由絳王即位，守澄率禁軍討賊，誅絳王，立穆宗次子，江王昂，是為文宗。

下場——文宗認憲宗時諸醜未受制裁，乃以宋申錫為相，謀因事除之。不克。宰相李逢吉之姪李訓，因守澄黨鄭注引入禁中。李訓推薦仇士良為左軍中尉，分守澄之權。大和九年，帝令內養李好古酖殺守澄，祕而不發，仍贈他揚州大都督，守澄弟王守涓為徐州監軍，召還。至中軍，誅之。

（十一）馬元贄

得權——武宗病甚，左神策護軍中尉馬元贄立憲宗的兒子光王忱為皇太叔，勾當軍國大事。武宗崩，遂即帝位，為宣宗。

弄權——又是一個援立的例子。

（十二）王宗實

得權——大中十三年八月，宣宗皇帝病甚，以夔王滋屬內樞密使王歸長、馬公儒、宣徽南院使王居方等。而左神策護軍中尉王宗實、副使丌元實矯奏立宣宗長子鄆王漼為皇太子。宣宗崩，皇太子即位為懿宗，王宗實殺王歸長、馬公儒和王居方三人。

弄權——這也是矯詔援立，濫殺他官的例子。

（十三）劉行深與韓文約

得權——咸通十四年七月，懿宗疾大漸，左右神策護軍中尉劉行深、韓文約立懿宗第五子普王儇為皇太子。懿宗崩，普王即帝位于柩前，是為僖宗。

這也是一個援立的例子。

（十四）田令孜

出身——字仲則，蜀人，本姓陳，僖宗為王時，與令孜同臥起。

官職——左神策護軍中尉。左監門衛大將軍，六軍十二衛觀軍容使。

得權——僖宗以令孜知書能處事，政事一以委之。

弄權——令孜知帝狂荒不足懼，則販鬻官爵，除拜不待旨。假賜緋紫不以聞。百度崩弛，內外垢玩，既所在盜起，上下相掩壓，帝不及知，是時，賢人無在者，左拾遺侯昌蒙上疏指言豎尹用權亂天下，疏入，賜死內侍省。令孜且禁制天子不得有所主斷。帝莫可奈何。

下場——與弟陳敬瑄反為承平軍節度使王建所擒，同日死。臨刑，面色不變。

（十五）楊復恭

出身——復恭字子恪，本林氏子。楊復光從兄。他略涉學術，監諸鎮兵以戰功入拜宣徽使，擢樞密使，左神策中尉，六軍十二衛觀軍容使，魏國公。

得權——僖宗文德元年三月，帝疾甚。群臣以懿宗子吉王俊長且賢，欲立之。觀軍容使楊復恭率兵迎壽王曄，懿宗第七子，立為皇太弟，改名敏。僖宗崩，敏即皇位，是為昭宗。

他以諸子為州刺史，號「外宅郎君」。又養子六百人，監諸道軍。天下威勢，盡歸其門。他自認乃隋帝後裔。隋亡于恭帝，他名復恭，實有深意。後為韓建的邏卒所擒，當場被殺。他給兒子守亮的信說：「承天門者，隋家舊業，兒但積粟訓兵，何進奉為？吾披荊榛立天子，既得位，乃廢定策國老，奈負心門生何？」門生，指天子。其不臣類此。

（十六）劉季述

出身——本微卑，稍顯於僖、昭間。

官職——樞密使，左神策軍中尉。

弄權——幽帝后於少陽院。挾太子即位。史稱其：

改東宮為問安宮。季述等皆先誅戮以立威，夜鞭笞，晝出尸十輦，凡有寵于帝，悉榜殺之。殺帝弟睦王。師虔尤苛察，左右出入搜索，天子動靜輒白季述。帝衣晝服夜浣，食自竇進，下至筆紙

銅鐵，疑作詔書兵器，皆不與。方寒，公主嬪御無衾纊，哀聞外廷。（《新唐書》二百八）

季述甚至要盡殺百官。先弒帝，挾太子以令天下。宰相崔胤施反間，都將孫德昭，邀別將周承誨，伏士安福門待旦。右神策護軍中尉王仲坐肩輿先到，德昭等劫之，斬於東宮門外，承誨馳入左軍，執劉季述和王彥範至帝前。帝詰季述未畢，崔胤原先令京手集萬人持大梃集于門外，此時萬梃皆進，將二人打死。結果，逆賊黨均斬首，季述夷三族。昭宗復位。

（十七）韓全誨與張彥弘

出身——韓全誨、張彥弘皆不知所來，並監鳳翔軍。

官職——全誨入為內樞密使，劉季述受誅後，任左神策中尉。彥弘任右神策中尉，皆拜驃騎大將軍。

弄權——兩人合勢恣日恭中官倚以自驕，他們找了幾十個認識字的美宮女侍帝左右，於是一切機密奏章的內容，盡洩於二人。

宰相崔胤擬借朱全忠之力清君側。全誨等結節度使李茂貞自保，全誨劫天子遷鳳翔。終於民茂貞力盡勢窮，先將全誨、彥弘等四人斬首。其夜，誅內諸司使二十二人，數日後，又捕殺中官七十人，朱全忠使京兆尹誅其黨與百餘人。帝還京師，盡誅第五可範等八百餘閹人於內侍省，哀號之聲聞於外。

宦官之禍平了，朱全忠勢力大了。帝率弒死，唐也亡了！

六、結論

按《舊唐書》載：

> 唐制：內侍省官有內侍四，內常侍六，內謁者監，內給事各十，謁者十二，典引十八，寺伯、寺人各六。又有五局：一曰掖廷，主宮嬪簿最；二曰宮闈，扃門闌；三曰奚官，治宮中疾病死喪；四曰內僕，主供帳鐙燭；五曰內府，主中藏給納。局有令，有丞，皆宦者為之。
>
> 太宗詔內侍省不立三品官，以內侍為之長，階第四，不任以事，惟門閤守禦、廷內掃除、稟食而已。

依照太宗的規矩，太監們只管些關閉門戶，灑掃庭除，進衣奉食等粗事，而且人數有限，官品不高，內侍省長官，階不過四品，太宗的深謀遠慮，實在了不起。

到了玄宗時，《舊唐書》二百七載：

> 玄宗承平，財用富足，志大事奢，不愛惜賞賜爵位。開元、天寶中，宮嬪大率至四萬，宦官黃衣以上三千員，衣朱紫千餘人。其稱旨者輒拜三品將軍，列戟於門。其在殿頭供奉，委任華重，持節傳命，光焰殷殷動四方。所至郡縣奔走，獻遺至萬計。脩功德，市禽鳥，一為之使，猶且數千

緡。監軍持權，節度返出其下。於是甲舍、名園、上腴之思為中人所名者半京畿矣。

玄宗可說是始作俑者，結果，肅宗立尊玄宗為太上皇。太上皇為李輔國所譖，遷於西內。玄宗最親近的玉真公主，和宦官高力士，一被送入道觀，一被流放。玄宗怏怏不豫，隨即去世。

肅宗、代宗，都是庸弱之主，於是輔國以尚父顯，元振以援立奮，朝恩以軍容重。他們還不曾領兵，德宗立左右神策軍，天威軍，交給宦官統領，置護軍中尉、中護軍，分提禁兵。由是將威柄下遷，政在閹人！他們舉手伸縮，便有輕重。他們又找些慓士兵材，以為養子。巨鎮強藩，爭出其門。各路監軍，都是他們的黨徒，實際上，皇帝都得聽他們。天下完全是屬於宦官的了。宦官之禍，實由玄宗打破太宗的制度，開了頭。肅、代點了火，德宗踩了油門，憲宗煞不住車。於是一發不可收拾。最後，宦官們數以千計的，被殺了頭結束了宦官之禍，兩唐帝國也就滅亡了！

趙翼說：

國家不能不用奄寺。而一用之則其害如此。蓋地居禁密。日在人主耳目之前。本易窺嚬笑而售讒諛。人主不覺。意為之移。范蔚宗傳論。謂宦者漸染朝事。頗識典故。少主憑謹舊之庸女君資出納之命。及其傳達於外。則手握王命。口銜天憲。莫能辨其真偽。故威力常在陰陽奧窔之間。迨勢燄既盛。宮府內外。悉受指揮。即親臣重臣。竭智力以謀去之而反為所噬。當其始。人主視之。不過供使令效趨走而已。而豈知其禍。乃至此極哉。（《廿二史劄記》卷五）

《舊唐書》二百七論閹宦說：

小人之情，猥險無顧藉，又日夕侍天子，狎則無威，習則不疑，故昏君蔽於所昵，英主禍生所忽。玄宗以遷崩，憲、敬以弒殞，文以憂償，至昭而天下亡矣。禍始開元，極於天祐，凶愎參會，黨類殲滅，王室從而潰喪，譬猶灼火攻蠹，蠹盡木焚，詎不哀哉！跡其殘氣不剛，柔情易遷，褻則無上，怖則生怨，借之權則專，為禍則迫而近，緩相攻，急相一，此小人常勢也。噫！梟狐不神，天與之昏，末如亂何。

說得真好，論算，有前車之鑑，後代可能便會避免再重用閹宦了，可明代的宦官，也是混亂之源！實不了解。

柒、從傳奇看唐代藩鎮

一、前言

傳奇中，述及藩鎮之處甚多，且舉數例：

（一）枕中記

開元七年……盧生……遂除生御使中丞、河西道節度使。大破戎虜。斬首七千級，開地九百里。……歸朝策勳，恩禮極盛。轉吏部侍郎，遷戶部尚書兼御使大夫。時望清重……未幾，同中書門下平章事。（即宰相）（《文苑英華》。又見諸《太平廣記》卷八十二。而題為《呂翁》首句為「開元十九年。」）

這是開元初，文人任節度使，以功勳而召入朝廷，由侍郎、尚書而任宰相。

（二）柳氏傳

侯希逸自手盧節度淄青，除左僕射。入覲。

這是節度使加僕射銜。僕射，即是宰相。（薩孟武先生：《中國政治社會史》三冊九章中說：「尚書令一職，因『太宗昔居藩邸，實踐此職，累聖相承，曠而不置。』於是左右僕射便是宰相。」）

（三）李娃傳

天寶中，生父由常州詔入，拜成都尹、兼劍南採訪使。

唐的地方政府採州（郡）縣兩級。所謂府、都督府，都是州的別稱。州數太多，乃分全國為四十餘道，以司監察，最初，道的長官叫按察使。旋改為採訪處置使。又改為觀察使。有戎旅之地置節度使。府、都督府，其實是州。京北（雍州）為西都，河南（洛州）為東都，太原（并州）為北都。此三地置府，長官稱牧。官階從二品。武德初，邊要之地置總管以統軍，七年，改總管曰都督，分大中小三級。官階從二品至從三品，州分上、中、下三級。刺史官階從三品至正四品下。

（四）長恨歌傳

漁陽鞞鼓動地來，驚破霓裳羽衣曲。

「漁陽鞞鼓動地來」，是說蕃將安祿山領兵造反，震動朝廷。

唐玄宗在姚崇、宋璟兩位賢相輔助之下，作成了開（元）天（寶）之治，不免志高氣滿，聽從奸相李林甫的話，任用蕃將鎮守邊區，而且不兼領，無任期。於是胡人安祿山乃能身領三道勁兵，十四年不調職，其上又無文臣的節制。終於能深得士心，養成氣候，兵精糧足，起了不臣之心。

（五）鶯鶯傳

> 是歲，渾瑊夢於蒲。有中人丁文雅，不善於軍。軍人因喪而擾。

這是說：渾瑊，鐵勒九姓的渾部人（蕃將），任節度使。而朝廷派太監（中人）丁文雅為監軍使，瑊好書，通春秋、漢書、史稱其「天性忠謹，功高而志益下。歲時貢奉，必躬閱視。每有賜予，下拜跽受，常若在帝前。」他掌權治蒲十六年，甚得軍民悅服。這是非常忠誠的一位蕃將。而安史亂後，朝廷不信任藩鎮。節度使之下，都有一位太監任監軍。

（六）馮燕傳

> 馮燕者，魏豪人……魏市有爭財鬥者，燕聞之往，搏殺不平，遂沉匿田間。官捕急，遂亡滑。益與滑軍中少年雞（鬥雞）毬（蹴球）相得。時相國賈公耽在滑，能燕材，留屬中軍。

其後燕與滑將張嬰之妻通姦。燕好之時，適張嬰返家。嬰妻授刀馮燕，示意殺其夫，馮燕認為，與人妻姦，已屬大過，豈可更殺人夫！他認為嬰妻實屬大惡，乃殺嬰妻而去，不料官方竟認為張嬰殺死妻子，予以逮捕。張嬰百口莫辯，被處死刑，就市斬首之時，馮燕突出自首，承認張妻係他所殺，以救張嬰。檢校右僕射兼滑州刺史的義成軍節度使賈耽，認為馮燕寧死不誣張嬰，大義可嘉，上狀朝廷，願歸印綬以贖燕死。朝廷竟下詔，不但免了馮燕的死罪，凡滑城死罪者，俱獲赦。

這正可說明：藩鎮可招聚亡命，包庇犯人。他們多有八座銜。（八座：左右僕射與六部尚書。）

（七）紅線傳

田承嗣常患熱毒風，遇夏增劇。每曰：「我若移鎮山東，納其涼冷，可緩數年之命。」乃募軍中武勇十倍者，得三千人，號外宅男。……卜選良日，將遷往潞州。（即吞併潞州的意思）

這是說：藩鎮根本不聽中央指揮，經常以武力相併，併吞鄰鎮的土地。

（八）聶隱娘

元和間魏帥與陳許節度使劉昌裔不協，使隱娘賊其首。隱娘辭帥之許。

這是說：藩鎮以刺客對付敵手。

二、節度使的由來

唐初實行府兵制。農民於農閒之時荷戈成兵。農忙之時，則耕耘事田野。一言以蔽之，即寓兵於農。且不違民時。所以，一旦有事，農民釋耒荷戈，從事戰鬥。他們的戰鬥力強，紀律好。而政府又利用各種方法，鼓勵人民從軍、作戰。

薩孟武先生說：

> 釋耒荷戈，奔命於疆場之上，試問誰人願意。但是人類必有所欲，又有所惡，政治家若能抓住人類這個弱點，誘之以其所大欲，嚇之以其所大惡，則戰爭雖然危險，而人民權輕重，較短長之後，亦未必不肯棄家庭，捐妻子，效命於疆場之上。人類所欲者是什麼？是名利。人類所惡者是什麼？是貧賤。（《中國社會政治史》第九章）

所謂：重賞之下，必有勇夫。唐陸贄說：

> 夫立國之道，唯義與權。誘人之方，唯名與利。（《薩宣公全集》卷四〈又論進瓜果〉〈擬官狀〉）

唐初太宗以至尊之身，存慰傷兵，（《資治通鑑》一九七〈唐紀・太宗貞觀十九年〉）弔慰陣亡士卒（同書一九八），追贈死者官爵。授其子弟官爵。（《舊唐書》八十四〈劉仁軌傳〉）得官爵者，又有免課賦稅的權利。（《新唐書》卷五十一〈良貨志〉）

唐代每夫受田百畝。八十畝為口分，二十畝為永業，民年六十以上，口分田減為四十畝。平民死了，妻妾只能有三十畝。（《新唐書》卷五十一〈食貨志〉）若是受傷的戰士，年逾六十，終身不減一畝田。若為國而死者，子孫雖未成年，也可繼承口分田。（《文獻通巧》卷二〈歷代田賦之例〉）兵一旦勤王，便能名利雙收。每次徵募兵士，應徵者常多於空額。所選錄者，當然都是勇健之士。兵精士健，戰氣高昂，打起仗來，勝面甚大。戰事結束，兵歸於野，將歸於朝。

自古侵略中原的勢力，多來自北面。唐高祖建國之時，曾稱臣於突厥。太宗雪高祖之恥，大事北征。每征服一地，即就地列置州縣，以其酋長為都督、刺史、縣令。不但擴大了大唐的版圖，又分化了這些外族。使他們「國小權分，不能抗衡中國。」（薩孟武：《中國社會政治史》三冊九章。）

這些州縣，竟多達八百五十六處之多：

自太宗平突厥，西北諸蕃及蠻夷稍稍內屬，即其部落，列置州縣，其大者為都督府，以其首領為都督刺史，皆得世襲。雖貢賦版籍多不上戶部，然聲教所暨，皆邊州都督都護所領，著於令式……突厥回紇黨項吐谷渾隸關內道者，為府二十九州九十。突厥之別部及奚契丹靺鞨降胡高麗隸河北者，為府十四州四十六。突厥回紇黨項吐谷渾之別部及龜茲於闐焉耆疏勒河西內屬諸胡西域十六國隸隴右者，為府五十一州百九十八。羌蠻隸劍南者為州二百六十一。蠻隸江南者為州五十一，隸嶺南者為州九十三。又有黨項州二十四，不如其隸屬。大凡府州八百五十六，號為羈縻云（新唐書卷四十三下地理志七）。

這些州縣，分統於六都護府。或有隸於沿邊都督府者：

唐貞觀至開元，蠻夷多內屬，即其部落為羈縻府州，多至八百五十有六。又於沿邊諸道設六都護分統之，曰安北都護府（屬關內道），曰單于都護府（屬關內道），曰安西部護府（屬隴右道），曰北庭都護府（屬隴右道），曰安東都護府（屬河北道），曰安南都護府（屬嶺南道）。其餘則統於營州（屬河北道），松州（初屬隴右道，永徽後屬劍南道），戎州（屬劍南道），黔州（屬江南道）等都督府（讀史方與紀要卷五歷代州域形勢）。

但國力強盛時，這些戎狄君長酋長，直接受都護府節制，若中原有事，難保這些君長酋長不會團結起來，對抗中央。唐玄宗時，便在緣邊禦戎之地，設置十個經略節度使，以之式遏四夷：

是時……置十節度經略使，以備邊。安西節度撫寧西域，統龜茲、焉耆、于闐、疎勒四鎮，治龜茲城，兵二萬四千。北庭節度防制突騎施、堅昆，統瀚海、天山、伊吾三軍，屯伊、西二州之境，治北庭都護府，兵二萬人。河西節度斷隔吐蕃、突厥，統赤水、大斗、建康、寧寇、玉門、墨離、豆盧、新泉八軍，張掖、交城、白亭三守捉，屯涼、肅、瓜、沙、會五州之境，治涼州，兵七萬三千人。朔方節度捍禦突厥，統經略、豐安、定遠三軍，三受降城，安北、單于二都護府，屯靈、夏、豐三州之境，治靈州，兵六萬四千七百人。河東節度與朔方掎角，以禦突厥，統天兵、大同、橫野、岢嵐四軍，雲中守捉，屯太原府忻、代、嵐三州之境，治太原府，兵五萬五千人。范陽節度臨制奚、契丹，統經略、威武、清夷、靜塞、恆陽、北平、高陽、唐興、橫海九軍，屯幽、薊、嬀、檀、易、恆、定、漠、滄九州之境，治幽州，兵九萬一千四百人。平盧節度鎮撫室韋、靺鞨，統平盧、盧龍二軍，榆關守捉，安東都護府，屯營、平二州之境，治營州，兵三萬七千五百人。隴右節度備禦吐蕃，統臨洮、河源、白水、安人、振威、威戎、漠門、寧塞、積石、鎮西十軍，綏和、合川、平夷三守捉，屯鄯廓洮河之境，治鄯州，兵七萬五千人。劍南節度西抗吐蕃，南撫蠻獠，統天寶、平戎、昆明、寧遠、澄川、南江六軍，屯益、翼、茂、當、巂、柘、松、維、恭、雅、黎、姚、悉十三州之境，治益州，兵三萬九百人。嶺南五府經略綏靜夷、獠，統經略、清海二軍，桂、容、邕、交四管，治廣州，兵萬五千四百人。此外又有長樂略，福州領之，兵千五百人。東萊守捉萊州領之，東牟守捉登州領之，兵各千人。凡鎮兵四十九萬人，馬八萬餘匹。開元之前，每歲供邊兵衣糧，費不過二百萬。天寶之後，邊將奏益兵浸多，每歲用衣千二十萬匹，糧百九十萬斛，公私勞費，民始困苦矣（資治通鑑卷二百十五唐玄宗天寶元年）。

而節度使之正式成為官名，始自睿宗景雲二年。當時任賀拔延嗣為涼州都督，河西節度使。（《唐會要》卷七十八）

三、唐初的節度使制

貞觀三年八月，李靖除定襄道行軍大總管。貞觀三年以後，行軍即稱總管。本道即稱都督。高宗永徽以後，除都督帶使持節，即是節度使。不帶節者，不是節度使。睿宗景雲二年（七一二年），賀拔延嗣除涼州都督，充河西節度使，節度使之名號從此開始。

唐高祖高瞻遠矚，取得天下後，邊帥皆用名臣，而且有一定的任期。不遙領，即宰相不遙領節度使的職位。不兼統，一區一個節度使。不可兼另一區的節度使。當時蕃將雖才略如阿史那社爾、契苾荷力，還不給他們專統任大將。卻用大臣在上，予以控制。（參閱：《資治通鑑・唐紀・玄宗天寶六年》）

太宗時，有以親王遙領節度使的。目的不過在使行節度使事者，受到親王的節制。

薩孟武先生說：「國家的治亂，懸於揣度的良窳。」（《中國社會政治史》九章四節）譬如《唐會要》卷六十五〈內侍省〉載：

> 唐制。內侍省。其官有內侍四人。內常侍六人。內謁者監六人。內給事十八人。謁者十二人。典引十八人。內侍伯二人。寺人六人。別有五局。掖廷局掌宮人簿籍。宮闈局掌宮內門禁。其屬有掌扇給使等員。奚官局掌宮人疾病死喪。內僕局掌宮中輿輦導從。內府局掌宮中供帳燈燭。五局有令丞。皆內官為之。貞觀中，太宗定制，內侍省不置三品官。內侍是長官，階四品，其職但在

閤門守禦，黃衣廩食而已。

到了唐玄宗，玄宗李隆基，在賢相姚崇、宋璟翼輔之下，成就了開天之治。於是他趾高氣揚，根本不把祖宗的規矩當一回事：

> 元宗在位，中官稍稍稱旨者，即授三品左右監門將軍，得門施棨戟。（唐會要卷六十五）

而高力士以恩寵、楊思勗以軍功，均累進至從一品驃騎大將軍的高位，天寶十三年，置內侍監二員，正三品。和同中書門下三品的宰相並駕齊驅了！其後演變？李輔國從肅宗幸靈武、程元振翼衛代宗，遂至守三公，封王爵，干預國政了。

他的兒子肅宗以後：

> 李輔國從（肅宗）幸靈武，程元振翼衛代宗，遂至守三公，封王爵，干預國政，郭子儀北伐，遂立觀軍容宣慰使，命魚朝恩為之，然自有統帥，亦監領而已。貞元之後，天子爪牙之士，悉命統之，於是畜養假子，傳襲爵士，跋扈之兆，萌于茲矣，而中外黨錮，恣為不法，雖朝廷之令，漸不能制，文宗即位，以仇士良等威福任己，思漸除之，卒有李訓之敗，公卿輔相，赤族受禍，暨武宣之際，閹豎輩嘗切齒于南衙官屬，光化中，昭宗授政于宰相崔允，尤忌宦官，于是左右軍容使劉季述王仲先，深不自安，幽帝于東內，冊皇太子裕監國，崔允乃外協朱氏，密圖匡復，潛構

護駕監州雄毅軍使孫德昭，誅季述等。（仝上）

到了昭宗皇帝：

昭宗返正，改元天復，大懲其弊。收中官第五可範以下七百餘人，于內侍省同日誅之。諸道監軍使（按：都是閹官），亦令剿戮。（仝上）

但其時，國力已衰，制度已亂，終於亡了國。

而玄宗又修改節度使制度——用蕃將，無任期、不兼領——實是促成帝國瓦解的最大原因。

四、玄宗時代其後的節度使

開天之治，人民安享太平。玄宗皇帝高高在上，志得氣滿。其時，他在位已久，年事已大，不免躭于享樂，倦於政事，在節度使的制度方面，他作了許多修改：

（一）宰相又遙領節度使

按《唐會要》卷七十八：

開元十六年十一月，兵部尚書、河西節度副大使知節度事蕭嵩，除同中書門下平章事（即宰相，節度如故。）宰相遙領節度使，自茲始也。二十六年二月，中書令李林甫遙領隴右節度使。天寶十年十一月，楊國忠遙領劍南節度使。蕭嵩以牛仙客為留後。李林甫以杜希望為留後。楊國忠以崔圓為留後[1]。

（二）玄宗起用蕃將為節度使

繼貞觀之治後，姚崇、宋璟又輔導玄宗皇帝成就了開（元）天（寶）之治。其時，玄宗年紀已入古稀，倦於政事，武惠妃死後，他看上了媳婦，也就是壽王的妃子楊玉環。硬是把媳婦弄過來作貴妃，姚、宋俱往，（張）九齡已老，韓休已死，他寵信姦臣李林甫，聽從李林甫的話，任用蕃將為節度使。按初唐之世，儒臣守邊，功勳高者，常徵入為宰相。李林甫任宰相，才會建議起用蕃將。因為，蕃將多起自行伍，不知文辭，沒有召入任宰相的可能。是以，李林甫一任宰相竟作了十九年！

（三）節度使原都有任期，邊將三年一任

玄宗也改變了這個慣例。李林甫為鞏固自己的相位，放任蕃將連任。於是安祿山一任竟十四年不調職。他的士卒，只忠於安祿山，完全不知道朝廷是什麼了！

1 所謂留後，即代行節度職務。以今日大使館言，駐甲國大使兼駐乙國大使時，他常駐甲國。他到乙國呈遞到任國書之後，便離開乙國。駐乙國大使館館務由代辦處理。代辦之於大使，即如留後之於節度使。

（四）節度使地盤有限，不能發動政變

是以，唐初不許一道的節度使兼任另一道的節度。玄宗時，安祿山竟身兼三道，控制三道勁兵，勢力甚大，不免覬覦大位。而終於釀成了安史之亂！數十年後，張宏靖任盧龍節度使，始入幽州，當地人士還稱安祿山和史思明為「二聖」，足見安、史治鎮時的影響力。張弘靖要懲窒其風，發墓毀棺，竟引起范陽復亂！（見《新唐書》一二七〈張弘靖傳〉）

五、安史亂後的藩鎮概況

安祿山本胡人，專三道勁兵十四年，三道人民，但知有祿山，而不知有皇帝。他終於叛亂。繼他而起的是史思明。朝廷使盡力量，好不容易戡平叛亂。而武卒之有軍功者，多充任方面大員的節度使，朝廷且瓜分河北地，付諸曾叛亂而現已歸正的「叛將」。於是「方鎮相望於內地」，中央集權，被地方割據所包圍。最初，河朔三鎮——盧龍、成德、魏博——最強。河朔，一向是漢胡雜居之地。《新唐書》卷一百四十八〈史孝章傳〉中，孝章說：「天下指河朔若夷狄焉。」此三鎮之所以強，與胡人關係甚大。不久，國門之外，都成了方鎮的領地。

這些方鎮的作為為何？我們且拿《新唐書》卷二百一十〈田承嗣傳〉所載來解說：

> 承嗣，沈猜陰賊，不習禮義。既得志，即計戶口，重賦斂，厲兵繕甲，使老弱耕，壯者在軍，不

> 數年，有眾十萬。又擇趫秀彊力者萬人，號牙兵，自署置官吏，圖版稅入，皆私有之。又求兼宰相，代宗以寇亂甫平，多所含宥，因就加同中書門下平章事，封鴈門郡王，寵其軍曰天雄，以魏州為大都督府，即授長史，詔子華尚永樂以主，冀結其心。而性著凶詭，愈不遜。

其他方鎮，不免有樣學樣。我們分別說明於後：

1. 他們治兵繕壘，計戶口之眾寡，以老弱事耕稼，丁壯從征役。各有私自的軍隊，而這些士兵都訓練有素，都是職業軍人。我國古時，政權常受兵權的控制。方鎮既有自己的軍隊，不免志高氣滿，對中央予取予求。甚至脫離中央，儼然成了一個獨立的國家。

2. 他們自署官吏。這些官吏只效忠鎮帥，不知尚有皇帝的存在。「感恩知有地，不上望京樓。」這兩句唐詩，正描出他們的心態。

3. 他們征賦稅。憲宗元和年間，天下州府共二百九十三，戶二百四十四萬二百五十四。每年把稅賦繳交中央的，不過四十州——一百四十萬戶。（《唐會要》卷八十四〈戶口數雜錄〉）其他稅賦都歸方鎮所有。

4. 他們反覆無常。途窮即投降政府，得勢即不受中央節制。以田承嗣為例，他原是安祿山手下，累功至武衛將軍。祿山起兵，他和張忠志打前鋒。而後，他投降政府。史思明亂，他又任史明前導。史朝義敗，他向僕固懷恩投降，僕固懷恩也是蕃人，他唯恐賊平之後，自己的分量也就沒有了，因此建議將田承嗣等分帥河北。田後來又反叛，再歸降。大曆十二年承嗣上書請罪，有詔「復官爵，子弟仍故官。」十四年，田承嗣死，享年七十五歲。他在生之日，一共搶奪到貝、埔、魏、衛、相、澶、洛等七州之地！

5.他們父死子繼，儼然成了獨立的王國！

6.他們之間，合則連橫叛上，怒則兵戎相拚，派刺客行刺對方，也是手段之一。甚至宰相武元衡便是他們派刺客刺殺的！

7.他們常受制於下屬。「平盧節度使王玄志薨，上遣中使往慰將士，且就察軍中所欲立者。高麗人李懷玉為裨將，殺王玄志之子，擁其姑父侯希逸為平盧軍節度使。朝廷竟以希逸為使。」（《資治通鑑》卷二二〇〈唐肅宗乾元元年〉）開了軍士廢立的例子。這種惡例，一直到趙匡胤為軍士黃袍加身，作了皇帝，之後，才畫下記點。

最後，到了憲宗皇帝即位時（元和三年，西元八〇六年），全國藩鎮四十八處，凡轄州府二百九十五，縣一千四百五十三，其中不向中央申報戶口的達十五鎮七十一州。每年向中央財賦的，只有浙江東西的八鎮四十九州。（傅樂成：《中國通史》第十六章）

其時，唐朝的方鎮，和戰國時代的諸侯差不多。他們不把皇帝看在眼裡。他們合則連盟抗上，怒則武力相拚。擾擾攘攘，自唐末至唐亡，甚至到了五代小國，人民都受到他們的迫害，直到宋朝統一，才結束了這種局面。

六、藩鎮與胡人

經過五胡亂華、南北朝對峙之後，有好一些胡人都入居了中原。隋、唐帝室，都雜有胡人血統。太宗貞觀四年破突厥，處其部落於河南朔方之地。入居長安的突厥人近萬家，貞觀十九年征高麗，從遼、蓋、巖三州戶口七萬人入居中國，高宗顯慶五年平百濟，徙其戶口於徐、兗等州。總章元年平高麗，徙其戶口三萬八千二百於江淮之南及山南京西諸州空曠之地。（參閱《資治通鑑》）淄青節度使李正己即係高麗人。

是以，唐代的胡人，尚包括了高麗人。

在唐代胡漢雜居地，一是河朔，即河朔三鎮之地。史孝章說：

> 天下指河朔若夷狄焉。（《新唐書》卷一百二十八本傳）

一是寧、慶二州。寧州約當今之雲南。慶州約當今之甘肅省慶陽縣。唐休璟說：

> 豐州（漢五原郡地）控河遏寇，號為襟帶，自秦漢以來，常郡縣之……隋季喪亂，不能堅守，乃遷就寧慶，戎羯得以乘利而交侵，始以靈（漢北地郡地）夏（漢朔方郡地）為邊，唐初募人以實之，西北一隅得以完固。今而廢之，則河傍地復為賊有，而靈夏亦不足自安（新唐書卷一百十一唐休璟傳）。

薩孟武先生說：

而河朔之地胡化尤深，唐都關中，幽燕去關中為遠，而奚契丹室韋靺鞨又環伺其側，朝廷為了鎮撫東北，天下精銳悉集范陽，遂同漢末涼州一樣，成為產將的地方。而范陽之地經安祿山統治之後，更染胡風。（《中國社會政治史》三冊九章四節）

《新唐書》〈藩鎮列傳〉列了二十三個節度使。我們把他們列成一個表來討論：

1.魏博	出身	祖籍
田承嗣	安祿山麾下	平州盧龍人
史憲誠	三世略魏博將	其先奚人
何進滔	少客魏，事田弘正	靈武人
羅弘信	本軍裨將。衆擁立	魏州人
2.成德	**出身**	**祖籍**
李寶臣	范陽將張鎮高的假子	范陽內屬的奚人
王武俊	善騎射李寶臣的裨將	出契丹怒皆部
王廷湊	曾祖為王武俊養子故冒王姓	回紇阿布思之族
3.盧龍	**出身**	**祖籍**
李懷仙	善騎射，祿山裨將	柳城胡，世事契丹
朱滔	朱泚弟，父事安史二賊	幽州多平人
劉怦	原范陽裨將軍中推為留後	幽州多平人
朱克融	朱滔孫。其子延齡為亂軍所殺	

	出身	祖籍
3. 盧龍		
李載義	自稱恒山愍王後，殺克融子延嗣而代之	
張仲武	將張光朝子，武宗令帥盧龍	范陽人
張允伸	世為軍校，以都知無名使為衆擁立	范陽人，卒年八十八
李茂勳	沈勇善騎，以病致仕	回鶻阿布思之裔
李全忠	慕勳子，可舉死，衆推為留後	范陽人
劉仁恭	屠殺無辜，掠人子女，掠人錢財，子守光烝其弟，終囚，自領盧龍	深州人，隨父客范陽
4. 淄青橫海	**出身**	**祖籍**
李正己	侯希逸之妻姪，希逸陰忌之。終逐希逸，代為節度使，擁有淄、青、齊、海、登、萊、沂、密、德、棣十州之地，反覆無常，死時三十四歲	高麗人，本名懷玉
程日華	父元告為安祿山帳下節度橫海軍	定州安喜人
李全略	王武俊偏裨子同捷，為諫議大夫柏耆擒斬	本王氏，各日簡
5. 宣武彰義澤潞	**出身**	**祖籍**
劉玄佐		滑州匡城
吳少誠	原為李希烈前鋒，希烈死，衆人推為留後貞元五年拜節度使	幽州潞人
劉悟	祖、叔父均為節度使。其人殺人屠狗，亦衆橫犯法，為李師古所器，終殺師遂拜義成節度使	

我們參看《新唐書》和《舊唐書》覺得這些不軌之臣，多是狡猾而又凶殘的胡人，或胡化漢人。他們之所以能苟存，一是中央力弱，一是方鎮眾多，中央一逼急了，他們便會連橫抗命！下面，我們討論

天子為何姑息養奸的道理。

七、中央為何不能控制方鎮？

安史亂後，唐室由盛而衰。藩鎮林立，不受中央控制。中央雖有意振作，改變局面。但力有未逮。因為：

（一）中央兵力不及方鎮

其原因：

1. 中央賦稅不足，已如前述。全國二百九十三州，中央只能收到四十州的賦稅。賦稅不足，沒有錢無法養大軍。
2. 中央的主食，靠江淮漕運而來的米。其時，漕運十分困難。《舊唐書，劉晏傳》中，劉晏列舉四大理由：一是漕船經宜陽熊耳至武牢成皋，五百里地中，編戶千餘，找不到縴輓伕子。二是河、汴每年需掏拓，除去泥沙。否則，漕船因水淺擱淺。兵禍寇難，使掏拓工作難以進行。三是船經五六百里無戍卒之處，舟行所經，常遭盜冦搶奪。四是自淮陰至博坂，綿亙三千里，屯戍相望。中軍皆鼎司元侯，賤卒亦儀同青紫。他們常訴說：「食半菽，衣無纊。」[2]漕船到了，他們隨意

[2] 糧食不足，衣無棉絮。

予以扣留。
錢糧不足，何以養大軍？
3. 方鎮的軍隊，都是職業軍人，能征慣戰。中央軍隊，無任征兵募兵，都難和他們對抗。

（二）中央官吏素質低於方鎮

唐初，重內官，輕外職。內官薪俸高，代宗之時，宰相元載重定官祿，厚外輕內。有才能的人都願到地方任職。方鎮藉機籠絡人才，於是中央官吏的素質，不及地方，而方鎮賦稅足，能以高薪獵取人才。（參閱：薩孟武：《中國社會政治史》第三冊第九章第四節）

（三）中央兵備廢弛

《唐會要》卷七十二載：

天寶末，天子以中原太平，修文教，廢武備，銷鋒鏑。以弱天下豪傑。於是：挾軍器者有辟，蓄圖鐵者有誅，習弓矢者有罪。不肖子弟為武官者，父兄擯之不齒。惟邊州置重兵，中原乃包其甲戈，示不復用。

一旦方鎮兵壓境，由於承平已久，「州縣發官鎧仗，皆穿朽鈍折不可用。持梃鬬，弗能抗。

吏皆棄城逃匿，或自殺，不則就擒。」（《新唐書》卷二百二十五〈安祿山傳〉）

肅宗平亂後，君臣幸安。瓜分河北地發叛將。遂致護養孽萌，造成禍根。「使其人自視猶羌狄！一寇死，一賊生，訖唐亡百餘年，卒不為王土。」（《新唐書》卷二百一十八〈藩鎮〉）

八、結論

唐初的府兵制，寓兵於農。有事時農民披甲持戈上陣，上有將軍牽領。事畢，兵散於野，將歸於朝。太宗接位之後，和魏徵等一班大臣計議：創業不易，守成也不易。他們戰戰兢兢，創造出貞觀之治。但到了唐玄宗，開天之治後，志得意滿，完全不顧祖宗的法制。太宗定制，內侍不得有三品官，他不但把內侍省的長官定為三品，和「同中書門下三品」的宰相同品，而高力士、楊思勗都升到一品。終於釀成宦官之禍，一發不可收拾。

節度使原來是不錯的制度，但到了唐玄宗，他也加以修改了！趙翼說：

唐之官制，莫不善於節度使，其始察刺史善惡者有都督，後以其權重。改置十道按察使，開元中，或加採訪觀察處置黜陟等號，此文官之統州都者也，其武臣掌兵，有事出征，則設大總管，無事時鎮守邊要者，曰大都督，自高宗永徽以後，都督帶使持節者，謂之節度使，然猶未以名官，景雲二年，以賀拔延嗣為涼州都督，河西節度使，節度使之官由此始。然猶第統兵，而州郡自有按察等使，司其殿最，至開元中，朔方、隴右、河東、河西、諸鎮。皆置節度使，每以數州為一鎮，節度使即統此數州，州刺史盡為其所屬，故節度使多有兼按察使、安撫使支度使者。既有其土地。又有其人民，又有其甲兵，又有其財賦，於是方鎮之勢日強，安祿山以節度使起兵，幾覆天下，及安、史、既平。武夫戰將，以功起行陣為侯王者，皆除節度使，大者連州十數。小者猶兼三四。所屬文武官，悉自置署，未嘗請命於朝，力大勢盛，遂成尾大不掉之勢，或父死子握其兵而不肯代，或取舍由於士卒，往往自擇將吏，號為留後。以邀命於朝，天子力不能制，則含羞忍恥，因而撫之，姑息愈甚，方鎮愈驕。（《廿二史箚記》卷六十〈唐節度使之禍〉）

玄宗聽李林甫的建議，任用蕃將為節度使，而且沒有任期。安祿山乃能一任十四年，專擁三鎮重兵，收買人心，且甚得士心，他不免生了覬覦大位之心。肅宗皇帝大致平定了安史之亂，卻分封叛將，造成國門之外，都成了叛將領地的局面，繼承帝位的代宗。

代宗聽程元振之譖，流來瑱殺之，而藩鎮皆懷叛志，僕固懷恩以是樹四降賊於河北，養亂以自固終始為唐巨患。（王夫之：《讀通鑑論》卷二十三〈代宗〉）

自此之後，藩鎮也因而十分猜忌朝廷，不敢隨便入覲了。

代宗是個昏庸懦弱之主。他最怕事，永泰元年（七六五），七月淄青節度使侯希逸為副將李懷玉所逐，他任命鄭王李邈為平盧、淄青節度大使，不但不治懷玉罪，且令權知留後，隨即命他為節度使，賜名正己。（見本傳）

大曆三年六月，幽州大都督府長史李懷任為其部屬兵馬使朱希彩所弒。次日，詔以太常卿銜的朱希彩知幽州留後。這等於是鼓勵部屬弒其主將。

而後，他又給予節度使八座（即尚書省左右僕射與六部尚書名銜）。數年之後，節度使們認八座頭銜還不夠看，大曆八年（七七三，十月），魏博節度使田承嗣首開其例加同平章事（宰相）銜，日子久了，幾乎每一節度使都想加宰相銜了！

這還不能滿足節度使，於是代宗又封若干節度使為王！

杜牧之說：

「大曆、貞元之間，有城數十，千百卒夫，則朝廷貸以法，故於是闊視大言，自樹一家，破制削法，角為尊奢。天子不問，有司不呵，王侯通爵，越錄受之；覲聘不來，几杖扶之；逆息虜胤，皇子嬪之。地益廣，兵益彊，僭擬益甚，侈心益昌。土田名器，分划大盡，而賊夫貪心，未及畔岸，淫名越號，走兵四略，以飽其志。趙、魏、燕、齊，同日而起，梁、蔡、吳、蜀，躡而和之，其餘混澒軒囂，欲相效者，往往而是。運遭孝武，前英後傑，夕思朝議，故能大者誅鉏，小者惠來。大抵生人油然多欲，欲而不得則怒，怒則爭亂隨之。是以教笞於家，刑罰於國，征伐於天下，裁其欲而塞其爭也。大曆、貞元之間反此，提區區之有，而塞無涯之爭，是以首尾指支，幾不能相運掉也。凡今者不知非此，而反用以為經，將見為盜者非止於河北而已。嗚呼！大曆、貞元守邦之術，永戒之哉！（杜牧之：《樊川文集》卷五〈宗論〉）

總之，唐代藩鎮之亂，玄宗開了頭，代宗點了火，德宗「猜忌刻薄，以彊明自任，恥見屈於正論。

而忘受欺於姦諛，疑蕭復之輕己，謂姜公輔為賣直，而不能容！用盧杞、趙贊等小人，至於敗亂，而終不悔。奉天之難後，深自懲艾，遂行姑息之政，由是朝廷愈弱，而藩鎮愈強，至於唐亡！」（《新唐書》卷七〈本紀〉第七）

憲宗繼起，自初即位，慨然發憤，志平僭叛，能用忠謀。自吳充誅，唐之威令，幾於復振，而晚節不保，信用誹人，未終其業，而受弒於小人之手！（均見本紀）其後繼起無人終致唐亡！

民國一〇五年元月修正稿

附錄

一、白居易年譜

大曆七年壬子（七七二）正月十二日公生於鄭州新鄭縣之東郭宅。

太和七年（八三三），公尹河南。〈元月對酒詩〉云：「今朝吳與洛，相憶一欣然。夢得君知否？俱過本命年。」又詩云：「何事同生壬子歲，老于崔相及劉郎。」序云：「余注云：『余與蘇州劉郎中（夢得）同生壬子歲，今年六十三。』」

建中元年（七八〇）公九歲，父季庚公授徐州彭城（今銅山）令。未幾，以功拜徐州別駕。

貞元三年（七八七），公十六歲，作〈賦得古原草送別〉詩。據唐張固所著《幽閒鼓吹》中說：公將此詩呈給當時文壇頗負盛名的顧況看。顧況看了公的姓名白居易後說：「米價方貴，居實不易。」讀到「野火燒不盡，春風吹又生」，即大為欣賞，說：「能道出此二語，居即易矣。」

貞元十六年庚辰，公年二十八。中書舍人高郢下進士及第第四人。公送侯權秀才序云：「貞元十五年，予與侯生俱為宣城守所貢。明年春，予中春官第。（傳云：「年二十七。」李商隱銘云：「年二十六。」）其時，公之兄幼文為（江西）浮梁主簿。他隨兄在任所，為（安徽）宣城（縣）守所貢。

貞元十七年辛巳，公二十九歲，試中書判拔萃。補校書郎。

按公所著〈泛渭賦〉序云：右丞相高公（即高郢）之掌貢舉也，予以鄉貢進士舉及第。左丞相鄭公珣瑜之領選部也，予以書判拔萃選登科。（並見《登科記考》）

元和元年丙戌四月，公以賢良方正對策乙等。冬十二月，尉盩厔，為集賢校理。賦〈長恨歌〉於盩厔。

是月召入翰林為學士。二年遷左拾遺，其〈曲江感秋詩〉云：

元和二年秋，我年三十七；長慶二年秋，我年五十一。（序云：「元和二年、三年、四年，予每年有〈曲江感秋詩〉。是時予為左拾遺，翰林學士。」

元和三年冬，公作〈賀雨詩〉。

元和四年作諷諭樂府詞，分為五十首，共九千二百五十字。〈秦中吟〉亦拾遺時作，本年歲滿當選，憲宗諭任白公自擇官。公請如姜公輔例以學士兼京兆戶曹參軍，以便親養，詔可。

（按：唐初重京官、輕外職。京官有歲祿，外職則否。代宗時，元載為相，怕京官與他爭，乃改俸祿制度，外職薪祿高而京官薪祿卻少了。白公為了養親，皇帝讓他自己選官作，所以他選了京兆戶曹參軍，可以多拿點俸祿養家。）

元和五年，公居母喪。

元和七年，公拜左贊善大夫，居昭國里，〈酬張十八訪宿〉云：「昔我為近臣，君常稀到門，今我官職冷，唯君來往頻。」

元和十年，公仍為左贊善大夫。〈贈杓直〉詩云：「已年四十四，又為五品官。」按左贊善大夫唐高宗龍朔三年置，代替中允，為太子官屬。高宗咸亨元年，恢復中允官。贊善大夫別自為官，掌侍從、翊養，比諫議大夫。

元和十年秋公貶江州司馬。公〈東南行一百韻〉有云：「博望移門籍，潯陽佐郡守。」注云：「十年春，微之移佐通州。其年秋，予出佐潯陽。」

元和十一年秋，賦〈琵琶行〉。年四十五。

元和十二年，裴度平淮西。

元和十三年冬，公移刺忠州。

〈三遊洞庭序〉云：「平淮西之明年，冬，予自江州司馬授忠州刺史。」

元和十五年正月，憲宗皇帝崩，穆宗登基。公奉召為司門員外郎。

長慶元年，公除主客郎中，知制誥。不久，除中書舍人。

長慶二年，時河北復亂。公論事不合，乃乞外遷，出守杭州。其〈次藍溪詩〉云：「既居可言地，願助朝廷理。伏閤三上章，贛心愚不稱旨。聖人存大體，優貸容不死。鳳詔停舍人，魚書除刺史。」

長慶四年以太子左庶子分司東都。是年正月，穆宗駕崩，敬宗立。《唐詩紀事》卷三十九云：「公三月作錢塘湖石記時，猶在杭州。則分司當在秋時。」

寶曆元年（西元八二五年）三月，除守蘇州。是年七月有〈吳郡詩石記〉。

寶曆二年（西元八二六年），病免。〈華嚴經社石記〉云：「寶曆二年九月二十五日，前蘇州刺史白居易記。」則公已於九月前去職矣。其年十二月，敬宗崩，文宗嗣位。

太和元年（八二七），公以祕書監召。十月上旬，誕聖之日，樂天以祕書監與沙門義林、道士楊洪元發問酬難。之後遷刑部侍郎。

太和三年春，移病還東都。是年夏，得請為太子賓客，分司。見〈池上篇序〉。

太和五年（八三一）拜河南尹。公有詩云：「六十河南尹，前途足可知。老應無處避，病不與人期。」

太和七年（八三三），復以賓客分司。公〈序洛詩〉云：「太和二年，詔授刑部侍郎。明年病免，歸洛。旋授太子賓客，分司東都。居二年，就領河南尹。又三年，病免，歸履道里第。再授賓客，分司。」

開成元年（八三六），起為同州刺史。不拜，改太子少傅。

開成四年（八三九），得風痺之疾。賦〈病中詩〉。序云「開成己未歲，余蒲柳之年六十有八。冬十月甲寅，始得風痺之疾。因成十五首，題為病中詩。且貽所知，兼用自廣。」

開成五年（八四〇），〈春盡獨吟〉云「病共樂天相伴住，春隨樊子一時歸」。樊子即樊素，公之家妓。是年文宗崩，武宗繼立。

會昌元年辛酉（八四一），公年七十，以刑部尚書致仕。

會昌六年（八四六）八月，病逝東都。贈右僕射。享年七十五歲。

白居易年表，參考宋計有功《唐詩紀事》重新整理，每一年歲都「有詩為證」，較原先本人《唐代傳奇研究續集》之〈白公年譜〉為完整。

劉瑛　民國九十年六月下旬

二、韓愈年譜

大曆三年戊申（西元七六八年）生於長安。

大曆五年庚戌（七七〇）三歲，父仲卿去世。由長兄韓會撫養。

大曆九年甲寅（七七四），七歲，開始讀書。

大曆十二年丁巳（七七七），十歲。韓會由起居舍人貶為韶州刺史。公隨兄至貶所。

建中二年辛酉（七八一），公十四歲。長兄韓會去世，隨嫂至河南河陽。會即安葬於河陽。

貞元元年乙丑（七八五），十八歲。公與姪逃難到安徽宣城韓家別墅避兵禍。

貞元二年丙寅（七八六），十九歲。兵亂漸平，公回到長安。

貞元四年戊辰（七八八），二十一歲。公首次應進士試落第。

貞元八年壬申（七九二），二十五歲。公第四次應進士試，終於及第。同榜二十三人中名列第十三。

貞元十一年乙亥（七九五），二十八歲。公三應吏部試均未獲通過，乃三次上書宰相，希望經由宰相的推薦而任官。但未獲回應。

貞元十二年丙字（七九六），二十九歲。宣武軍節度副大使董晉徵辟公為試署祕書省校書郎。公隨即到汴州，出任汴、宋、亳、潁四州觀察推官。

貞元十三年丁丑（七九七），三十歲。以推官身分隨監軍使俱文珍晉京。

貞元十四年戊寅（七九八），三十一歲。仍任推官。朝廷終於頒發了任命狀。公正式作了官。

貞元十五年己卯（七九九），三十二歲。董晉逝世，公護喪至洛陽。汴州宣武軍作亂。二月，公攜眷赴徐州依節度使張建封。秋，張建封奏請派公為節度推官。冬，建封派公赴長安朝見皇帝。

貞元十六年庚辰（八〇〇），三十三歲。由長安回徐州，五月往洛陽。冬，復到長安，參加調選。

貞元十七年辛巳（八〇一），三十四歲。冬，得授四門博士。

貞元十八年壬午（八〇二），三十五歲。春，公告假回洛陽，遊華山。據唐李肇所撰《唐國史補》載：「愈好奇，與客登華山絕峰，度不可返，發狂慟哭。為書與家人別。華陰令百計取之，乃下。」

貞元十九年癸未（八〇三），三十六歲。七月，改任監察御史。按唐官志：四門博士為正七品上，監察御史為正八品下，似乎是降了官。其年冬，又貶為連州陽山令。

貞元二十年甲申（八〇四），三十七歲。春，始抵陽山任所。

貞元二十一年乙酉（八〇五），三十八歲。正月，德宗崩，順宗即位。二月順宗即位大赦，公被赦免，由廣東陽山至湖南郴州（今衡山之南）。待命三月，九月初，始奉派為江陵府法曹參軍。乃赴江陵。

其年八月，順宗因患風病，傳位於太子純。是為憲宗。

元和元年丙戌（八〇六），三十九歲。六月，自江陵召入。權知國子博士，正五品上。升了官。分司東都。
元和三年戊子（八〇八），四十一歲。真除國子博士，仍分司東都。
元和四年己丑（八〇九），四十二歲。六月，改任都官員外郎。正六品。
元和五年庚寅（八一〇），四十三歲。改派河南縣令，分宰河洛。
元和六年辛卯（八一一），四十四歲。秋，奉派為尚書省職方員外郎（屬兵部）。
元和七年壬辰（八一二），四十五歲。二月乙未，復為國子博士。華陰令柳澗貪汙，公上疏為辯護。後證據確鑿，公因「妄論」而貶官。
元和八年癸巳（八一三），四十六歲。三月，改比部郎中（屬刑部），史館修撰。
元和九年甲午（八一四），四十七歲。十月甲子，奉派為考功郎中，屬吏部。十二月，以考功郎中知制誥。
元和十一年丙申（八一六），四十九歲。正月，轉中書舍人。五月癸未，又降調為太子右庶子。降調原因眾說紛紜。
元和十二年丁酉（八一七），五十歲。十月，升任刑部侍郎。奉憲宗皇帝之命作〈平淮西碑〉。
元和十三年戊戌（八一八），五十一歲。四月，鄭餘慶奉派為詳定禮樂使，奉派公與李程為副。
元和十四年己亥（八一九），五十二歲。上〈諫迎佛骨表〉，皇帝大怒，要斬公首。經宰相裴度、崔群等陳說，才保住一命。公仍被貶為潮州刺史。
元和十五年庚子（八二〇），五十三歲。正月，到袁州上任。九月，召拜國子祭酒。官階從三品。

長慶元年辛丑（八二一），五十四歲。七月，改授兵部侍郎。

長慶二年壬寅（八二二），五十五歲。二月，改授奉派赴鎮州宣慰王廷湊。任務達成。九月，轉授吏部侍郎。

長慶三年癸卯（八二三），五十六歲。六月，任京兆尹兼御吏大夫。

長慶四年甲辰（八二四），五十七歲。八月疾。十二月二日，病逝靖安里邸，追贈禮部尚書。

參考書目

柳珵〈上清傳〉
李白〈上韓荊州書〉（《古文觀止》）
陳壽《三國志》
羅貫中《三國演義》
趙翼《廿二史箚記》
傅樂成《中國通史》
李昉等《太平廣記》
馬端臨《文獻通考》
李昉等《文苑英華》
佚名〈孔雀東南飛〉（古詩源）
元微之《元氏長慶集》
魯迅《中國小說史略》
胡應麟《少室山房筆叢》
楊樹藩《中國文官制度史》
薩孟武《中國政治社會史》
陳東源《中國婦女生活史》（商務）
左丘明《左傳》
司馬遷《史記》
劉知幾《史通》
孟棨《本事詩》
班固《白虎通・嫁娶篇》
李延春《北史・列女傳》
李百藥《北齊書》
孫棨《北里志》

曹植　〈出婦賦〉
闕名　《玉泉子》
孫光憲　《北夢瑣言》
王欽若等　《冊府元龜》
劉義慶　《世說新語》
白居易　《白氏長慶集》
顏之推　《顏氏家訓》
林語堂　《生活的藝術》
紀曉嵐　《四庫總目提要》
曹丕　〈出婦賦〉
李公佐　〈古嶽瀆經〉
趙璘　《因話錄》
沈既濟　〈任氏傳〉
白行簡　〈李娃傳〉
張鷟　《耳目記》（見《唐人說薈》卷五）
李景亮　〈李章武傳〉
正中書局　《朱子語類》
周嬰　《卮林》

孟子　《孟子》
沈約　《宋書》
徐堅　《初學記》
王應麟　《困學紀聞》
沈亞之　《沈下賢集》
杜光庭　〈虬髯客傳〉
蘇鶚　《杜陽雜篇》
段成式　《酉陽雜俎》
杜牧之　〈沈尚書行狀〉（《樊川文集》）
李世民　《帝範》
令孤德棻　《周書》
穆修　《河東先生集・後序》
陳振孫　《直齋書錄解題》
李漢　〈昌黎先生文集序〉
顏真卿　〈和政公主神道碑〉（《顏魯公文集》）
張籍　《昌黎先生文集》卷十四附載張籍二通之第一書
李延壽　《南史》

袁郊〈紅線〉
李朝威〈柳毅〉
許堯佐〈柳氏傳〉
蕭子顯《南齊書》
吳兢《貞觀政要》
張固《幽閒鼓吹》
李復言〈定婚店〉
沈既濟〈枕中記〉
方勺曾《泊宅篇》
曹丕〈典論論文〉
蘇軾《東坡文集》
陳鴻〈長恨歌傳〉
牛僧儒〈周秦行記〉
俞正燮《癸巳類稿》
蘇軾《東坡文集‧韓文公廟碑》
沈垚《落飄樓文集》
韓文公《昌黎先生文集》
柳宗元《河東先生全集》
李朴〈送徐行中序〉
晁公武《昭德先生郡齋讀書志》
丁居晦《重修承旨學士壁記》
范曄《後漢書》
姚思廉《陳書》
房玄齡《晉書》
杜佑《通典》
唐玄宗《唐六典》
王定保《唐摭言》
王讜《唐語林》
王溥《唐會要》
夏敬觀《唐詩說‧說元白》
沈亞之〈秦夢記〉
長孫無忌《唐律疏義》
辛文房《唐才子傳》
計有功《唐詩紀事》
胡雲翼《唐詩研究》
李樹桐《唐史新論》

李肇 《唐國史補》
陳子昂 《陳子昂集》
洪邁 《容齋隨筆》、《容齋續筆》
裴度 〈致李翱書〉
范仲淹 《范文正公集》
陳子昂 〈修竹篇序文〉
王壽南 《唐代宦官權勢之研究》
釋彥琮 《唐護法沙門法琳別傳》
張澤成 〈唐代的衣冠戶和形勢戶〉（《中華文史論叢》一九八〇年第六期）
魏徵 《隋書》
姚思廉 《梁書》
李復言 〈張老〉
秦韜玉 〈貧女詩〉（《唐詩三百首》）
沈亞之 〈馮燕傳〉
裴鉶 〈崑崙奴〉
汪國垣 〈異夢錄〉
司馬光 《資治通鑑》
徐松 《登科記考》
陶希聖 《婚姻與家族》（商務人人文庫）
劉伯驥 《唐代政教史》
王夢鷗 《唐人小說研究》
羅聯添 《唐代文學論集》
陳寅恪 《唐代史述論稿》
王雲五 《晉唐政治思想》
汪國垣 《唐人傳奇小說集》
王漁洋 《唐人萬首絕句選》
鄧文寬 《唐史學會論文集》（一九八六年九月初版；敦煌文書北圖位七九號膠卷號八四一八四一八）
吳宗國 〈唐代士族及其衰弱〉（《歷史學會論文集》，中國唐史學會編）
羅聯添 《唐代文學史論文集》（學生書局）
張恭甫 〈唐文人沈亞之生平〉（《文學》二卷六期）

李朴〈送徐行中序〉
劉漫輕〈略論唐初封建〉（《中國文化復興月刊》十六卷四期）
羅根澤《隋唐文學批評史》
于鄴〈揚州夢〉
薛用弱《集異記》
王明清《揮麈錄》
薛調〈無雙傳〉
王世懋《藝國擷餘》
沈亞之〈湘中怨解〉
范攄《雲谿友議》
馮贄《雲仙雜記》
杜甫〈飲中八仙歌〉（《杜甫詩集》）
無名子〈補江總白猿傳〉
岑仲勉〈跋唐摭言李肇著唐國史補之年代〉
歐陽修《新唐書》
房千里〈楊娼傳〉
司馬光《資治通鑑》
陳子昂《新校陳子昂集》
馬持盈《詩經今註今釋》
王充《論衡》
劉申叔《論文雜記》
韋絢《劉賓客嘉話錄》
曾季貍《艇齋詩話》
臺靜農《論唐代士風與文學》（《臺大文史哲學報》十四期）
皇甫枚〈綠翹〉（《三水小牘》）
李公佐〈謝小娥傳〉
高棅《唐詩品滙》
張須〈歐陽修與散文中興〉（《國文月刊》七十六期）
韓愈〈韓愈文〉（莊適、臧勵龢選註）
錢穆《雜論唐代古文運動》（學生書局，羅聯添編：《中國文學史論文選集》）
馬起華《韓文公年譜》
王士貞《藝苑卮言》

王夫之《讀通鑑論》
陳寅恪〈讀鶯鶯傳〉（《中央研究院文史集刊》）
張戒《歲寒堂詩話》
胡仔《苕溪漁隱叢話》
俞陛《詩境淺說》
吳喬《圍爐詩話》
吳國棟《澹園詩話》
賀裳《載酒園詩話》
魏收《魏書》
蔣防〈霍小玉傳〉
王夢鷗《禮記選註》（正中書局）
張鷟《龍筋鳳髓判》
周紹賢《魏晉清談述論》
劉昫《舊唐書》
韓非子《韓非子》
裴鉶〈聶隱娘〉
陳玄祐〈離魂記〉
許渾《丁卯集》
程學恂《韓詩臆說》
臧勵龢《韓愈文選・序言》
陳寅恪〈韓愈與唐代小說〉
陸次雲《中晚唐詩善鳴集》
陸貽典《瀛奎詩律匯評》
胡以海《唐詩貫珠》
黃叔仙《唐詩箋注》
于慶元《唐詩三百首續選》
雷起劍《丁卯集箋注》
查慎行《初白庵詩評》
段玉裁《與阮芸臺書》
金人瑞《金聖歎批唐詩》
薛雲《一瓢詩話》
胡震亨《唐音癸籤》

秀威經典　　語言文學類　PG2186　新視野60

從傳奇看唐代社會

作　　者／劉　瑛
責任編輯／陳彥儒
圖文排版／蔡忠翰
封面設計／王嵩賀

出版策劃／秀威經典
發 行 人／宋政坤
法律顧問／毛國樑　律師
印製發行／秀威資訊科技股份有限公司
114台北市內湖區瑞光路76巷65號1樓
電話：+886-2-2796-3638　傳真：+886-2-2796-1377
http://www.showwe.com.tw
劃撥帳號／19563868　戶名：秀威資訊科技股份有限公司
讀者服務信箱：service@showwe.com.tw
展售門市／國家書店（松江門市）
104台北市中山區松江路209號1樓
電話：+886-2-2518-0207　傳真：+886-2-2518-0778
網路訂購／秀威網路書店：https://store.showwe.tw
國家網路書店：https://www.govbooks.com.tw

2021年9月　BOD一版
定價：450元

國家圖書館出版品預行編目

從傳奇看唐代社會/劉瑛著. -- 一版. -- 臺北市 :
秀威經典, 2021.09
面； 公分. -- (語言文學類)(新視野 ; 60)
BOD版
ISBN 978-986-99386-5-5(平裝)

1.文化史 2.唐代

634 110007953

讀者回函卡

感謝您購買本書，為提升服務品質，請填妥以下資料，將讀者回函卡直接寄回或傳真本公司，收到您的寶貴意見後，我們會收藏記錄及檢討，謝謝！
如您需要了解本公司最新出版書目、購書優惠或企劃活動，歡迎您上網查詢或下載相關資料：http:// www.showwe.com.tw

您購買的書名：____________________

出生日期：________年________月________日

學歷：□高中（含）以下　□大專　□研究所（含）以上

職業：□製造業　□金融業　□資訊業　□軍警　□傳播業　□自由業
　　　□服務業　□公務員　□教職　□學生　□家管　□其它_____

購書地點：□網路書店　□實體書店　□書展　□郵購　□贈閱　□其他

您從何得知本書的消息？

□網路書店　□實體書店　□網路搜尋　□電子報　□書訊　□雜誌
□傳播媒體　□親友推薦　□網站推薦　□部落格　□其他__________

您對本書的評價：（請填代號　1.非常滿意　2.滿意　3.尚可　4.再改進）

封面設計____　版面編排____　內容____　文／譯筆____　價格____

讀完書後您覺得：

□很有收穫　□有收穫　□收穫不多　□沒收穫

對我們的建議：____________________

____

____

____

請貼
郵票

11466
台北市內湖區瑞光路 76 巷 65 號 1 樓
秀威資訊科技股份有限公司 收
BOD 數位出版事業部

....

（請沿線對折寄回，謝謝！）

姓　名：________________ 年齡：________ 性別：□女 □男

郵遞區號：□□□□□

地　址：____

聯絡電話：(日) ________________ (夜) ________________

E-mail：____